Le Jeu de l'ambiguïté et du mot

Faux Titre

ETUDES DE LANGUE ET LITTERATURE FRANÇAISES

Sous la direction de / Series Editors

Keith Busby
Sjef Houppermans
Paul Pelckmans
Emma Cayley
Alexander Roose

VOLUME 435

The titles published in this series are listed at *brill.com/faux*

Le Jeu de l'ambiguïté et du mot

Ambiguïté intentionnelle et Jeu de mots chez Apollinaire, Prévert, Tournier et Beckett

par

Nicolaas van der Toorn

BRILL

LEIDEN | BOSTON

Illustration de couverture : Rembrandt – La Leçon d'anatomie du Docteur Nicolaes Tulp (1632). Source : Mauritshuis catalogue online. https://commons.wikimedia.org/wiki/File:Rembrandt_-_The_Anatomy_Lesson_of_Dr_Nicolaes_Tulp.jpg. Licence Creative Commons CC0. Conception et réalisation par l'auteur.

The Library of Congress Cataloging-in-Publication Data is available online at http://catalog.loc.gov
LC record available at http://lccn.loc.gov/2019033291

Typeface for the Latin, Greek, and Cyrillic scripts: "Brill". See and download: brill.com/brill-typeface.

ISSN 0167-9392
ISBN 978-90-04-41414-3 (hardback)
ISBN 978-90-04-41416-7 (e-book)

Copyright 2020 by Koninklijke Brill NV, Leiden, The Netherlands.
Koninklijke Brill NV incorporates the imprints Brill, Brill Hes & De Graaf, Brill Nijhoff, Brill Rodopi, Brill Sense, Hotei Publishing, mentis Verlag, Verlag Ferdinand Schöningh and Wilhelm Fink Verlag.
All rights reserved. No part of this publication may be reproduced, translated, stored in a retrieval system, or transmitted in any form or by any means, electronic, mechanical, photocopying, recording or otherwise, without prior written permission from the publisher.
Authorization to photocopy items for internal or personal use is granted by Koninklijke Brill NV provided that the appropriate fees are paid directly to The Copyright Clearance Center, 222 Rosewood Drive, Suite 910, Danvers, MA 01923, USA. Fees are subject to change.

This book is printed on acid-free paper and produced in a sustainable manner.

Printed by Printforce, the Netherlands

Table des matières

Liste d'illustrations et figures   IX
Remerciements   XI

1 **Introduction**   1
   1   Ambiguïté   2
   2   Ambiguïté intentionnelle   6
   3   Jeu de mots   8
   4   Pour une anatomie de l'ambiguïté intentionnelle et du jeu de mots   13
       4.1   *Chantre*   13
       4.2   *Le Cheval rouge*   14
       4.3   *Le Roi des aulnes*   15
       4.4   *Gilles & Jeanne*   16
       4.5   *En attendant Godot, Fin de partie* et *Pas*   17

2 **Le Monostique d'Apollinaire ou les Contorsions d'un vers solitaire**   19
   1   Apollinaire et la fonction créatrice des jeux de mots   19
   2   *Chantre* : intratextualités   23
       2.1   *Instruments de musique et de tromperie*   23
       2.2   *Interprétations du titre*   28
       2.3   *Sept*   30
       2.4   *Iconicité*   30
       2.5   *Expansion et contraction*   31
   3   *Chantre* : intertextualités   34
       3.1   *Contextes et universalité*   34
       3.2   *Apollinaire, Ruben Darío et Théophile Gautier*   36
       3.3   *Orphée et les Sirènes*   39
   4   Conclusion   45

3 **Jacques Prévert :** *Le Cheval rouge*   47
   1   La méconnaissance   47
   2   La critique   48
       2.1   *La critique négative*   48
       2.2   *La critique des linguistes*   50
       2.3   *La critique positive*   51
   3   Simplicité apparente contre richesse cachée   52

- 4 Analyse d'un parangon de la poésie de Prévert : *Le Cheval rouge* 53
  - 4.1 *Triples ambiguïtés poétiques* 53
  - 4.2 *Oppositions* 55
  - 4.3 *Métaphores* 55
    - 4.3.1 « les manèges du mensonge » 56
    - 4.3.2 « le cheval rouge de ton sourire » 56
    - 4.3.3 « le triste fouet de la réalité » 59
  - 4.4 *« mes quatre vérités »* 59
  - 4.5 *Silence sublimé* 59
- 5 Conclusion 60

4 Sémiotique et Onomastique dans *Le Roi des aulnes* de Michel Tournier 62

- 1 Introduction 62
- 2 L'interprétation des signes 63
- 3 De quels signes s'agit-il ? 66
  - 3.1 *Les signes du caractère exceptionnel et du « pouvoir surnaturel » de Tiffauges* 69
  - 3.2 *L'écriture, autant de signes à interpréter* 77
- 4 L'onomastique 80
  - 4.1 *De l'onomastique explicitée ou plutôt évidente vers les noms « difficiles à lire »* 86
  - 4.2 *L'onomastique « difficile à lire » : des chiffres et des lettres* 97
    - 4.2.1 Rachel et Éphraïm 104
    - 4.2.2 Nestor 107
    - 4.2.3 Adolf Hitler et Hermann Goering (Göring) 111
- 5 Conclusion 115

5 Réécriture et « Bricolage » : *Gilles & Jeanne* de Michel Tournier 116

- 1 Introduction 116
- 2 Mythographies 117
- 3 *Gilles & Jeanne* 118
- 4 Tournier et Bataille (premier intertexte) 122
- 5 Tournier et *Là-Bas* de Huysmans (second intertexte) 125
- 6 Tournier et *Gilles und Jeanne* de Georg Kaiser (troisième intertexte) 127
- 7 Tournier et *Gilles de Rays. Une grande figure diabolique* de Roland Villeneuve (quatrième intertexte) 130
- 8 Tournier et *La Passion de Gilles* de Pierre Mertens (cinquième intertexte) 135

9　　Questions de titre　137
　　10　Conclusion　139
　　　　Annexe　140

6 Aux confins du texte à dire et de la didascalie 142
　　1　Introduction　142
　　2　Nagg et Nell, Tandem immobile : analyse de quelques effets sonores et visuels dans *Fin de partie*　147
　　　　2.1　*Poubelles et poubellards*　148
　　　　2.2　*Faim contre fin*　150
　　　　2.3　*Rejet et respect*　153
　　　　2.4　*Cercles et couvercles*　154
　　　　2.5　*Roues et routes*　156
　　　　2.6　*Côme et comique*　159
　　　　2.7　*Conclusion : forme et fond du* pantalon　161
　　3　Le discours didascalique dans *En attendant Godot et Pas*　162
　　　　3.1　En attendant Godot : *didascalies versus texte à dire*　163
　　　　3.2　Pas (Footfalls) : *didascalies versus texte à dire*　168
　　　　3.3　*Conclusion*　175

7 Conclusion 177

　Références bibliographiques 181
　Index nominum 195

Liste d'illustrations et figures

Illustrations

2.1 Trompette marine, Musée de la Musique à Bâle. https://commons.wikimedia.org/wiki/File:Tromba_marina_Musikmuseum_Basel_24102013_01.jpg?uselang=fr   25

2.2 *La Tortue* dans *Le Bestiaire ou Cortège d'Orphée*, Guillaume Apollinaire & Raoul Dufy, Deplanche, Editeur d'Art, Paris, 1911. Dans Apollinaire, Guillaume, *Œuvres poétiques complètes*, texte établi et annoté par M. Adéma et M. Décaudin, Gallimard, Bibliothèque de la Pléiade, Paris, 1965, p. 4   29

2.3 Robert Fludd, Sonifikation der Weltordnung mit einem Monochord, 1617. Deutsche Fotothek. Wikimedia Commons. https://commons.wikimedia.org/wiki/File:Fotothek_df_tg_0006469_Theosophie_%5E_Philosophie_%5E_Sonifikation_%5E_Musik_%5E_Musikinstrument.jpg?uselang=de-formal   35

2.4 *Orphée* dans *Le Bestiaire ou Cortège d'Orphée*, Guillaume Apollinaire & Raoul Dufy, Deplanche, Editeur d'Art, Paris, 1911. Dans Apollinaire, Guillaume, *Œuvres poétiques complètes*, texte établi et annoté par M. Adéma et M. Décaudin, Gallimard, Bibliothèque de la Pléiade, Paris, 1965, p. 20   40

2.5 *Orphée* dans *Le Bestiaire ou Cortège d'Orphée*, Guillaume Apollinaire & Raoul Dufy, Deplanche, Editeur d'Art, Paris, 1911. Dans Apollinaire, Guillaume, *Œuvres poétiques complètes*, texte établi et annoté par M. Adéma et M. Décaudin, Gallimard, Bibliothèque de la Pléiade, Paris, 1965, p. 26   41

2.6 *Les Sirènes* dans *Le Bestiaire ou Cortège d'Orphée*, Guillaume Apollinaire & Raoul Dufy, Deplanche, Editeur d'Art, Paris, 1911. Dans Apollinaire, Guillaume, *Œuvres poétiques complètes*, texte établi et annoté par M. Adéma et M. Décaudin, Gallimard, Bibliothèque de la Pléiade, Paris, 1965, p. 27   43

4.1 Le motif Bach. Wikimedia Commons. https://commons.wikimedia.org/wiki/File:B-a-c-h.svg?uselang=fr   84

4.2 Gustave Doré, *Le Petit Poucet*. Wikimedia Commons. https://upload.wikimedia.org/wikipedia/commons/f/fa/Poucet10.jpg   88

4.3 Artus Quellinus, *Atlas*. Palais royal, Amsterdam, Wikimedia Commons. https://commons.wikimedia.org/wiki/File:Artus_Quellinus_I-Atlas-Royal_Palace_Amsterdam.jpg?uselang=fr   99

4.4 Frédéric Auguste Bartholdi, *Le Ballon des Ternes*. Wikimedia Commons. https://commons.wikimedia.org/wiki/File:Le_monument_des_Aéronautes_de_Bartholdi_(inauguré_à_la_Fête_des_Aéronautes_du_Siège,_mémoire_du_siège_de_Paris,_le_28_janvier_1906).jpg   100

4.5 Benjamin West, *Jacob bénissant Éphraïm et Manassé*. Wikimedia Commons. https://commons.wikimedia.org/wiki/File:Jacob_Blessing_Ephraim_and_Manasseh,_by_Benjamin_West.jpg 108

5.1 & 5.2 Georg Kaiser, *Gilles und Jeanne. Bühnenspiel in drei Teilen*, Potsdam, Gustav Kiepenheuer Verlag, 1923, p. 136-137 140-141

6.1 Germaine de France et Georges Adet dans *Fin de partie*. (mise en scène Georges Blin). Studio des Champs-Élysées – 1957. fonds Maurice Jacquemont. (photo DR). Collections A.R.T. 150

6.2 Gilette Barbier et Jean-Claude Perrin dans *Fin de partie*. (mise en scène de Charles Tordjman, 1994). Photo GELY/BERNAND 151

6.3 Samuel Beckett's *Endgame*. dir. Andrei Belgrader ; set des. Anita Stewart. starring John Turturro, Elaine Stritch. BAM Harvey Theater, New York 155

6.4 Pamela Rabe dans Samuel Beckett's *Footfalls*. http://pamela-rabe.com/stage-plays/footfalls/ 170

Figure

3.1 Tableau synoptique Prévert : *Le Cheval rouge* 61

Remerciements

Je remercie les quelque 7 500 élèves et étudiants à qui j'ai eu le privilège de donner des cours pendant 35 ans pour m'avoir permis de découvrir l'énorme potentiel pédagogique du jeu de mots, outil primordial pour la transmission de l'amour de la langue et indispensable pour le développement d'une curiosité spirituelle et la création d'une ambiance studieuse dans la bonne humeur.

Je remercie les collègues du département de la langue et la culture françaises de l'université de Leyde, qui, en m'accueillant sans réserve parmi eux, m'ont permis de poursuivre ma carrière d'enseignant au niveau universitaire et de reprendre de plus belle le projet de la présente étude. Les avis et suggestions d'Annelies Schulte Nordholt et de Sjef Houppermans m'ont grandement aidé dans la progression de mon travail. J'adresse tout particulièrement mes remerciements à Paul J. Smith : les parties de ce livre écrites en collaboration avec lui sont le résultat d'une exceptionnelle émulation amicale. Ses encouragements fréquents, ses conseils judicieux, sa confiance totale, sa générosité intellectuelle et sa disponibilité absolue m'ont rendu un service inestimable.

Enfin et surtout, je remercie Annie, mon épouse, qui, soucieuse d'un bon équilibre, m'a toujours soutenu dans mon travail, tantôt en me stimulant aux points morts, tantôt en m'arrêtant pour me tirer de mon existence d'ermite. Sa patience de compagne généreuse et son jugement d'interlocutrice et lectrice avertie m'ont accompagné tout au long des années consacrées à la présente étude.

CHAPITRE 1

Introduction

> Toute étude sur l'ambiguïté est forcément incomplète[1].

∴

Le présent ouvrage se compose de cinq analyses (chapitres 2 à 6). Portant sur quatre auteurs du vingtième siècle et couvrant trois grands genres littéraires, poésie (deux poèmes), prose narrative (un roman et un récit) et théâtre (trois pièces), ces analyses gravitent toutes autour du principe de l'ambiguïté intentionnelle en général et de celui du jeu de mots en particulier. Tout en bénéficiant d'études d'ordre linguistique, notre travail relève primordialement du domaine littéraire[2]. Nous n'avons pas l'intention de fournir dans ces pages une monographie théorique sur l'ambiguïté, les cinq chapitres qui constituent la base de notre travail étant le résultat d'une lecture orientée vers ce concept de l'ambiguïté, qui nous semble l'une des caractéristiques essentielles et communes de l'écriture des auteurs étudiés ici. À première vue, auteurs cependant bien disparates : Guillaume Apollinaire, Jacques Prévert, Michel Tournier et Samuel Beckett[3]. Notre démarche est celle de la lecture rapprochée : nous sommes d'avis que le principe du « close reading » convient le mieux aux intentions de ces auteurs et qu'il répond préférablement à leurs invitations interprétatives, car il nous paraît évident qu'ils considèrent tous les quatre leur écriture inconcevable et inexistante sans la complicité et la complémentarité consenties par l'effort du lecteur. Michel Tournier s'est exprimé très clairement au sujet de cette participation créatrice du lecteur : « […] une œuvre naît quand un livre est lu, et […] cette œuvre est un mélange inextricable du livre écrit, c'est-à-dire de la volonté de l'auteur, et des fantasmes, des aspirations, des goûts, de toute l'infrastructure intellectuelle et sentimentale du lecteur. Un

---

1 Ronald Landheer, *Aspects linguistiques et pragmatico-rhétoriques de l'ambiguïté*, Leiden, 1984, p. 170.
2 Les implications linguistiques de l'ambiguïté, comme celles de la rhétorique (traditionnelle) par exemple, ne seront donc traitées que dans la mesure où elles constituent un intérêt pour notre propos.
3 Auteurs cités dans l'ordre des chapitres leur consacrés.

livre a toujours deux auteurs : celui qui l'écrit et celui qui le lit »[4]. David Bevan ajoute : « Rendre plus opaque, rendre plus résistant à une conclusion définitive, c'est exiger du lecteur un plus grand effort, une plus grande participation »[5]. L'exploitation du principe de l'ambiguïté pourrait bien être le moyen le plus efficace utilisé par un auteur pour jouer sur le désir de comprendre et d'accroître l'implication du lecteur.

C'est ainsi que sont à considérer nos analyses : comme des décryptages qui permettent d'offrir par extension également des clefs pour l'interprétation globale de l'œuvre des auteurs en question. Allant plus loin que le simple déchiffrage, le décryptage résultant de notre étude est à prendre ici dans le sens que lui donne Fletcher Pratt : « *Déchiffrer* un message, c'est le retransformer en clair. *Décrypter* un chiffre ou un code, c'est découvrir la manière dont il a été fait. Il est parfaitement possible à un cryptologue de lire le contenu d'un message chiffré sans pouvoir arriver à découvrir le système suivant lequel il a été écrit »[6]. Décryptage par la microlecture, telle est donc notre approche, qui doit cependant autant à la relecture et la rétrolecture inspirées, il faut le dire, par une admiration et une fascination sans cesse renouvelées[7].

1   Ambiguïté

S'il incombe à la linguistique de décrire, répertorier, classer et consigner les formes et les usages de l'ambiguïté, il convient aussi de lui en emprunter la

---

4   J.-J. Brochier dans *Le Magazine littéraire*, « Qu'est-ce que la littérature : un entretien avec Michel Tournier », N° 19, p. 81.
5   David G. Bevan, *Michel Tournier*, Rodopi, Amsterdam, 1986, p. 70. Paraphrasons Michel Tournier : « quand [une œuvre] devient difficile à lire, c'est qu'elle s'approfondit et gagne en richesse ce qu'elle perd en évidence » (*Le Roi des aulnes, Romans*, Éditions Gallimard, Bibliothèque de la Pléiade, Paris, 2017, p. 421).
6   Fletcher Pratt, *Histoire de la cryptographie*, p. 17, cité par Mathieu Jung, *James Joyce, Raymond Roussel : modalités du lisible*, thèse de l'École doctorale des humanités, Université de Strasbourg, 2014, p. 109.
7   En cela nous suivons directement Sigmund Freud au sujet de son approche du *Witz* dans *Le Mot d'esprit et ses rapports avec l'inconscient* : « Rien alors de plus naturel que de prendre pour objet de nos recherches les mots d'esprit qui nous ont, au cours de notre vie, le plus vivement impressionné, le plus franchement diverti » (Texte traduit de l'allemand par Marie Bonaparte et le Dr. M. Nathan en 1930. Paris, Gallimard, 1930. Réimpression : Gallimard, 1971. Version électronique réalisée par Gemma Paquet, bénévole et professeure à la retraite du Cégep de Chicoutimi, Québec, 2007, p. 12).
    Analyser de préférence des ouvrages que l'on aime et que l'on trouve beaux : constatation banale, risque de partialité, parti pris ou faiblesse pardonnable ? Voir aussi les remarques à ce sujet de William Empson, *Seven Types of Ambiguïty*, Third Edition, Catto and Windus, Londres, 1953, p. 7-8.

définition générale. En précisant qu'il s'agit d'un terme de linguistique, *Le Grand Robert* donne comme définition d'« ambigu » : « se dit d'un élément de discours qui peut être interprété de diverses façons », avec renvoi à « plurivoque » et « polysémique ». Dans la (première) définition générale *Le Robert* mentionne cependant aussi la possibilité de l'expression d'un jugement de valeur : « qui présente deux ou plusieurs sens possibles ; dont l'interprétation est incertaine » et « qui réunit deux qualités opposées, participe de deux natures différentes », avec renvoi à « énigmatique », « obscur », « amphibologique », « douteux », « flottant », « équivoque », « incertain (souvent péjoratif) », « indécis », « louche (vx) » et « oblique (vx) »[8]. Le *Littré* donne une définition semblable du terme « ambigu » : « qui est à plusieurs sens, et par conséquent d'un sens incertain », avec renvoi à « équivoque », « amphibologique » et « louche »[9].

L'ambiguïté est en effet communément considérée comme négative sur de nombreux terrains de la communication orale ou écrite. Ainsi il convient de l'éviter dans les domaines politiques, journalistiques, scientifiques ou juridiques, pour n'en citer que quelques occurrences importantes. L'univocité du message y est recherchée et imposée, le non-respect de ce principe par l'émetteur peut avoir de lourdes conséquences professionnelles, personnelles voire financières et un malentendu est à éviter à tout prix. En matière de droit, le travail du législateur consiste en grande partie à rédiger des textes où toute ambiguïté est bannie. Les juristes cherchent à formuler des contrats univoques ou, à l'inverse, à trouver la faille glissée par mégarde dans des textes, carence qui peut être ramenée souvent à la possibilité de multiples interprétations due à une ambiguïté. Dans la communication orale on retrouve cette même dépréciation de l'ambiguïté, celle-ci étant considérée comme faisant entrave à la compréhension. Toutefois, il est la plupart du temps facile de « réparer »

---

8   *Le Grand Robert de la langue française*, 2001.
9   *Littré*, Dictionnaire de la langue française, 1968.
    Ambigu et *équivoque* sont distingués d'*amphibologique* et *louche* :
    Ce qui est *ambigu* offre plusieurs sens / ce qui est *équivoque* offre deux sens / ce qui est *amphibologique* offre un sens incertain, à cause que la construction grammaticale est mauvaise / ce qui est *louche* n'a pas de netteté, par la faute, soit de la construction, soit de l'expression. *Ambigu* et *équivoque* sont plus généraux et ne posent pas une faute, soit d'expression, soit de construction.
    Ambiguïté, *double sens* et *équivoque* sont distingués comme suit :
    « *Ambiguïté* a plusieurs sens, plusieurs interprétations ; d'où obscurité, incertitude. Le *double sens* présente deux interprétations, qui peuvent être toutes deux manifestes et apparentes ; en cela il est plus général que l'*équivoque*, où l'un des sens est manifeste, tandis que l'autre, caché, fait une allusion ».
    L'on constate que les frontières ne sont pas nettes, ce qui se reproduit pour les catégories des jeux de mots dont il sera question plus loin.

ce déficit manifeste de compréhension dans l'immédiat dialogué, au moyen d'une reformulation univoque par exemple, rectification instantanée impossible dans un énoncé textuel.

Si l'ambiguïté est souvent qualifiée de négative car génératrice de malentendus, dans certains domaines de la pratique quotidienne elle peut en revanche être recherchée pour créer un effet inattendu, comique par exemple. Dans ces cas, l'ambiguïté constitue une sorte d'anomalie, un certain écart par rapport à la norme avec, pour effet, d'attirer l'attention du lecteur ou de l'auditeur non pas sur le référent, mais sur le message lui-même. L'effet de cette déviation se compare à celui de la fonction poétique de Jakobson. Ainsi un orateur sur les risques de la grippe aviaire qui parle d'un survol de la situation actuelle ou un journaliste qui prétend que tel président d'une grande puissance mondiale a déclaré la guerre froide à l'accord sur le réchauffement de la planète, peut s'assurer d'un regain d'attention de la part de son public, à condition, bien sûr, que celui-ci se rende compte de ces doubles sens. Lapalissade, certes, mais pour qu'une communication puisse être qualifiée d'ambiguë, il faut que le double sens en soit reconnu par son destinataire. Déterminer *comment* cette reconnaissance se réalise, c'est autre chose. Pour Matthias Bauer, Joachim Knape, Peter Koch & Susanne Winkler[10] il faut chercher la réponse à cette question dans la compétence, l'état d'esprit, la disposition et le caractère du récepteur. Ainsi l'acquéreur du numéro hors-série de *Télérama*[11] entièrement consacré à Guillaume Apollinaire ne rencontre aucun problème d'interprétation de l'ambiguïté exprimée par le sous-titre bien trouvé de « Poète sur tous les fronts ». Dans cette compétence, déterminée en grande partie par des aspects socioculturels, il faut bien sûr compter aussi le niveau de connaissances d'une langue étrangère. La double ambiguïté lexicale du tag « Les poulets sont tous des cochons », écrit en très grandes lettres sur un mur à l'arrivée du Thalys en Gare du Nord, est compris tout de suite par un *native speaker*, ce qui n'est pas forcément le cas pour un non-francophone qui ne connaît que l'acception animalière de « poulet » et de « cochon ». En fonction de son état d'esprit, sa disposition et son caractère, ce dernier peut cependant deviner qu'il y a une signification sous-jacente, jugeant que le message tel qu'il le comprend initialement est trop banal pour être affiché[12].

---

10 Matthias Bauer, Joachim Knape, Peter Koch & Susanne Winkler, « Dimensionen der Ambiguität », *Zeitschrift für Literaturwissenschaft und Linguistik*, 40. Jg., 158, 2010, p. 15-16.
11 *Télérama*, « Centenaire Apollinaire, Poète sur tous les fronts », numéro hors-série, 2018.
12 Cet exemple montre bien l'interférence entre ambiguïtés lexicales et syntaxiques. Landheer donne « Le secrétaire est dans le bureau » comme exemple d'ambiguïté lexicale et « Georges aime Marie autant que Jean » comme exemple d'ambiguïté syntaxique (*Aspects linguistiques et pragmatico-rhétoriques de l'ambiguïté*, op. cit., p. 2). On peut se demander si, par sa prédominance, la plaisanterie ne relègue pas le message contenu

L'effet de surprise créé par l'ambiguïté pour attirer l'attention est un élément essentiel de la rhétorique traditionnelle[13], outil stratégique qui ne comporte aucun risque de malentendu, bien que « survol », « guerre froide », « poulets » et « cochons » comportent en puissance une compréhension aussi bien au propre qu'au figuré. Dans une mesure beaucoup plus large, l'humoriste professionnel entretient pendant toute une soirée un public spécialement venu pour savourer des ambiguïtés de toutes sortes. Dans ce dernier cas, il est possible de parler d'un public *averti*, alerte à la moindre ambiguïté, qui en soupçonne peut-être même là où il n'y en a pas. Il s'agit ici d'une appréciation positive de l'ambiguïté, tout le contraire du jugement négatif dont il est question plus haut. Dans un sens, le phénomène de l'ambiguïté est ainsi ambigu lui-même, c'est sa fonctionnalité dans le contexte syntagmatique, communicatif et situationnel[14] qui en détermine le défaut ou le mérite.

Il revient à William Empson avec son étude *Seven Types of Ambiguity*, première édition 1930, et dans son sillage le *New Criticism* d'avoir ouvert la voie à l'analyse du principe de l'ambiguïté, de ses formes et de ses effets, dans le domaine de la littérature, plus précisément dans la poésie. C'est en effet notamment en poésie, que se présente de manière manifeste l'insuffisance de la seule dénotation des mots : la dimension pluri-interprétable s'y réalise le plus souvent au moyen de la connotation des mots polyvalents, rendant ainsi possibles plusieurs lectures. Cependant, dans les textes narratifs l'ambiguïté peut produire un effet similaire quand l'auteur se plaît à se jouer du lecteur en lui présentant deux ou plusieurs narrations qu'il doit cumuler ou distinguer pour les dissocier[15]. Au cours du siècle dernier et après, le champ de l'ambiguïté et l'intérêt de la critique littéraire pour l'ambiguïté n'ont cessé de croître, ce qui a conduit Bogaards et Rooryck à constater que « depuis qu'on s'occupe du phénomène, les inventaires des différentes formes que peut prendre l'ambiguïté semblent devenir toujours plus longs »[16].

---

dans le tag au second plan. Étant donné certains interdits alimentaires, la religiosité de l'auteur ainsi que celle du récepteur du tag ajouterait une dimension supplémentaire à son caractère ambigu.

13   Voir au sujet du rôle de l'ambiguïté dans la rhétorique la définition dans Ansgar Nünning, *Grundbegriffe der Literaturtheorie*, J. B. Metzler, Stuttgart, 2004.

14   Le rôle du cadre socioculturel et cognitif, par lequel il faut comprendre ici l'ensemble des expériences et des connaissances préalables de l'émetteur et du récepteur, est primordial dans ce contexte situationnel et communicatif.

15   Voir Hendrik van Gorp, & Jan Baetens, *Dictionnaire des termes littéraires*, Honoré Champion, Paris, 2001, p. 29-30, et Ronald Landheer, *Aspects linguistiques et pragmatico-rhétoriques de l'ambiguïté*, op. cit., p. 4-9, pour la distinction entre ambiguïtés cumulative et sélective.

16   Paul Bogaards et Johan Rooryck, *Ambiguïté et compréhension du langage*, dans Paul Bogaards, Johan Rooryck et Paul J. Smith, *Quitte ou Double Sens, Articles sur l'ambiguïté*

2   Ambiguïté intentionnelle

Stricto sensu, les trois exemples du paragraphe précédent relèvent d'une ambiguïté recherchée, voulue, intentionnelle, à laquelle il est donc difficile d'attribuer une quelconque valeur négative. Bien à l'inverse, il s'agit ici d'ambiguïtés valorisant un discours ou mettant en relief tel ou tel élément significatif. Or, le point de départ de la présente analyse est précisément ce caractère intentionnel qu'il est possible d'attribuer *a priori* à toute expression d'ambiguïté présente dans tout ouvrage littéraire. En d'autres termes, nous pensons que l'auteur est comptable de son texte y compris des ambiguïtés qui s'y trouvent et que c'est la tâche du lecteur, son complice, d'en apprécier la valeur et la qualité. Est-ce dire pour autant qu'il ne puisse y avoir d'ambiguïtés non intentionnelles dans une œuvre littéraire ? Aucun auteur, quelle que soit sa volonté voire son obsession de contrôle[17], ne peut prétendre à une maîtrise absolue « préalable » de la signification de son œuvre, dans sa totalité ou en partie. Les ambiguïtés non intentionnelles « littéraires » existent donc, mais elles seraient plutôt rares ou fortuites. D'une manière générale, on constate qu'étant considérée comme un moyen expressif par excellence, l'ambiguïté intentionnelle est reçue et perçue positivement, là où l'ambiguïté tout court, que l'on peut appeler « accidentelle » pour la différencier de l'ambiguïté recherchée, est rejetée et proscrite. Le roman policier est un bel exemple de cette appréciation positive : son essence même réside dans un dosage précis d'ambiguïtés avec des fausses pistes, des soupçons erronés, des malentendus, des situations douteuses, etc. introduits intentionnellement par l'auteur pour dérouter le lecteur, qui, en fin de compte, ne demande qu'à démêler la trame du récit[18].

Quoi qu'il en soit, la présente analyse se focalise expressément sur des ouvrages écrits par des auteurs dont nous démontrons le penchant évident pour l'ambiguïté intentionnelle, qui s'avère avoir une fonctionnalité génératrice et constituer un outil significatif et révélateur de leur écriture. Bien que la présence de l'ambiguïté intentionnelle dans une œuvre littéraire soit notamment de nature lexicale et syntaxique, nous en relevons également des modèles

---

offerts à Ronald Landheer, Rodopi, Coll. Faux Titre 211, Amsterdam – New York, 2001, p. 19.
17   Voir à titre d'exemple nos remarques sur l'attitude maniaque de Samuel Beckett au sujet de la réalisation de ses indications scéniques, chapitre 6.
18   Signalons que les ambiguïtés créées dans le roman policier ne sont qu'en partie des ambiguïtés du discours. Voir aussi Matthias Bauer, Joachim Knape, Peter Koch & Susanne Winkler, « Dimensionen der Ambiguität », *Zeitschrift für Literaturwissenschaft und Linguistik*, op. cit., p. 21. Dans le roman policier tout tourne autour de la question « qui est l'assassin, comment et quand va-t-il être trouvé ? ». Cf. la question que se pose le spectateur d'*En attendant Godot* : « qui est Godot, comment et quand va-t-il venir ? ».

INTRODUCTION

qui fonctionnent à un autre niveau : d'une part le jeu compositionnel ambigu entre historicité et mythographie qui est à la base de *Gilles & Jeanne* de Michel Tournier et de l'autre l'ambiguïté que l'on peut appeler situationnelle créée par la matérialisation des indications scéniques dans le théâtre de Samuel Beckett. Ce faisant, il est clair aussi que nous positionnons notre travail d'interprétation résolument dans la perspective du lecteur, le cas échéant du spectateur[19].

A priori, l'ambiguïté intentionnelle et, dans son sillage, le jeu verbal sont d'ordre formel, même si la saisie de leur signification est quasiment immédiate. C'est surtout en cette qualité formelle qu'ils s'inscrivent dans une longue tradition littéraire qui remonte, pour le français, au Moyen Âge : les *grands rhétoriqueurs* avec leurs inventions poétiques, leurs exercices de style et leurs recherches sonores en sont un bel exemple, tout comme François Rabelais avec ses jeux de mots et anagrammes. Ce formalisme étant rejeté par l'esprit normatif du *classicisme* au XVIIe siècle, il est considéré dépréciativement comme appartenant à une littérature mineure jusqu'à ce qu'il soit redécouvert et reconnu vers la fin du XIXe siècle par des critiques et des poètes comme Stéphane Mallarmé. C'est à Guillaume Apollinaire que l'on doit la véritable réhabilitation du jeu verbal en tant que principe littéraire, qu'il ne limite cependant plus à la seule perspective formelle, celle-ci se doublant désormais d'une essentielle dimension fonctionnelle et significative. C'est aussi dans ce sens que Jacques Prévert, Michel Tournier et Samuel Beckett s'appuient sur cette tradition littéraire du jeu verbal[20].

D'aucuns seront peut-être étonnés voire déçus de constater que le présent ouvrage se dispense du traitement de l'apport de la psychanalyse dans l'ambiguïté, son approche intéressante et enrichissante s'y prêtant. Cependant, comme il est indiqué plus haut, l'objet de notre étude est avant tout le caractère

---

19   Il va de soi que le lecteur ou le spectateur est aussi une instance en mesure de trouver dans un texte des ambiguïtés que l'auteur n'y a pas mises ou qui lui ont échappé. Paul Bogaards et Johan Rooryck avancent à juste titre que « le récepteur peut découvrir des doubles sens qui étonnent parfois celui qui parle. Les interprétations littéraires ont laissé perplexes bien des écrivains […] » (« Ambiguïté et compréhension du langage », *op. cit.*, p. 21). Comme il est indiqué plus haut, l'objet de notre étude reste cependant le caractère intentionnel de l'ambiguïté.

20   Bien sûr, l'ambiguïté intentionnelle est le terrain de bien d'autres auteurs connus et réputés pour leur affinité avec le jeu verbal : Raymond Roussel, Georges Perec, Raymond Queneau, pour n'en mentionner que les plus fréquemment cités. Comme il est indiqué plus haut, notre choix pour Apollinaire, Prévert, Tournier et Beckett n'est fondé que sur des raisons subjectives.

intentionnel de l'ambiguïté, intentionnalité qui, par essence, ne relève pas du domaine de l'inconscient[21].

3   Jeu de mots

De l'ambiguïté intentionnelle au jeu de mots il n'y a qu'un pas. Mais force est de constater qu'avec ce pas on s'enfonce dans un véritable marécage de théories, de définitions, de distinctions, de divisions, de sous-divisions … Dans sa thèse sur James Joyce et Raymond Roussel, Mathieu Jung[22] consacre quelques pages intéressantes et instructives à ce brouillamini sans fin, en présentant la distinction entre le jeu de mots et le *pun*, terme anglais qui correspondrait mieux à celui du calembour français. En invoquant les travaux de Paul Hammond, Patrick Hughes, Sigmund Freud[23], William D. Redfern, et en citant Michel Butor, Victor Hugo[24], Jonathan Swift, Roger Vitrac, et nous en passons, Jung précise que « plus respectueux de la structure, [le jeu de mots] concerne prioritairement le sens », « touche à l'esprit, qu'il ravit sans pour autant transgresser de règles syntaxiques ou grammaticales » et « se déploie plus généralement dans la sphère de l'intellect ». En revanche, le *pun* / calembour « porte sur l'homophonie en dépit des formes verbales », « concentre ses effets sur la perception (visuelle et/ou auditive) » et « affecte avant tout la forme, qu'il bouleverse le plus souvent », distinction qui permettrait de dire que le calembour est plutôt gratuit et le jeu de mots plutôt signifiant. Tout cela, pour en arriver à la conclusion de l'abandon de « la distinction entre les domaines respectifs du calembour et du jeu de mots[25]. De fait, la distinction peut sembler spécieuse ».

---

21 Outre que l'intentionnalité de l'ambiguïté cadre mal avec l'inconscient, l'analyse de Freud dans *Le Mot d'esprit et ses rapports avec l'inconscient*, op. cit., ouvrage fondamental pour l'approche psychanalytique, porte surtout sur les mécanismes du *Witz* et les processus comiques, et non pas sur la fonctionnalité du jeu verbal dans le cadre littéraire.
22 Mathieu Jung, *James Joyce, Raymond Roussel : modalités du lisible*, op. cit., p. 415-421.
23 Citons Jung : « Freud signale la différence essentielle entre '*Wortwitze*' et '*Gedankenwitze*' […]. Le '*Wortwitz*' correspond au 'calembour' français, et jouit d'un moins grand prestige que le '*Gedankenwitz*', figure de la pensée ».
24 Trop belle la célèbre formule de Victor Hugo, selon laquelle « le calembour est la fiente de l'esprit qui vole » (*Les Misérables*, Tome premier, Classiques Garnier, 1957, p. 171).
25 William D. Redfern, *Calembour, ou les puns et les autres. Traduit de l'intraduisible*, Peter Lang, Oxford, Berne, Berlin, Bruxelles, Frankfurt-sur-le-Main, New York, Vienne, 2005, p. 18.

INTRODUCTION   9

Étant tout à fait d'accord avec cette constatation de spéciosité, il nous paraît inutile voire hasardeux de nous lancer dans ce creuset terminologique[26] ou dans l'établissement d'un inventaire de différents types de jeux de mots, estimant qu'il est préférable de s'orienter vers leur fonctionnalité, pour éviter tout rigorisme nominatif ou normatif et, plus important encore, pour donner suite au caractère intentionnel du jeu de mots invoqué plus haut que nous considérons donc de manière pragmatique dans sa *généricité* terminologique ainsi que dans sa *spécificité* littéraire et textuelle attestée au niveau des sept œuvres analysées ici. En optant pour cette approche spécifique, nous avons suivi en quelque sorte une des conclusions de Matthias Bauer *et alii* :

> [Es] zeigt sich [...], dass eine generalisierende Feststellung größtmöglicher Bedeutungsvielfalt von der Wort- bis zur Textebene nicht unbedingt zu einer angemessenen Interpretation dieser Texte führt. Es erscheint sinnvoller, unter Rückgriff auf semantische, syntaktische, pragmatische und rhetorischen Regularitäten die spezifische Kommunikationsleisting einzelner Werke zu bestimmen. Dabei tritt die Fähigkeit literarischer Texte hervor, an realen Kommunikationszusammenhängen teilzunehmen und sie uns gleichzeitig in ihren Eigenarten bewusst zu machen[27].

Il n'empêche qu'il convient de cerner tout d'abord ce phénomène du jeu de mots. *Le Grand Robert* donne du jeu de mots la définition suivante : « allusion plaisante fondée sur l'équivoque de mots qui ont une ressemblance phonétique, mais contrastent par le sens ». Dans son usage courant le jeu de mots est en effet associé habituellement à l'humour ou au comique : un bon mot prête à rire sinon, tout au moins, à sourire. Ce côté ludique semble enraciné dans les esprits, littéraires et autres[28]. Ainsi pour Régis Boyer[29] « il y a jeu de mots

---

26   Pierre Guiraud, *Les Jeux de mots*, Coll. « Que sais-je », Presses Universitaires de France, Paris, 1976, distingue une centaine de types de jeux de mots classables en trois catégories (par enchaînement, substitution ou inclusion). Au niveau terminologique, comment distinguer et trancher entre jeu de mots, contrepèterie, calembour, pun, etc. ?
27   Matthias Bauer, Joachim Knape, Peter Koch & Susanne Winkler, « Dimensionen der Ambiguität », *op. cit.*, p. 65.
28   D'où la popularité d'un auteur/chansonnier comme Boby Lapointe ou d'un hebdomadaire comme *Le Canard enchaîné*. En ce qui concerne l'œuvre du premier, nous ne serions pas étonné si l'analyse de ce corpus pourtant bien restreint permettait d'établir un glossaire englobant toutes les variantes possibles et imaginables du jeu de mots. Pour *Le Canard*, la rubrique *Sur l'album de la comtesse*, contient, au fil des années, un véritable trésor de contrepèteries.
29   Régis Boyer, « Mots et Jeux de mots chez Prévert, Queneau, Boris Vian, Ionesco, Essai d'étude méthodique », *Studia neophilologica*, 40, 1968, p. 319. Dans son introduction

quand un sens second vient se superposer au premier, porte ouverte aux allusions perfides, à la satire, à l'ironie, à l'humour, à l'absurde ou tout simplement à la bonne humeur ». Ironie, humour, comique, jeu de mots : se recouvrant partiellement, ces concepts se limitent et se définissent difficilement. Pour éviter d'entrer dans une autre querelle terminologique, s'impose ici la conclusion distinctive de Pierre Schoentjes qui « associ[e] [...] le comique et l'humour au rire alors qu'[il] préfèr[e] lier l'ironie à un autre phénomène physiologique : le sourire. [...] Si la fonction de l'ironie est d'interroger, celle du rire est de divertir. [...] Alors que le rire est incontrôlable, le sourire lui est modulable : il accompagne dans la durée une réflexion déclenchée par l'ironie. C'est pourquoi on peut dire que le rire relève de l'affectif alors que l'ironie est un phénomène plus intellectuel »[30]. Schoentjes relève aussi le caractère opaque de l'ironie : « l'ironie est un mode indirect et dissimulateur, alors que l'humour et le comique sont des pratiques droites et franches »[31]. Nous pensons que, pris dans sa généricité, le jeu de mots serait tantôt l'un, tantôt l'autre. Au sujet de la conception actuelle de l'ironie Schoentjes constate, en s'appuyant sur Roland Barthes dans *Critique et Vérité* (1966), « qu'elle exploite les ambiguïtés de la langue et rend sa liberté d'interprétation au lecteur »[32].

Il convient donc de se rendre compte que la fonctionnalité littéraire du jeu de mots est bien large et ne se limite pas à la seule plaisanterie spontanée ou au seul divertissement cérébral. Bien au contraire, elle n'est que trop souvent à l'origine d'évocations sérieuses et d'implications tragiques. Qui plus est, le jeu de mots peut être à la base de la structure de l'œuvre, la générer voire la refléter, comme nous le cherchons à démontrer *in extenso* dans les chapitres consacrés aux ouvrages des quatre auteurs prénommés. Les échantillons suivants pourront illustrer brièvement notre propos. Tous pris directement dans nos analyses des ouvrages, ils donnent aussi un avant-goût des différences d'exploitation du jeu de mots selon les auteurs et permettent ainsi de saisir la complémentarité des chapitres qui leur sont consacrés.

---

  méthodique, Boyer distingue six types de jeux de mots. Dans la seconde partie de son essai il y a une compilation d'exemples de jeux de mots pris dans les ouvrages des quatre auteurs du titre.

30 Pierre Schoentjes, *Poétique de l'ironie*, Paris, Seuil, p. 222.
31 *Ibid.*, p. 223.
32 *Ibid.*, p. 286. Avec la constatation de l'opacité de l'ironie et de la liberté d'interprétation du lecteur Schoentjes rejoint les remarques à ce sujet de Michel Tournier et de David Bevan que nous avons relevées plus haut.

INTRODUCTION   11

– **Guillaume Apollinaire**

Certes, *Chantre* est un vers où l'humour et l'ironie sont bien présents avec ce jeu jou+é par Apollinaire avec le lecteur[33] au moyen de la trompette qui trompe sans trompeter. La fonction des jeux de mots omniprésents dans ce vers s'étend aussi à la création de plusieurs jeux délibérément énigmatiques. Mais l'univers mythique et mythologique évoqué à l'aide du titre et du jeu verbal sur « cordeau », « cor d'eau », « corps d'eau » et « chœur d'eau » ainsi que l'autoréflexion conceptuelle du poète confèrent une profondeur inattendue, une gravité et même une certaine solennité au monostique. Cette dualité, ce tangage entre humour et sérieux, semble bien être une des caractéristiques essentielles de la poétique d'Apollinaire.

– **Jacques Prévert**

Aucun jeu ni embrouille avec le lecteur par Prévert, qui cherche à l'atteindre et le toucher par tous les moyens littéraires dont il dispose. Basée sur le multiple sens de « manège », la dichotomie qui parcourt et structure *Le Cheval rouge* de Prévert crée une émouvante ambiance pleine de dépit amoureux. La tristesse et l'amertume évoquées avec brio prédominent dans ces quelques vers, et ce dans le double contexte connotatif et antinomique de l'attraction foraine et du domptage équestre.

– **Michel Tournier**

L'exploitation du jeu de mots chez Tournier est bien différente de celle mise en œuvre par Apollinaire et Prévert. Quand Tournier opte dans *Le Roi des aulnes* pour le prénom de « Nestor », alter ego du protagoniste Tiffauges, parce que ce nom lui permet de créer des anagrammes signifiantes avec « trône(s) » et « ternes », il se livre certes à un jeu sur les mots, mais ce jeu est loin d'être ratiociné ou amusant. Il n'est pas anodin non plus, bien au contraire, étant donné que les transpositions réalisées par ce jeu anagrammatique au niveau de l'agencement des mots et de leurs significations s'inscrivent dans le thème de l'inversion qui est à la base de la structure du roman et de l'organisation de ses éléments. De même, le choix du patronyme du protagoniste, « Tiffauges », qui s'explique et se justifie par son association intentionnelle avec le château de Gilles de Rais, l'ogre condamné à mort pour avoir torturé et tué 140 enfants, n'a rien de plaisant. À plus forte raison que ce nom[34] se prête, par parono-

---

33 Lecteur qui n'est pas *abusé* pour autant.
34 Le nom de « Tiffauges », qui n'est pas expliqué dans le roman, n'en est pas moins compris et reconnu par le lecteur averti, tout comme « Barbe-bleue », le nom du cheval de Tiffauges. Ces deux noms, ainsi que les jeux de mots avec les versions translinguistiques

mase, à des versions allemandes de « Tiefaugen » et « Triefaugen », substantifs signifiants correspondant à la description de la physionomie de Tiffauges, faciès qui est à son tour significatif pour la nature ogresse du protagoniste. Ce même principe du jeu anagrammatique auquel se livre Tournier dans *Le Roi des aulnes* correspond, à plus grande échelle, au bricolage de fragments de textes empruntés à d'autres auteurs, « recyclage[35] » qui architecture son *Gilles & Jeanne*.

– **Samuel Beckett**

Comme nous le montrerons, le jeu de mots fonctionne de manière fondamentalement différente dans le théâtre. L'ambiguïté intentionnelle et programmatique[36] de l'ouverture d'*En attendant Godot*, le fameux « Rien à faire » d'Estragon, ne prête aucunement à rire, elle résume et annonce le caractère désemparé et désespéré de la situation tragique où sont condamnés Vladimir et Estragon. En même temps, cette ambiguïté atteste de la difficulté de la compréhension et de la communication humaine.

Tout comme Tournier, Beckett est attiré par le travail anagrammatique. Si le va-et-vient de May, qui devient anagrammatiquement Amy, dans *Pas* correspond à la réalisation du palindrome « ressasser » sur scène, cette « exécution » du jeu verbal caractérise sémantiquement et reflète littéralement aussi les derniers échanges tragiques entre fille et mère mourante. Les jeux de mots et de situations relevés dans *Fin de partie*, y compris le titre de la pièce lui-même, sont tout aussi dramatiques voire déchirants. Sans vouloir tomber dans le piège d'un jugement moral, il convient de reconnaître cependant que Beckett pousse parfois le tragique du jeu de mots très loin, à la limite de la cruauté, pour le faire basculer et l'exploiter dans l'humour noir que l'on lui connaît : que dire de la question posée par Hamm à Nagg, son père cul-de-jatte enfermé dans une poubelle, « Comment vont tes moignons ? » suivie par la réponse « T'occupe pas de mes moignons »[37] ?

Nous aimerions clore cet aperçu avec une phrase de Raymond Roussel, qui se livre ce faisant aussi à une définition du jeu de mots : « Mais je ne puis tout citer ; je m'en tiendrai donc là en ce qui concerne la création basée sur

---

        du premier, s'inscrivent ainsi dans le concept de l'hypogramme de la théorie exposée par Michael Riffaterre dans *Sémiotique de la poésie*.

35   Ce terme est aussi à prendre ici au sens étymologique.

36   Nous parlons ici de « programmatique » car avec cette ambiguïté Beckett expose dès le départ sa conception dramatique au spectateur.

37   Jeu sur l'expression « Occupe-toi de tes oignons » (mêle-toi de ce qui te regarde).

l'accouplement de deux mots pris dans deux sens différents »[38]. Le lecteur aura compris que notre but va plus loin que la présentation d'une analyse énumérative de toutes les formes et tous les aspects de l'ambiguïté intentionnelle et du jeu de mots relevés ou relevables dans les ouvrages précités. Tout porte à croire que les auteurs ne se seraient guère souciés eux non plus de tels inventaires[39], ils s'en seraient peut-être même méfiés, craignant, à juste titre, une dénaturation ou une décomposition d'un élément essentiel de leurs œuvres. Notre objectif dans le présent ouvrage est de repérer et comprendre quels sont les intentions esthétiques et les effets conceptuels recherchés par les auteurs avec ces jeux verbaux, notamment au niveau de la lecture, de l'interprétation et de la structuration de leurs textes. Voilà la question globale à laquelle nous nous efforcerons de répondre dans les chapitres suivants, dont le lecteur trouvera un résumé annonciateur ci-après.

4   Pour une anatomie de l'ambiguïté intentionnelle et du jeu de mots

4.1   *Chantre*

L'ambiguïté intentionnelle ayant été tout d'abord étudiée dans le domaine de la poésie par Empson, quoi de plus logique de suivre son exemple en commençant nos microlectures par la dissection d'un poème composé d'un seul vers ? Difficile de trouver vers plus obscur et mystérieux que ce monostique d'Apollinaire, du point de vue non seulement du fond et de la forme, mais également de sa curieuse présence dans *Alcools*. Poème fort glosé aussi, qui a séduit maints commentateurs et inspiré à certains d'entre eux un lyrisme débordant voire déplacé. Si le penchant d'Apollinaire pour les jeux de mots fait l'unanimité de la critique depuis plus d'un siècle, le dernier mot n'a cependant pas été dit sur l'ambiguïté des éléments constituants de *Chantre* qu'Apollinaire y a concentrée, celui-ci s'adonnant sans doute entièrement à l'humour légendaire que l'on lui connaît. À commencer par l'évocation de cette étonnante

---

38   Raymond Roussel, *Comment j'ai écrit certains de mes Livres*, Jean-Jacques Pauvert, Paris, 1963, p. 20. Nous attirons d'ailleurs l'attention sur la majuscule du mot *Livres* dans le titre de cette édition de 1963. Ne figurant pas dans la première édition de 1935, il convient de conclure à un caprice de Pauvert, qui montre par là sa parfaite compréhension de la recherche (frustrée) de la gloire connue de Roussel. Force est de constater que la majuscule est rarement reproduite dans les citations et les références bibliographiques des spécialistes rousseliens. Un phénomène comparable se trouve dans notre chapitre 5 où il est question de l'interprétation du titre *Gilles & Jeanne* avec le signe diacritique « & » et non pas avec la conjonction « et ».

39   L'article de Régis Boyer cité plus haut en est un bel exemple.

« trompette marine » qui sonne faux, le lecteur se rendra en effet compte du malin plaisir avec lequel le poète joue son jeu sonore et littéraire, tout en respectant une versification des plus classiques.

D'abord intratextuelle, notre analyse de ce vers unique mettra à nu une étonnante profusion de jeux verbaux, abondance qui s'étend encore au niveau de l'intertextualité de l'alexandrin et qui est inversement proportionnelle à sa longueur. Ces jeux de mots ne sont pas paroles en l'air : avec leur fonction créatrice ils sont porteurs de sons et générateurs de sens, s'inscrivant ainsi dans l'imaginaire poétique, mythique et mythologique de l'auteur. Nous décèlerons l'étonnante richesse conceptuelle et lyrique (au sens propre et figuré) de ce vers essentiellement basée sur des jeux de mots, découverte qui permettra d'y distinguer, en profondeur, plusieurs niveaux d'interprétation significative. Comprenant mieux et en détail l'importance qu'Apollinaire a voulu reconnaître ainsi à ce monostique, le lecteur y trouvera la clé de la justification de son éclatante présence dans *Alcools*.

4.2   *Le Cheval rouge*

Quel intérêt Prévert présente-t-il encore pour le lecteur du XXIe siècle ? Réponse simple : c'est le poète français le plus lu. Et pour le chercheur ? Réponse tout aussi simple : c'est le poète français le moins commenté[40]. C'est pourquoi notre aperçu de l'état actuel de la critique concernant la poésie de Prévert sera nécessairement limité. Quasiment ignorée de nos jours par les commentateurs, l'œuvre poétique de Prévert se suffirait à elle-même, son évidente simplicité d'accès et le caractère considéré comme désuet de son message « populaire », « sociétal » ou « naïf » dispensant la critique de toute analyse approfondie et reléguant la poésie de Prévert dans le rayon de la littérature initiatique de l'édition scolaire. Prévert est devenu une proie facile pour les linguistes, et malheureusement on constate que les rares critiques littéraires positifs tombent facilement dans le piège de l'énumération de figures de styles ou de jeux de mots puisés pêle-mêle dans l'œuvre du poète, en négligeant ou phagocytant ainsi sa cohésion.

Regrettant vivement cette méconnaissance, nous cherchons à contribuer à la revalorisation de Prévert au moyen de l'analyse de ce court poème qu'est *Le Cheval rouge*, dans le respect de son intégralité et de son intégrité. Séduisant par sa beauté et sa densité dès la première lecture, faisant abstraction de toute moralité sociale et se situant dans l'intemporalité, ce poème nous paraît tout à fait idoine à notre intention de réhabilitation. L'analyse montrera que son

---

40   Il convient de préciser que ces constatations se limitent à la poésie de Prévert, ses autres activités littéraires souffrent beaucoup moins de ce désintérêt.

apparente compréhensibilité, exemplaire pour l'œuvre de Prévert, repose en réalité sur un travail en profondeur complexe de la part de l'auteur au niveau de l'ambiguïté et de la polysémie, notamment par l'usage extensif du jeu de mots et de la métaphore, à commencer par le titre du poème. La poésie prévertienne se distingue ainsi par une tendance très nette à dissimuler la complexité de son processus créatif. Surtout réputé pour ces jeux verbaux ludiques, Jacques Prévert, qui s'amusait à s'appeler Jacquet Pervers, nous étale (et régale) avec ce petit poème, sa maîtrise de la créativité métaphorique avec tous les registres des jeux de mots, sa virtuosité au niveau de l'ambiguïté lexicale et syntagmatique étant tout à fait convaincante. Enfin, ce petit poème montrera qu'il est tout à fait injuste, comme il est souvent fait, de reprocher à Prévert son goût pour le jeu de mots rien que pour le plaisir de l'usage. Toute gratuité, toute marginalité est absente dans sa poésie, qui *signifie* toujours.

4.3 Le Roi des aulnes

Par sa quantité (quelque 500 pages dans l'édition originale, 340 dans l'édition de la Pléiade) et sa qualité (roman, Prix Goncourt 1970), l'objet de ce chapitre se distingue fort de ceux des deux chapitres précédents, bien que le sujet s'en approche sensiblement.

Dans un premier temps nous analyserons les signes qu'Abel Tiffauges, le protagoniste, cherche à interpréter, convaincu qu'il est d'être confronté à un monde mythique dont il lui incombe, et à lui seul, de trouver la clé. Se présentant sous une double forme auditive et visuelle, ces signes, qui constituent une véritable obsession pour le protagoniste, se divisent en deux catégories. La première relève du caractère exceptionnel et du « pouvoir surnaturel » dont Tiffauges, ogre autodéclaré, se croit doté. Ces signes sont plutôt d'ordre événementiel voire carrément historique.

La deuxième catégorie comprend des signes qui sont à mettre en rapport avec l'écriture et, son complément, la (re)lecture des « Écrits sinistres », journal tenu par Tiffauges. En suivant l'interprétation « directionnelle » et parfois univoque que Tiffauges donne à ces signes appelés à plusieurs reprises « hiéroglyphes » par lui, le lecteur du roman est manipulé, pour ne pas dire mangé et phagocyté[41], par le diariste qui s'empare du caractère ambigu de tous ces signes et confirme ainsi sa nature ogresse au niveau de la lecture.

La constatation de Tiffauges que la « *réalité signifiante*[42] est presque toujours claire et distincte, ou alors quand elle devient difficile à lire, c'est qu'elle

---

41 Ce procédé ressemble à l'orientation persuasive de la rhétorique cicéronienne, sauf qu'il va beaucoup plus loin.
42 En italiques dans le texte.

s'approfondit et gagne en richesse ce qu'elle perd en évidence » nous a incité à analyser dans un second temps les noms propres dans le roman, ceux-ci étant des signes moins limpides et moins explicites qui n'en sont que plus profonds et plus riches. L'onomastique tourniérienne est (re)connue par la critique, mais guère étudiée de manière systématique. L'analyse globale du rôle des noms dans l'œuvre de Tournier permettra de constater qu'en les choisissant avec une attention particulière, l'auteur y attache une importance primordiale et qu'il aime jouer avec les patronymes, leurs effets sonores et significatifs comme leur portée polysémique. Notre étude plus détaillée se porte ensuite sur une partie importante des nombreux noms propres figurant plus spécifiquement dans *Le Roi des aulnes* : ceux des personnages principaux (Abel Tiffauges, Nestor, Rachel, Éphraïm), des personnages secondaires (Pelsenaire, Phiphi de Pantin, Raufeisen, ...), des « accessoires » (Barbe-Bleue, Porte-des-Ternes, Kaltenborn, ...) et même des personnages historiques (Bach, Weidmann, Goering, Hitler). Il s'avère que l'auteur s'est livré à un jeu significatif et connotatif, notamment au moyen de l'anagramme, avec des noms propres, fictifs ou non, qui présente une évidente analogie avec l'omniprésence du thème de la phorie et du principe de l'inversion qui structurent le roman.

4.4   *Gilles & Jeanne*
Si le précédent chapitre est consacré au jonglage de Tournier au niveau anagrammatique des (lettres des) noms propres, il sera question ici d'un principe comparable mais pratiqué à plus grande échelle, à savoir la manipulation par l'auteur de fragments de textes puisés « à droite et à gauche » dans des ouvrages qui lui ont servi pour se documenter sur la vie du personnage mythique de Gilles de Rais, le plus grand ogre de tous les temps. Tout en se basant sur des faits réels, l'auteur s'est défendu d'écrire un récit historique : il le qualifie d'« hagiographique » et déclare l'avoir « [é]crit dans les blancs laissés par les textes sacrés et historiques ». L'aspect fictif du récit est notamment élaboré par Tournier dans la relation complexe qu'il établit entre Gilles de Rais et cet autre personnage hautement mythique et en tout son opposé qu'est Jeanne d'Arc.

Dans ce chapitre nous procéderons à une microlecture de ce récit qui s'inscrit dans la mythographie tourniérienne, en analysant les pratiques de réécriture mises en œuvre par l'auteur à partir de cinq ouvrages à caractère bien différent que l'on peut indéniablement qualifier de textes-source. Sans pour autant mentionner expressément ces ouvrages ni expliciter les citations dans son texte, Tournier ne s'en cache pas de « piocher son bonheur là où il se trouve », au risque de frôler le plagiat. Le rôle de l'ambiguïté dans *Gilles & Jeanne* est différent de celui des autres ouvrages étudiés : elle ne se situe pas tant au niveau des mots et de leur double sens que sur le plan du jeu avec l'historicité auquel se livre Tournier en interprétant à sa façon les faits historiques et celui de la duplicité à laquelle est soumis le lecteur suite à la manipulation textuelle par l'auteur.

Nous terminons ce chapitre avec une analyse du titre du récit, dans le prolongement de la seconde partie du chapitre précédent, consacrée à l'onomastique significative.

4.5   *En attendant Godot*, *Fin de partie* et *Pas*

Après la poésie et la prose narrative, ce chapitre est consacré au théâtre moderne et complète ainsi le triptyque des trois grands genres littéraires. L'ambiguïté se présente de façon spécifique dans le contexte théâtral dans le sens où elle n'est pas destinée à être lue mais à être entendue par le spectateur, perception auditive doublée par la visualisation réalisée par la matérialisation des indications scéniques. On constatera que l'ambiguïté est omniprésente dans le théâtre de Beckett, sur ce double plan sonore et visuel. Souvent latente, elle se produit dans les situations créées sur scène, à l'intersection des trois vecteurs que sont les didascalies matérialisées, les textes à dire et leur interaction.

Cette section se compose, grosso modo, de deux parties. La première est réservée à *Fin de partie*, où notre analyse se focalisera sur le rôle des personnages du tandem Nagg et Nell. Nous relevons la nécessité incontournable du respect des indications scéniques élaborées avec soin et précision extrêmes par Beckett, faute de quoi l'ambiguïté recherchée par l'auteur, et par là la richesse et l'essence même de la pièce, se trouverait compromise[43]. Cette même ambiguïté se retrouve encore au niveau de l'usage des accessoires dramatiques, ainsi la matérialisation des didascalies permet de découvrir que les poubelles cachent bien plus que Nagg et Nell : en position ouverte, les deux couvercles visualisent des auréoles, le signe de l'infini et des roues de vélo et de tandem. Au niveau sonore, Beckett s'adonne à un prodigieux jeu formel d'anagrammes et de paronomases : la « faim » obsessionnelle de Nagg fait écho à la « fin » qui hante Hamm, tandis que le « comique » verbal prend source dans le lac de « Côme », où, par la fameuse histoire du tailleur, le « rire » frôle le « mourir ».

Dans la seconde partie de ce chapitre nous échangeons le point de vue du spectateur contre celui du lecteur. Le théâtre de Beckett a en effet évolué dans le sens où le texte à dire se réduit de plus en plus, voire à disparaître même totalement au profit de la didascalie, comme dans *Actes sans paroles I* et *II*. Notre recherche sur les indications scéniques dans *En attendant Godot* montrera que celles-ci dépassent largement leur fonction technique, celle de texte

---

43   Paradoxalement, ce risque est d'autant plus grand que les conditions pour l'éviter sont plus contraignantes…

purement et exclusivement destiné au metteur en scène et aux acteurs pour leur permettre de savoir comment jouer la pièce. Il s'avère en effet qu'au-delà de sa simple référentialité la didascalie dans *En attendant Godot* présente une fonction poétique, une plus-value esthétique et comique, sous forme d'assonances, allitérations, paronomases et même rimes.

Si l'interférence entre le texte à dire et la didascalie est encore réduite dans *En attendant Godot*, les choses se compliquent considérablement dans les pièces plus récentes de Beckett. Dans *Pas* la didascalie finit par être emboîtée dans le texte à dire et en devient ainsi une partie intégrante[44]. On y retrouve les mêmes figures de style que dans *En attendant Godot*, amplifiés encore par des effets de dédoublement et d'inversion qui invitent à une lecture anagrammatique non seulement des noms propres, mais encore des mots figurant dans le texte à dire et la didascalie (« Amy » – « imaginer » ; « cloche » – « écho »). Ce principe du dédoublement et de l'inversion des noms et des mots est également à la base de la structure dramatique de *Pas*. Nous constatons que la version anglaise de la pièce, intitulée *Footfalls*, présente ce même type d'ambiguïtés (« Sequel » à prononcer comme « seek well ») et de phénomènes anagrammatiques (« May » – « Amy » – « name » – « (I) mean » – « amen ».

Notre étude se terminera par l'analyse du titre de la pièce : *Pas* s'avère un exemple éloquent de l'exploitation essentielle de l'ambiguïté par Beckett.

---

44   Cet emboîtement de la didascalie dans le texte à dire est intégral dans *Catastrophe*.

CHAPITRE 2

Le Monostique d'Apollinaire ou les Contorsions d'un vers solitaire

J'ai tant aimé les Arts que je suis artilleur[1]

∴

Cette guerre, c'est Obus-Roi[2]

∴

1   Apollinaire et la fonction créatrice des jeux de mots

Les jeux de mots, et en particulier le calembour, sont à la base même de la création poétique apollinarienne. Pour Marie-Jeanne Durry, Apollinaire est avant tout sensible aux formes du langage, elle parle dans ce contexte de « calembour créateur »[3]. Antoine Fongaro est du même avis en affirmant que le calembour « est, il semble bien, une loi fondamentale de la création chez Apollinaire »[4]. Jean-Claude Chevalier consacre un article détaillé au rôle du calembour dans la poésie d'Apollinaire et va jusqu'à dire « Apollinaire regorge de calembours »[5]. Dans sa conclusion pertinente, Chevalier compare la fonction du calembour à celle de l'image et du calligramme. Négligé par « les gens de goût » pendant des siècles, le calembour renaît avec Apollinaire, étant tout d'abord pour lui « un instrument de dérision et de profanation ». Le calembour donne « une nouvelle fonction au langage, comme les peintres ont donné une nouvelle fonction aux couleurs », il « est le signe le plus évident que l'art moderne est un

---

[1] Lettre de Guillaume Apollinaire à André Rouveyre, le 14 janvier 1915.
[2] Lettre de Guillaume Apollinaire à André Billy, le 26 avril 1915.
[3] Marie-Jeanne Durry, *Guillaume Apollinaire, Alcools*, SEDES, tome 1, Paris, 1956, p. 86-87.
[4] Antoine Fongaro, *Apollinaire poète*, Presses Universitaires du Mirail-Toulouse, 1988, p. 82. Voir aussi note 34.
[5] Jean-Claude Chevalier, « La poésie d'Apollinaire et le calembour », *Europe*, Novembre 1, 44 (451), 1966, p. 61.

art non d'imitation, mais de conception »[6]. Anne Hyde Greet insiste sur le caractère amusant des techniques verbales d'Apollinaire et sur son ton moqueur. Elle trouve que son humour verbal « is particularly interesting in *Alcools* where we see the poet vacillating between traditional and experimental verse as he evolves towards a mature style »[7]. Alice Planche appelle Apollinaire « [...] ce maître ès calembours et paronomases, conscient comme Valéry qu'une consonance, parfois, fait un mythe [...] »[8]. Plus récemment, Katherine Shingler[9] a consacré un article à caractère plutôt psychologique aux jeux de mots dans *Calligrammes*. Elle cherche à montrer que « for Apollinaire, puns are not just amusing jokes or puerile games, but are mobilized as a means of representing the unfettered, irrational or pre-rational mind [...] »[10].

Bien sûr, ce goût du jeu de mots est à mettre en rapport avec le rire franc que l'on connaît d'Apollinaire[11]. Durry en parle comme suit : « Ambiguïtés, ambivalences, Apollinaire s'y ébat, lui, avec gaîté. Il en fait un des joyeux instruments de sa poétique de surprise. Elles servent chez lui un art de la suggestion, et une partie de cache-cache avec l'érotisme. Surtout elles sont un des lieux de fantaisie, un des moyens de sa bonne humeur »[12]. Laurent Nunez constate lui aussi cette propension d'Apollinaire : « [Il] aimait les énigmes et les défis, les mots rares et tournures archaïques. Il aimait jouer avec le lecteur, et le forcer à s'interrompre »[13].

---

6   *Ibid.*, p. 75.
7   Anne Hyde Greet, « Puns in Apollinaire's Alcools », *Wisconsin Studies in Contemporary Literature*, Vol. 6, n° 3 (autumn, 1965), p. 310.
8   Alice Planche, « Encore 'Chantre' », *Revue des lettres modernes*, 530-536, 1978, p. 142.
9   Katherine Shingler, « Mad Puns and French Poets : Visual-verbal Punning and 'L'Art des Fous' in Apollinaire's Calligrammes », *Nottingham French Studies*, 53.1, 2014, p. 19-34.
10 *Ibid.*, p. 20.
11 Voir Catherine Miller, *Jean Cocteau, Guillaume Apollinaire, Paul Claudel et le groupe des six*, Sprimont (Belgique), Mardaga, 2003. Miller consacre un chapitre aux relations entre Apollinaire et Francis Poulenc, qui, inspiré aussi par le timbre de la voix et le rire du poète, a mis en musique plusieurs de ses poèmes, dont *Le Bestiaire ou Cortège d'Orphée* et *Calligrammes*. Dans « Apollinaire et ses musiciens », *Europe*, 1966, n° 451-452, p. 239-240, Frédérique Robert signale que « le nom d'Apollinaire [est] lié à celui de Francis Poulenc dont *le Bestiaire* en 1919 établit du jour au lendemain la réputation ». Plus loin Robert écrit : « Eluard, Apollinaire ... deux poètes qui ont trouvé assurément en Poulenc leur meilleur chantre », *Ibid.*, p. 245. Dans sa biographie *Guillaume Apollinaire*, Paris, Éditions Gallimard, 2013, p. 220, Laurence Campa parle de l'effet de la voix d'Apollinaire sur sa compagne Marie Laurencin : « Elle aimait aussi sa voix, surtout quand il disait des vers, 'une voix basse et chantante' dont elle se ressouviendrait en son âge mûr écoutant Poulenc ».
12 Durry, *Guillaume Apollinaire, Alcools*, op. cit., tome 2, p. 114.
13 Laurent Nunez, « Apollinaire au cordeau », *Magazine littéraire*, n° 526, novembre 2012, p. 526.

Bien plus que de cette bonne humeur dont plusieurs de ses contemporains ont témoigné, l'amour du jeu de mots relève donc de son imagination et de sa conception poétiques. Son penchant pour le double sens des mots et des phrases est un véritable générateur de texte, en poésie mais aussi en prose[14]. Que ce soit un double sens existant, souvent d'ailleurs occulte (« *Anges* frais débarqués à Marseille hier matin », *La Porte*) ou un double sens créé par le poète (« Attention on va jeter l'*ancre* / Attention à l'*encre* que l'on jette », *Océan de Terre*), ou les chambres à louer appelées « Cubicula » dans *Zone* – jeu de mots formé selon les mêmes principes que le nom dédoublé de « Culculine d'Ancône » dans *Les Onze Mille Verges*. Même en langue étrangère se manifeste cette prédilection d'Apollinaire, cosmopolite, pour le double sens : « J'adore ton corps nu étendu à mes pieds où il se *love* comme un serpent » (lettre à Madeleine), ou encore le nom de *Rosemonde* dans le poème du même nom[15].

---

14   Il va sans dire que les jeux de mots foisonnent également dans l'abondante correspondance d'Apollinaire. Ainsi il écrit à André Rouveyre « J'ai tant aimé les Arts que je suis artilleur » ou encore à André Billy que « [la grande] guerre C'est Obus-Roi ». Voir Campa, *Guillaume Apollinaire*, op. cit., p. 528 et 569.

15   Dans « L'Hermétisme dans 'Alcools' », *Alcools, en corps, Lectures et situation du recueil d'Apollinaire, Recherches & Travaux*, Grenoble, hors-série n° 14, 1998, p. 13, Madeleine Boisson signale qu'« il arrive que le mot relativement rare se complique de calembours bilingues masqués ».

Voir aussi Luc Fraisse, « Le Jeu verbal au croisement des cultures dans 'Alcools' », *Travaux de littérature* XXII, Genève, Droz, 2009, p. 357-364, pour quelques beaux exemples de jeux de mots résultant de mixages entre français et langues « que [la] vie [d'Apollinaire] a [traversés] ». On constate que la connaissance des langues étrangères de certains critiques est bien inférieure à celle d'Apollinaire, ce qui peut conduire quelquefois à des conclusions curieuses voire douteuses. Ainsi Chevalier (« La poésie d'Apollinaire et le calembour », *op. cit.*, p. 71) relève dans « Rosemonde » l'équivoque « dame / Amsterdam » qui annonce le calembour sur le nom « à la fois fleur française et bouche allemande (Mund) » :

   Je la surnommai Rosemonde
   Voulant pouvoir me rappeler
   SA BOUCHE FLEURIE en Hollande

Cette interprétation est reprise par Scott Bates (*Guillaume Apollinaire*, New York, Twayne Publishers, Inc., 1967, p. 167), par Lionel Follet (« Lecture de 'Palais' d'Apollinaire », Paris, *Lettres modernes*, 1972, p. 19 et 64) et par Didier Alexandre (*Guillaume Apollinaire, Alcools*, Paris, Presses Universitaires de France, 1994, p. 32). Pour Greet l'origine du nom de « Rosemonde » est également allemande, bien qu'elle signale à juste titre que dans ce nom composé le suffixe « mund » ne signifie pas « bouche » mais « protection » (« Puns in Apollinaire's Alcools », *op. cit.*, p. 311). L'obstination de vouloir établir à tort et à travers l'influence de la culture allemande sur l'œuvre d'Apollinaire entraîne une lecture tronquée du poème. En effet, le cadre de ce poème n'est pas allemand, mais explicitement « en Hollande », avec Amsterdam, ses canaux et ses quais. Dès lors, l'explication du nom est évidente pour ceux qui connaissent la langue néerlandaise : la « Rosemonde »

Cette exploitation du jeu de mots n'est donc pas gratuite, elle s'inscrit tout d'abord dans l'esprit novateur d'Apollinaire qui s'exprime non seulement dans son approche des arts plastiques, mais aussi dans sa conception poétique[16]. Il aime jouer sur l'équivoque, dès que l'occasion se présente, en se délectant de l'effet de surprise produit par ses trouvailles. Ou ne serait-il pas plus juste de dire : dès que l'occasion la fait pressentir, car il est évident que ce jeu sur l'équivoque demande du travail, même si l'on sait sa grande aisance d'écriture ? Cette ambiguïté recherchée par le poète s'inscrit également dans le caractère énigmatique de l'écriture : Apollinaire, le mystificateur cocasse, aime « jouer avec la part de hasard, de risque et de mystère [...] qui détermine dans une certaine mesure son orientation et son succès [...] »[17].

Or, s'il y a un texte emblématique de l'amalgame de tous les ingrédients poétiques évoqués plus haut, jeu de mots, calembour, dérision, profanation, moquerie, innovation, ambiguïté, surprise, énigme, texte où tous ces éléments se trouvent concentrés, c'est bien le plus court des poèmes d'Apollinaire, à savoir :

Chantre
Et l'unique cordeau des trompettes marines

Ce monostique, sixième poème d'*Alcools* quand on tient compte de l'unité de *La chanson du Mal-Aimé*, « seems to spring entirely from the shock-effect and baroque juxtapositions contained in plays on words »[18]. Mais bien avant cette constatation, le lecteur non averti est frappé par l'aspect visuel de la présence de ce « vers solitaire d'Apollinaire » dans *Alcools*, recueil dont la plupart des poèmes sont tout de même d'une certaine longueur et d'une importance

---

abusivement déclarée « allemande » est plutôt à mettre en rapport avec le mot hollandais « mond (= bouche) », rapprochement tout à fait conséquent et en équation parfaite avec ce contexte néerlandais. Durry, elle, l'a bien compris : « En 1906, petit voyage d'Apollinaire en Hollande – celui d'où naîtra *Rosemonde* ... » (*Guillaume Apollinaire, Alcools*, op. cit., p. 46). Dans « Le Jeu verbal au croisement des cultures dans 'Alcools' », *op. cit.*, p. 360, Luc Fraisse ne s'y est pas trompé non plus en parlant d'un « jeu verbal franco-néerlandais », dont le « décryptage [est] partiellement [réalisé] dans le poème même ». Nous ajouterons que le choix pour « Rosemonde » féminise le nom, tout en réalisant également un autre calembour qui lui donne sa juste extension universelle : « Rose*monde* », extension explicitée clairement dans le dernier vers du poème : « Rose du Monde ».

16   Que l'on se souvienne du célèbre premier vers de *Zone*, premier poème d'*Alcools* : « A la fin tu es las de ce monde ancien ».
17   André Billy, *Guillaume Apollinaire*, Paris, Poètes d'aujourd'hui, Seghers, 1956, p. 18.
18   Greet, « Puns in Apollinaire's Alcools », *op. cit.*, p. 313. L'effet de choc est également provoqué par le caractère isolé du vers et son absence de contexte. Voir Albert Chesneau, « La Marquise sortit à cinq heures », *Modern Language Association*, Vol. 84, n° 6, octobre 1969, p. 1646.

certaine. Contraste provoqué en effet instantanément à la première vue d'une page dont le riquiqui du texte autant que le blanc du *non-texte* saute aux yeux. Le seul fait que le poète ait jugé opportun d'intégrer *Chantre* dans son recueil doit en dire long sur l'importance qu'Apollinaire lui a accordée et, par conséquent, sur son potentiel poétique. Ainsi la clé du mystère de la justification de la présence du monostique dans *Alcools* se trouve forcément enclose dans le poème même, sur le plan intratextuel. Mais le rapport entre *Chantre* et les autres poèmes d'*Alcools* ou d'autres œuvres, d'Apollinaire lui-même ou de ceux qui ont pu exercer une influence sur lui, sur le plan intertextuel donc, mérite tout autant une analyse approfondie.

2 *Chantre* : intratextualités

2.1 *Instruments de musique et de tromperie*

En lisant le poème, on semble être invité à entendre, car comprendre[19] c'est trop dire, une voix qui chante et des trompettes qui claironnent dans un environnement marin, sans que l'on sache trop bien ce qu'il faut faire de « l'unique cordeau ». Limitons les impressions engendrées par une première lecture à cette simple constatation et évitons de nous éloigner du concret argumenté et de tomber ainsi dans le piège du libre cours donné à l'imagination éveillée par le pouvoir incontestablement suggestif du vers[20]. Retentissant dans les oreilles bien après cette première lecture, ces « trompettes marines » induisent cependant le lecteur en erreur, car les « trompettes marines » ne sont pas un instrument à vent, mais un instrument à cordes, mieux à *corde* au

---

19 Voir Jonathan Culler, « Communicative Competence and Normative Force », *New German Critique*, n° 35, 1985, p. 139, pour une analyse intéressante de l'attitude du lecteur face à l'incompréhension de textes courts comme *Chantre*. Dans sa thèse *Essai sur l'esthétique de la poésie française*, New York, The City University of New York, 1973, p. 169-170, Serban Andronescu parle également des problèmes d'interprétation posés par *Chantre*. Le lecteur se trouve devant « un travail besogneux, fatigant. [...] Le vers [est] abstractisé. L'abstraction symbolique nous semble être le trait dominant de la poésie visuelle depuis Apollinaire ».

20 Pour avoir une idée de telles évocations intuitives individuelles et non argumentées, voir Durry, *Guillaume Apollinaire, Alcools*, op. cit., tome 2, p. 108 ou André Rouveyre, *Amour et Poésie d'Apollinaire*, Paris, Editions du Seuil (Collection « Pierres vives »), 1955, p. 67-81. Ces deux auteurs sont rudement critiqués sur ce point par René Pommier, « Un vers solitaire très sollicité », *Raison présente*, n° 33, 1975, p. 79-95, qui raille l'exaltation de la première et la traite de « grande vestale du culte apollinarien » (*Ibid.*, p. 80), pour qualifier le commentaire du second de « très hilarant et très irritant, mais qui est en tout cas le plus délirant qu'on puisse lire » (*Ibid.*, p. 80).

singulier. Avec l'apparence des mots Apollinaire se joue ici du lecteur, créant le joli calembour des *trompettes* qui sonnent le faux, en d'autres termes : qui *trompent*[21]. D'ailleurs la *trompette marine* est également appelée *trompe marine*[22]. Tromperie donc sur la trompe, le double fond ainsi créé par le poète est bien subtil. Voici une description de l'instrument :

> Ce monocorde à archet[23], dont la parenté de son avec la trompette est remarquable, car éclatant et cuivré, était utilisé principalement du XVe à la moitié du XVIIIe siècle en Europe[24], surtout en Allemagne et en France. On trouve nombre d'exemples iconographiques de cet instrument dans les représentations d'anges musiciens ou de danses macabres[25].

Allemagne, France, iconographie, anges musiciens, danses macabres, que faut-il de plus pour cerner le monde poétique d'Apollinaire ? Autre tromperie, plus anodine et plus pardonnable certes : l'adjectif « marine » qui n'aurait rien à voir avec la mer et tout avec « marial », donc avec le culte catholique de la Vierge Marie. En effet,

> [Le cordophone] semble associé au culte marial, caractéristique des couvents de religieuses. Cela est d'autant plus probable que la plupart des instruments conservés proviennent de couvents et qu'en allemand, l'instrument porte plusieurs noms, à savoir *Nonnengeige*, ou violon de nonne,

---

21   *Tromper* ≈ faire trompette, par analogie avec par exemple *tremper* = faire trempette.
22   Universalis, « TROMPETTE MARINE », *Encyclopædia Universalis* [en ligne], consulté le 14 décembre 2015. URL : http://www.universalis.fr/encyclopedie/trompette-marine/.
23   Pour une description détaillée de l'instrument, voir Durry, *Guillaume Apollinaire, Alcools*, op. cit., tome 2, p. 106-114. Voir aussi note 26.
24   La critique n'a pas manqué de signaler dans ce contexte la préférence de Monsieur Jourdain pour cet instrument dans *Le Bourgeois Gentilhomme* de Molière : « Il y faudra mettre aussi une trompette marine. La trompette marine est un instrument qui me plaît, et qui est harmonieux » (Acte II, scène 1). Généralement ces remarques servent à souligner la simplicité voire la banalité de la trompette marine et par là la bêtise et le caractère simplet de Monsieur Jourdain. Tout ignare qu'il est, Monsieur Jourdain (comme Molière !) est néanmoins au courant de l'existence de l'instrument, ce qui en dit long sur sa popularité pendant la seconde moitié du XVIIe siècle.
25   Voir la page internet du Musée des Instruments de Musique http://www.mim.be/fr/trompette-marine?from_i_m=1, consultée le 21 mars 2016.

ILLUSTRATION 2.1
Trompette marine

Nonnentrompete ou trompette de nonne, *Marientrompete*[26] ou trompette de Marie[27].

---

26 La description de Marie-Jeanne Durry est basée sur deux textes publiés en 1903 et 1908, dont le dernier cite la présentation de la trompette marine par un certain Jean-Baptiste Prin en 1742. Citons deux fragments de cette présentation : « […] des écoliers hollandais et anglais […] ont transféré chez eux l'usage de cette trompette, ils en ont joüé sur leurs vaisseaux […] » et « Les marins français s'attachèrent à en joüer pareillement et surpassèrent bientot leurs voisins dans l'exécution, ils la surnommèrent Marine […] ». On comprend aisément la confusion et la naissance de l'erreur commise par ces marins qui ont baptisé l'instrument *trompette marine* en le calquant fautivement sur *Marientrompete*.
27 Voir https://fr.wikipedia.org/wiki/Trompette_marine consulté le 21 mars 2016.

Il y a de fortes chances qu'Apollinaire ait découvert l'existence de la trompette marine pendant son séjour en Allemagne (1901-1902)[28]. La confusion entre « marine » et « marien (mariale) » a dû amuser Apollinaire, ancien secrétaire de la Congrégation de l'Immaculée Conception, association consacrée au culte de la Très Sainte Vierge, créée par les marianistes quelque dix ans plus tôt[29]. Il est à noter aussi que le monocorde présente une grande ressemblance avec les instruments primitifs des populations de l'Afrique noire, culture aimée et admirée par Apollinaire[30]. Le poète possédait une véritable collection d'art africain dans son appartement, le pluriarc Punu du Gabon accroché à sa bibliothèque est tout à fait révélateur pour son rapport formel avec les trompettes marines[31].

La connaissance d'Apollinaire dans ce domaine instrumental s'étend même jusqu'au Japon : le *shamisen*, espèce de guitare à trois cordes dont il est question dans *Les Onze Mille Verges*, présente également ce caractère rudimentaire[32]. La description de la trompette marine fait encore état d'une autre particularité qui a retenu notre attention :

> Une autre caractéristique qui joue un rôle important dans la sonorité de l'instrument sont les cordes sympathiques placées à l'intérieur de

---

28 Supposition confirmée par Antoine Fongaro, « 'Chantre', 'Palais', Annie et Mallarmé », *Studi francesi* 16, 1972, p. 82-87.

29 Selon Laurence Campa, *Guillaume Apollinaire*, op. cit., p. 33-35, la mère d'Apollinaire « vouait son fils à la Vierge ». En 1894, « le jeune homme prit le secrétariat de la Congrégation, fonction remplie avec componction, comme en témoignent ses comptes rendus, soigneusement notés sur des cahiers d'écolier ». Campa signale aussi que « la foi [du jeune Apollinaire] n'est guère sereine » et qu'il « s'amuse, en cachette, à caricaturer le ministre des Cultes ».

30 Voir par exemple son « A propos de l'art des Noirs », introduction au catalogue de la Première Exposition d'Art Nègre et d'Art Océanien, organisée par Paul Guillaume, p. 5-8, Paris, Galerie Devambez, 1919. Campa, *Guillaume Apollinaire*, op. cit., p. 715, constate qu'Apollinaire est « le troisième critique au monde et le premier Français à écrire sur l'art nègre ».

31 Arrivé en France avant 1908, ce pluriarc Punu du Gabon se trouve au musée du Quai Branly et a été présenté à l'exposition *Apollinaire, Le regard du poète*, organisée dans le musée de l'Orangerie du 6 avril au 18 juillet 2016. À voir aussi la page *Visite chez Guillaume Apollinaire* pour les photos de l'intérieur de l'appartement du boulevard Saint-Germain où figure ce pluriarc : http://detoursdesmondes.typepad.com/dtours_des_mondes/2007/12/apollinaire.html. Site consulté le 24 mai 2016.

32 Le *shamisen*, appelé *sammisen* par Apollinaire, est un instrument japonais traditionnel (XVIe siècle), dont la caisse de résonance est carrée et le manche long. *Shamisen* signifie *trois cordes parfumées* ou *trois cordes du goût*.

la caisse de résonance. Elles augmentent le niveau général du son et le maintiennent[33].

Ces cordes, qui octroient à l'instrument une certaine mélodiosité, cachées à la vue et seulement perceptibles pour l'auditeur attentif, ne sont-elles pas à prendre comme l'équivalent des différents niveaux que le lecteur averti est invité à distinguer dans le monostique ? Sous l'apparence de l'unicité du vers n'y a-t-il pas d'autres vers dissimulés qui vibrent en harmonie avec celui-là, tout comme les cordes sympathiques dérobées à la vue qui retentissent en accord avec la corde unique de la trompette marine ? La recherche de ces niveaux, qui confèrent une dimension supplémentaire au vers, permettrait ainsi de mieux comprendre la justification de sa présence, de sa raison d'être dans *Alcools*[34].

La double *tromperie*, comprise dans les deux termes des « trompettes marines », qui passent pour ce qu'ils ne sont pas, cette fausseté enchanteresse a dû plaire au poète, elle lui offre une belle opportunité de se jouer gentiment du lecteur en le soumettant au calembour et en l'invitant à savourer la surprise et à résoudre l'énigme. Car une fois éclairé sur le mystère de la trompette marine, celui-ci comprend comment interpréter « l'unique cordeau », qui était resté inexplicable au premier niveau de la lecture : il s'agit bien sûr de la seule corde de l'instrument. L'usage inhabituel de *cordeau* dans le sens de *corde* nécessite des explications. Le cordeau au sens propre est une corde ou ficelle tendue par le jardinier entre deux points pour obtenir une ligne droite. Cette connotation « terrestre » contraste évidemment avec l'élément aquatique exprimé, faussement il est vrai, par la trompette marine. La deuxième acception de *cordeau* est *ligne de fond pour la pêche*, réaffirmant ainsi l'élément eau. Mais *cordeau* a encore une troisième acception, celle qui renvoie également à un des éléments : *mèche*, par où est introduit l'élément feu. En dehors de ces aspects sémantiques, qui couvrent donc trois éléments sur quatre, le terme de *cordeau* au lieu de *corde* présente un effet sonore qui a dû être déterminant pour l'usage inhabituel qu'en a fait Apollinaire. C'est que *cordeau* lui a permis de faire un jeu de mots avec les termes homophones de *cor d'eau*[35]. À ce troisième niveau du poème se réalise ainsi une double équivalence sémantique, à savoir entre *cor* et *trompette* d'une part et entre *d'eau* et *marine* d'autre part. « Cordeau » an-

---

33 Voir la page internet du Musée des Instruments de Musique http://www.mim.be/fr/trompette-marine?from_i_m=1.
34 Pour Antoine Fongaro, *Apollinaire poète*, op. cit., p. 81, cette justification se trouve dans « la formidable portée cosmique que le poète entendait conférer à son monostique ». Nous reviendrons à son commentaire intéressant et convaincant plus loin.
35 Ce jeu de mots a été signalé par Michel Décaudin, *Le Dossier d'Alcools*, Genève-Paris, Droz-Minard, 1960, p. 113.

nonce donc « trompettes marines ». Les trois niveaux que l'on peut distinguer dans le poème se schématisent comme suit :

a   Et l'unique cordeau (= ?) des trompettes marines (= instrument à vent)
b   Et l'unique cordeau (= corde) des trompettes marines (= instrument à corde)
c   Et l'unique cordeau des trompettes marines (cor d'eau = trompette marine)

2.2   *Interprétations du titre*

Si « l'unique cordeau » et « les trompettes marines » offrent au lecteur une large gamme d'indications suggestives et de possibles interprétations en fonction des différents jeux de mots exploités par Apollinaire, le titre du monostique, « Chantre », n'en présente pas moins. René Kochmann[36] exclut l'emploi de *chantre* au sens religieux. Étant donné l'usage de la trompette marine dans les couvents, on est toutefois en droit de se demander si cette connotation religieuse n'a pas joué un rôle dans la genèse du poème. Kochmann relève aussi l'équivalence anagrammatique entre *chantre* et *chanter*, en signalant que la terminaison de *chantre* assonance avec les verbes en – *andre* ou en – *endre*. Il se justifie comme suit :

> Le goût de l'auteur d'*Alcools* pour le calembour et la contrepèterie ne permet pas d'exclure d'emblée cette supposition. On sait bien, de toute manière, que ce poète éminemment féru d'humour verbal n'a jamais considéré les jeux, même les plus vulgaires, auxquels il se livrait sur les mots, comme de simples excréments de l'esprit : il leur a réservé à l'occasion une place et un rôle importants jusque dans ses poèmes les plus élégiaquement douloureux[37].

La signification la plus évidente de *chantre* est bien sûr *poète*[38], ou plutôt *poète lyrique*, mais le Littré donne aussi par extension *oiseau chanteur*. Kochmann avance à juste titre qu'Apollinaire a dû être sensible à ce sens, car le poète se compare souvent avec l'oiseau et assimile sa poésie au vol (« Oiseau tranquille au vol inverse oiseau Qui nidifie en l'air ... », *Cortège*)[39]. Par le biais du titre,

---

36   René Kochmann, « Chantre et la poétique d'Apollinaire », *Le Français moderne*, N° 36, 1968, p. 313-322.
37   *Ibid.*, p. 317 et 318.
38   C'est la signification communément acceptée par presque tous les commentateurs précités.
39   *Ibid.*, p. 319.

ILLUSTRATION 2.2   Apollinaire / Dufy, *La Tortue*

le quatrième élément manquant, celui de l'air, est donc également présent dans le monostique[40].

Le terme de poésie lyrique est évidemment à mettre en rapport avec la lyre, dont l'invention est attribuée à Hermès, qui se serait servi d'une carapace de tortue pour la caisse de résonance sur laquelle il aurait tendu comme cordes sept boyaux de brebis. L'illustration 2.2 reproduit la deuxième planche de *Le Bestiaire ou Cortège d'Orphée* (1911), illustrée des bois de Raoul Dufy. On

---

40   Voir aussi la thèse de Paola Cantera, *Thématique et poétique des quatre éléments dans Alcools d'Apollinaire*, McGill University, 1969, p. 66.

distingue sans difficulté sur ce gros plan les sept cordes et le titre du poème renvoie directement à la carapace de la tortue utilisée comme caisse de résonance[41].

2.3 *Sept*

Sans vouloir entrer trop dans les détails de la symbolique des nombres, il convient de signaler que le chiffre sept est généralement considéré comme sacré, car correspondant au principe de la perfection et de la plénitude : sept jours de la semaine, sept planètes majeures (Pléiade), sept péchés capitaux, sept couleurs du spectre, sept arts libéraux, sept notes de musique[42]. Sans parler de la symbolique du chiffre sept dans de nombreuses religions et de son implication dans le processus de la création. Or, le *chantre* qui s'accompagne de la lyre à sept cordes se voit lui-même, ainsi que son activité de *chanter*, composé de sept lettres et crée un vers unique composé de sept mots. *Chantre* présente ainsi une curieuse opposition sous forme de chiasme : d'un côté le vers unique du poème suggère la corde unique de la trompette marine, de l'autre les sept mots du vers et les sept lettres du titre renvoient aux sept cordes de la lyre jouée par le chantre[43].

2.4 *Iconicité*

Après l'analyse des substantifs et des adjectifs, il importe de s'arrêter à l'iconicité du poème. Constatons d'abord que la connotation antique du terme *chantre*, dérivé du latin *cantor*, correspond parfaitement au choix de l'alexandrin, qui répond de tous points de vue à la versification classique : césure sans

---

41 Trois autres planches représentent Orphée, le chantre de la Thrace, tenant à la main une lyre dont le nombre de cordes semble se limiter à trois, peut-être la taille réduite de la lyre sur l'image ne permettant pas au graphiste d'en reproduire plus. Car, si le nombre des cordes peut en effet varier, les illustrations de la lyre antique font généralement état de sept cordes.

42 https://fr.wikipedia.org/wiki/Sept%C3%A9naire_(symbolisme) consulté le 21 mars 2016.

43 La prédilection d'Apollinaire pour le chiffre sept a été relevée par Madeleine Boisson, « La Structure septénaire. Des 'Sept Épées' à 'La Rose de Hildesheim' », *Revue des lettres modernes*, 677-681, 1983, p. 61 : « Apollinaire a du goût pour les structures septénaires, auxquelles il attache apparemment les faisceaux de significations mythiques et magiques que leur reconnaît mainte tradition ». Voir aussi note 87. Dans *Apollinaire entre deux mondes, Mythocritique II*, Paris, Presses Universitaires de France, 1997, p. 68-69, Pierre Brunel reconnaît également l'opposition entre la corde unique de la trompette marine et les sept cordes de la lyre, attribut d'Orphée, chantre de Thrace. En s'appuyant sur le mot « marine », il parle dans ce contexte d'une variation marine sur le motif des Sept Épées et « des sept paroles [...] du Chantre moderne ». Voir aussi note 88.

enjambement après le sixième pied, *e* dit muet élidé à la fin du vers, préposition de l'adjectif et singulier dans le premier hémistiche contre postposition et pluriel dans le second. Ce qui est important aussi, c'est que « Ét » [e] et « cordéáú » [o] sont accentués dans le premier hémistiche, alors que l'accent tombe sur « trompéttes » [ɛt] et « maríues » [in] dans le deuxième. Il est créé ainsi une opposition entre les syllabes finales *masculines*, en termes de la prosodie, dans la première moitié de l'alexandrin et les syllabes finales *féminines* dans la seconde, qui peut être considérée de ce fait plus musicale et mélodieuse. Cette distribution correspond à l'absence d'un instrument de musique dans le premier hémistiche, du moins au premier niveau, et à la présence des « trompettes marines » dans le second.

Il n'est pas surprenant que l'iconicité typographique occupe une place essentielle dans la poésie de l'auteur (futur) de *Calligrammes* (1918)[44]. Il existe un rapport évident entre la corde unique de la trompette marine et le vers unique du poème, qui est tendu comme un cordeau sur le blanc de la page et se met à vibrer dès que le lecteur aura saisi le sens de la trompette marine[45]. Les premiers vers de *Le Bestiaire ou Cortège d'Orphée* (1911) présentent une exhortation qui s'applique par excellence à *Chantre* : « Admirez le pouvoir insigne Et la noblesse de la ligne ».

2.5   *Expansion et contraction*
L'interprétation du poème nécessite aussi une analyse de la conjonction « Et » au début du vers, de la préposition « de » comprise dans « de + les > des » et de l'absence du verbe à la fin. Les critiques ont avancé des explications très variées voire contradictoires pour la présence d'« Et ». Dans son fastidieux travail de reconstruction de *Chantre*, Pommier justifie cette présence d'une manière simple, pour ne pas dire simpliste :

---

44   Une certaine prudence s'impose cependant : dans « A propos de quelques relectures d'"Alcools" », *Studi francesi* 43, 1999, p. 119, Antoine Fongaro signale à juste titre que la conception de *Calligrammes* n'était pas encore concrétisée en 1913. Si *Chantre* avait été conçu comme précurseur de *Calligrammes*, Apollinaire aurait sans doute préféré la verticalité du vers à son actuelle horizontalité choisie pour *Alcools*, cette disposition correspondant mieux à la position verticale de la trompette marine (voir illustration 2.1).

45   L'interprétation du vers par Jonathan Culler va dans ce sens : « [...] the poem has a single line because the marine trumpet has only one string, but [...] the fundamental ambiguity of language allows the poet to make music with one single line of verse » (*Structuralist Poetics*, Routledge & Kegan Paul, Londres, 1975, p. 177).

> [S]i Apollinaire a retenu cet « et » initial, qui est très probablement le premier mot qui lui est venu à l'esprit pour cet unique pied qui lui manquait, c'est parce que c'était le mot qui s'imposait le moins. Cet « et », qui dans son esprit n'avait d'autre mérite que de lui fournir le douzième pied de son alexandrin, il s'est dit, et non sans raison, qu'on s'extasierait sur lui[46].

Kochmann donne à la conjonction « Et » la fonction de la coordination entre l'alexandrin et le « blanc qui s'étend entre le titre et elle-même » pour associer ce blanc au « silence *qualifié*, celui du *Chantre* », c'est-à-dire le silence qui précède la création poétique[47]. Pour Henri Ziéglé, l'attaque par « Et » s'explique par le fait que le « vers est le dernier terme [...] d'une énumération »[48]. Michel Décaudin pense que le vers est tronqué car pris par Apollinaire dans un autre poème (perdu ou non publié)[49]. David Gullentops fait une analyse très détaillée et plutôt convaincante du « Et », pour conclure que

> sa valeur n'en est pas une de coordination ou de connection argumentative, mais plutôt de stimulation du discours verbal. La preuve en est qu'à elle seule, la conjonction pallie dans cette phrase l'absence de verbe[50].

Avec cette conception dynamisante, peut-être un peu trop réductrice, Gullentops rejoint, du moins partiellement, une de nos interprétations du « Et », d'autant plus qu'il établit, comme nous l'avions fait avant lui, un rapport entre le « Et » et l'absence du verbe à la fin du vers. À notre avis le « Et » du début du vers donne a priori l'impression au lecteur qu'un quelconque énoncé a dû lui précéder, tandis qu'il s'attend à un verbe à la fin. Ainsi le vers englobe une force expansive, un dynamisme qui génère la suggestion que ce seul vers n'est pas tout, qu'il doit y avoir ou qu'il manque un complément de texte avant et après, manque d'autant plus ressenti que le vers est au premier abord incompréhensible. « Des » au premier niveau ne permet pas au lecteur d'établir un rapport entre « cordeau » et « trompettes marines », c'est seulement au second

---

46 Pommier, « Un vers solitaire très sollicité », *op. cit.*, p. 88. Nous relevons l'écriture erronée d' « et » (à deux reprises) avec minuscule dans cette citation.
47 Kochmann, « Chantre et la poétique d'Apollinaire », *op. cit.*, p. 321.
48 Henri Ziéglé, « À propos de 'Chantre' d'Apollinaire », *Revue des sciences humaines*, Tome 36, n° 144, octobre-décembre 1971, p. 627.
49 Michel Décaudin, *Le Dossier d'Alcools*, op. cit., p. 113.
50 David Gullentops, « Lecture de 'Chantre' », *Guillaume Apollinaire 19*, textes réunis par Michel Décaudin, *Lettres modernes*, 1996, p. 63-80. Cet article est une reprise partielle de « Pour une sémiotique de l'espace poétique », *Degrés XXIII* 84, hiver 1995, p. 1-18.

niveau que le génitif s'explique. Au troisième niveau il s'avère que les deux termes « cordeau » et « trompettes marines » sont sémantiquement équivalents. Or, la lecture métaphorique[51] de « des » implique que, tout compte fait, les deux termes coïncident en renvoyant à un seul et même instrument, de sorte que le vers se contracte. Ce dynamisme engendré par l'expansion d'une part et la contraction de l'autre mime le phénomène du flux et reflux[52], la lutte entre l'eau et la terre étant aussi comprise dans l'opposition entre « cordeau » et « trompette marine » au premier niveau. Le caractère pulsatile du vers s'apparente également au vibrato produit par la corde de la trompette marine.

Il n'est pas non plus exclu que le poète ait voulu se moquer ici de lui-même. La production littéraire d'Apollinaire est énorme, sa grande aisance d'écriture est connue. En réduisant et en contractant sa poésie à la puissance deux et de manière quasi absurde dans un seul vers, qui se compose de surcroît de segments sémantiques identiques, il tourne en dérision sa propre « polygraphie ». Profanation du poète mythique par lui-même ...

Quoi qu'il en soit, cette interprétation n'exclut pas la fonction conjonctive du « Et », qui relie deux termes de nature soit identique, soit différente. Dans le premier cas, il y aurait un certain degré d'identité entre « Chantre » et « trompette marine », ou plutôt entre « Chantre » et trompette marin, le trompettiste marin, donc le joueur de l'instrument. Cette optique rejoindrait l'interprétation de Kochmann, qui, en suivant un autre raisonnement il est vrai, relève la simplicité et la banalité de la trompette marine pour considérer cet instrument comme le symbole de la poétique d'Apollinaire[53]. Il est également possible d'invoquer certains arguments en faveur de la coordination d'éléments différents réalisée par « Et ». Dans ce qui précède nous avons constaté qu'il existe une opposition entre la corde unique de la trompette marine et les sept cordes de la lyre, attribut du chantre. Cette différence est encore accentuée lorsqu'on compare le son de la trompette marine au ton du chantre. La trompette produit une musique monotone, assez lourde et plutôt désagréable. Avec sa voix puissante, agréable et sonore[54] (comme l'indique l'expression *une voix*

---

51   Voir Christine Brooke-Rose, *A Grammar of Metaphor*, Londres, Secker & Warburg, 1958, p. 146-174, et Joëlle Tamine, « L'Interprétation des métaphores en 'de', Le feu de l'amour », *Langue française*, Volume 30, n° 1, 1976, p. 34-43.

52   André Rouveyre (*Amour et Poésie d'Apollinaire*, op. cit., p. 71) fait également allusion au mouvement de flux et reflux évoqué par le poème, toutefois sans donner aucun argument pour cette évocation. Voir aussi note 20.

53   Kochmann, « Chantre et la poétique d'Apollinaire », *op. cit.*, p. 320-321.

54   Pour Décaudin, *Le Dossier d'Alcools*, op. cit., p. 113, « le titre [suggère] une voix grave et solitaire ».

de chantre), le chantre se positionne à un niveau supérieur à celui de la trompette marine : au sens figuré, comme au sens (typographiquement !) propre.

Enfin, il convient aussi de se rendre compte de l'effet purement sonore de la transition entre le titre et le vers : *Chantre Et l'* se rapproche de *chanterelle* et par ce jeu de mots Apollinaire invite une fois de plus le lecteur à partir à la recherche des richesses ludiques comprises dans les mots et leurs combinaisons. Par sa double signification, *chanterelle* s'accorde parfaitement avec le caractère musical du poème et dédouble en même temps son (faux) jeu entre les instruments à vent et à cordes évoqué par les trompettes marines : le premier sens de *cône percé de trous de la cornemuse* et le second de *corde la plus aiguë d'un instrument*[55] miment en effet la (fausse) opposition instrumentale et sont une copie du jeu verbal qui en découle. Par la simplicité et la monotonie de base de l'instrument, la *cornemuse* a dû plaire à Apollinaire dans le contexte créé par la trompette marine, sans parler du caractère évocateur du mot (cor – corne – muse) et de son effet allitératif avec *cordeau*.

3 *Chantre* : intertextualités

3.1 *Contextes et universalité*

Après l'examen intratextuel du poème, il est utile de procéder à une analyse intertextuelle de *Chantre*. Le plus souvent la critique se concentre sur l'hypothèse de l'extraction de *Chantre* d'un contexte poétique plus grand, et ce dans le cadre de l'explication du « Et » initial dont il a été question plus haut[56]. G. Zayed occupe une place à part avec sa curieuse analyse de *Chantre*. Il avance que le monostique fait partie du cycle d'Annie et, en le mettant en rapport avec le poème *Liens* (*Calligrammes*), il interprète « l'unique cordeau » comme un câble téléphonique ou télégraphique sous-marin, seul moyen de communication qui restait au poète après le départ d'Annie pour l'Angleterre et, plus tard, l'Amérique[57]. Beaucoup plus intéressantes et convaincantes sont les

---

55   https://fr.wikipedia.org/wiki/Chanterelle_(musique).
56   Citons parmi d'autres : Kochmann, « Chantre et la poétique d'Apollinaire », *op. cit.*, p. 318 ; Décaudin, *Le Dossier d'Alcools, op. cit.*, p. 113 ; L. C. Breunig, « Apollinaire et le monostique », *Bulletin de l'Académie royale de langue et de littérature françaises*, Palais des Académies, 1963, n° 4, p. 313-323.
57   G. Zayed, « Le Monostique d'Apollinaire, Annie est-elle au bout de 'l'unique cordeau' ? », *Revue des sciences humaines*, Tome 35, n° 139, juillet-septembre 1970, p. 411-421. Bien que l'article de Zayed soit assez fantaisiste, il est à son tour durement et injustement critiqué par René Pommier (« Un vers solitaire très sollicité », *op. cit.*, p. 84) : « Dans quel traumatisme de la petite enfance faut-il chercher la cause d'une passion si étrange ? ».

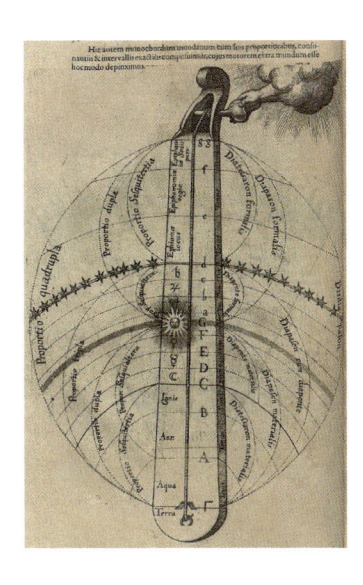

ILLUSTRATION 2.3
Robert Fludd, *Sonifikation der Weltordnung mit einem Monochord*

publications parallèles d'Antoine Fongaro[58] et de Marc Poupon[59]. Ces deux auteurs réfèrent au *Miroir de la magie*, ouvrage de Kurt Seligmann publié en 1956, où celui-ci reproduit des images d'un livre de Robert Fludd intitulé *Utriusque Cosmi Historia* (1617). Selon Fludd « l'harmonie régit l'univers selon les mêmes lois que celles des instruments musicaux »[60], théorie illustrée par la première de ces images, celle du macrocosme, avec la légende *L'univers conçu comme monocorde*, qui reproduit en effet un monocorde dont la corde unique est touchée par la main de Dieu.

On comprend aisément l'analogie avec « la trompette marine » et la confirmation de la connotation religieuse de « Chantre ». Sur la seconde image, celle du microcosme, « un corps humain [sert] de caisse de résonance à la corde unique qui vibre selon l'harmonie »[61]. La troisième image reprend le monocorde avec des sections de la corde représentant les quatre éléments terra (terre), aqua (eau), aeria (air) et ignia (feu). Pour Fongaro il n'y a pas de doute que ces images ont permis à Apollinaire

---

58   Antoine Fongaro, « Un vers univers », *Guillaume Apollinaire*, n° 13, 1976, p. 109-118. Article repris dans *Apollinaire Poète*, Toulouse, Presses Universitaires du Mirail-Toulouse, 1988, p. 77-85.
59   Marc Poupon, « Un parangon de poésie apollinarienne 'Chantre' », *Guillaume Apollinaire*, n° 13, 1976, p. 119-124.
60   Fongaro, « Un vers univers », *op. cit.*, p. 81.
61   *Ibid.*, p. 81.

de concentrer *l'univers*, macrocosme et microcosme, en *un vers*, selon la loi du calembour (qui est, il semble bien, une loi fondamentale de la création chez Apollinaire), grâce au monocorde (avec un nouveau calembour : le monocorde, c'est le monostiche, et le cordeau unique, c'est le vers unique)[62].

Dans le sillage de Fongaro, Poupon signale une variante de ces images du monocorde, à savoir « La Grande Lyre de l'Univers » du Père Mersenne (1636), illustration de la « conception de la musique comme science universelle de la terre et des cieux »[63]. Lui aussi affirme la connotation religieuse de « chantre », celui-ci étant Dieu, dans le sens où, par la création, le poète se divinise. Poupon *traduit* le monostique par « Dieu *et* l'univers », suivi par « Guillaume Apollinaire *et* son œuvre poétique », en donnant ainsi une explication claire et nette de la conjonction de coordination en début du vers[64]. Plus loin Poupon note :

> Le monostiche « *Chantre* » [...] combine la condensation et le déplacement, l'analogie et le calembour, ces médiateurs du lyrisme apollinarien, qui lui confèrent cette polysémie dont nous sommes plusieurs à avoir parlé [...][65].

3.2   *Apollinaire, Ruben Darío et Théophile Gautier*

Quelques brillantes et concluantes que soient ces analyses, il leur manque la confirmation et la certitude qu'Apollinaire a connu ces images et lu les ouvrages philosophiques où elles figurent. Ce même problème se pose pour la *Sinfonía en gris mayor* du poète nicaraguayen Ruben Darío (1867-1916). Citons la dernière strophe de ce poème du recueil intitulé *Prosas Profanas y Otros Poemas* et publié à Buenos Aires en 1896, à Paris en 1901 pour la seconde édition :

> La siesta del trópico. La vieja cigarra
> Ensaya su ronca guitarra senil,
> Y el grillo preludia un solo monótono
> En la única cuerda que está en su violín.

Les correspondances entre ce dernier vers et *Chantre* sont grandes : « la única cuerda » se traduit en français avec *l'unique corde*, tandis que « violín » et

---

62   *Ibid.*, p. 82.
63   Poupon, « Un parangon de poésie apollinarienne 'Chantre' », *op. cit.*, p. 119-120.
64   *Ibid.*, p. 121.
65   *Ibid.*, p. 122.

« trompette marine » sont tous les deux des instruments de musique à cordes, rimant en plus. Le « solo monótono » rappelle la monotonie de la corde unique de la trompette marine, dont la banalité est annoncée par le déterminant « senil » du vers précédent. Dans une autre strophe du poème il est question de la métaphore de la trompette (« clarín ») du vent marin (« viento marino »). Toute la *Sinfonía en gris mayor* respire cette même atmosphère marine si bien saisie à la même époque (1905) par Claude Debussy dans son œuvre symphonique *La Mer*. En comparant les différentes dates il s'avère que *Chantre* a été conçu bien après la publication de *Sinfonía en gris mayor*. Avec ses *Prosas Profanas y Otros Poemas*, Ruben Darío, grand admirateur de Victor Hugo, a connu un franc succès en France. Consul du Nicaragua à Paris entre 1902 et 1907, il y fréquente les milieux artistiques, notamment celui des symbolistes. Son admiration pour la poésie française (d'abord des romantiques, ensuite des parnassiens et des symbolistes) va très loin, comme celle de la culture française en général : « viví en España, la Patria madre ; viví en Francia, la Patria universal »[66]. Il est fort probable que Darío et Apollinaire se soient rencontrés, les deux poètes faisant partie des clans d'artistes avec Remy de Gourmont, Paul Fort[67], Francis Picabia[68], André Salmon et Claude Debussy. Si l'on ne peut pas être plus précis quant au caractère et à l'intimité de leur relation, il est certain qu'Apollinaire a possédé une sélection de poèmes de Darío traduits en français. Dans son *Apollinaire and the International Avant-Garde*, Willard Bohn affirme en effet que l'auteur péruvien V. García Caldéron a offert à Apollinaire un exemplaire dédicacé par lui du recueil français de Darío[69]. Bien que la remise de ce recueil ait eu lieu en 1914, donc après la parution d'Alcools,

---

66 Ruben Darío, *El Viage A Nicaragua*, Volumen XVII de las Obras Completas, Administración Editorial « Mundo Latino », Madrid, 1917, p. 13.

67 Le Figaro du 24 décembre 1912 relate une fête franco-américaine donnée en l'honneur de Ruben Darío : « Le banquet offert à Ruben Dario, le célèbre poète sud-américain, par ses amis et admirateurs des deux mondes résidant à Paris, vient d'avoir lieu. Cette fête qui fut son apothéose, était présidée par Paul Fort, prince des poètes français, et plus de deux cents convives y assistaient. M. Paul Fort porta un toast où il rendit hommage au magnifique talent du poète fêté ; il ajouta que c'est grâce à lui qu'ont été connus en Amérique du Sud les poètes français. M. Paul Brulat fit aussi un brillant éloge de Ruben Dario, proclamant qu'il avait accompli à lui seul, dans la poésie espagnole, ce que trois générations de poètes avaient réalisé pour la poésie française ».

68 De double nationalité, Francis Picabia était le fils du consul de Cuba à Paris.

69 Bohn témoigne d'une « dedication that the Peruvian author addressed to Apollinaire at about this date. Appended to a copy of Rubén Darío's selected poems in French, which were prefaced by García, it reads as follows : *À Guillaume Apollinaire, son admirateur et son ami V. García Caldéron* » (Willard Bohn, *Apollinaire and the International Avant-Garde*, Albany, Suny Press, 1997, p. 179). La présence de ces *Pages choisies* de Darío, éditées à Paris, Bibliothèque France-Amérique, est confirmée par Gilbert Boudar & Michel

elle plaide a posteriori en faveur de la relation et la fréquentation entre les deux poètes.

Tout comme Apollinaire, Darío était critique d'art. Bohn signale que Darío, habitant à Paris à ce moment-là et travaillant pour la revue argentine *La Nación*, s'est intéressé particulièrement au mouvement cubiste, à preuve une critique de la *Fondation et Manifeste du futurisme* dès février 1909[70]. Le rôle novateur joué par Darío dans la littérature hispanique se compare à celui d'Apollinaire au niveau de la littérature française. Curieusement aussi, le titre d'*Alcools*, recueil novateur s'il en est, qui a apporté sa renommée à Apollinaire, fait écho par paronomase à *Azul*[71], ouvrage clé du modernisme littéraire hispanique publié au Chili, qui avait valu à Ruben Darío sa célébrité 25 ans plus tôt[72].

En 1907 est publié *El Canto errante*, traduit en français tantôt par *Le Chant errant*, tantôt par *Le Chantre errant*, titre dans lequel Apollinaire a pu se reconnaître, non seulement par le substantif, mais aussi par le double sens de l'adjectif : l'errance du poète voyageur en quête de la nationalité française et la tromperie verbale anodine qu'il se plaît à pratiquer dans sa poésie. Il ne s'agit pas ici de remettre en question l'originalité d'Apollinaire : les deux mots-clés de *Chantre* – « cordeau » (et non pas *corde*) et « trompettes marines » avec leur équivalence et leur équivoque – ne figurent pas dans le poème de Darío[73].

Décaudin dans le *Catalogue de la bibliothèque de Guillaume Apollinaire*, tome 1, Editions du CNRS, Paris, 1983, p. 52.

70   Bohn, *Apollinaire and the International Avant-Garde*, op. cit., p. 170.

71   Le titre de ce recueil de poésie nostalgique est inspiré par Victor Hugo (« L'Art c'est l'azur », *Les Châtiments*) :

¿ Por qué ese título Azul ? No conocía aún la frase huguesca *L'Art c'est l'azur*, aunque sí la estrofa musical de *Les châtiments* :

¡ *Adieu, patrie,*
L'onde est en furie !
¡ *Adieu, patrie,*
Azur !

Mas el azul era para mí el color del ensueño, el color del arte, un color helénico y homérico, color oceánico y firmamental » (Ruben Darío, *Historia de mis Libros*, Madrid, 1917, p. 171).

72   Dans un article paru dans le *Mercure de France* (1913), Georges Duhamel compare *Alcools* à une boutique de brocanteur et trouve qu'Apollinaire « tient à la fois du juif levantin, de l'Américain du Sud, du gentilhomme polonais et du facchino ». Cet article a été reproduit par Michel Décaudin, *Le Dossier d'Alcools*, op. cit., p. 49-50.

73   On pourrait dire la même chose pour l'éventuel rapport entre *Chantre* et le vers « Une sonore, vaine et monotone ligne » du poème *L'après-midi d'un faune* de Stéphane Mallarmé. Rapport signalé par Alice Planche, « Encore 'Chantre' », *op. cit.*, p. 142.

Si l'intertextualité entre *Chantre* et la *Sinfonía en gris mayor* reste donc difficile à prouver, il serait intéressant de savoir s'il n'existe pas une source commune aux deux poèmes. Comme le fait soupçonner le titre, la *Sinfonía en gris mayor* est à mettre en rapport avec la *Symphonie en blanc majeur* du recueil intitulé *Émaux et Camées* de Théophile Gautier (1811-1872). Darío le signale lui-même dans l'*Historia de mis Libros* :

> La *Sinfonía en gris mayor* trae necesariamente el recuerdo del mágico Théo, del exquisito Gautier y su *Symphonie en blanc majeur*. La mía es anotada « d'après nature », bajo el sol de mi patria tropical[74].

Citons la première strophe du poème de Gautier :

> De leur col blanc courbant les lignes,
> On voit dans les contes du Nord,
> Sur le vieux Rhin, des femmes-cygnes
> Nager en chantant près du bord ;

L'admiration d'Apollinaire pour Gautier était grande, comme l'influence de ce dernier sur son œuvre[75]. Les termes mythiques « les contes du Nord », « le vieux Rhin » et les « femmes-cygnes » qui chantent ainsi que les « pleurs de l'ondine » (vers 52) se reconnaissent aisément dans *Alcools* et se doublent de fragments inspirés par la mythologie gréco-latine.

3.3 *Orphée et les Sirènes*

La connotation antique de « chantre » a déjà été évoquée plus haut. Or, le plus grand *cantor* de l'Antiquité est Orphée, qui, mariant poésie et musique, était le premier poète lyrique, surnommé le chantre de la Thrace. Par conséquent, il est tout à fait plausible de mettre chantre, poète lyrique et Orphée sur le même plan[76]. Dans *Alcools* il est question d'Orphée à quatre reprises, tandis que cinq des trente gravures de *Le Bestiaire ou Cortège d'Orphée* lui sont consacrés, sa place de choix étant même apparente dès le titre[77].

---

74   Darío, *Historia de mis Libros*, op. cit., p. 194.
75   Fongaro, *Apollinaire poète*, op. cit., p. 17-29. Ce chapitre, intitulé « Apollinaire, Gautier et les sirènes », donne dans les détails les éléments intertextuels entre *Tristesse en mer* de Gautier et *La Chanson du mal-aimé* d'Apollinaire.
76   Il va de soi que l'assimilation entre « poète lyrique » et Apollinaire est tout aussi évidente.
77   Dans *Lecture d'Apollinaire*, Lausanne, Éditions L'Age d'Homme (Collection Lettera), 1969, p. 171-187, Philippe Renaud consacre un chapitre très intéressant et instructif au rôle

ILLUSTRATION 2.4   Apollinaire / Dufy, *Orphée*

Ces deux planches extraites de *Le Bestiaire* s'inspirent visiblement de la légende de l'expédition de l'Argo. S'accompagnant de la lyre, le chant d'Orphée était si beau qu'il sut sauver les Argonautes de l'attirance physique et de la voix

---

important joué par Orphée dans l'œuvre d'Apollinaire. Voir aussi Madeleine Boisson, *Apollinaire et les mythologies antiques*, Schena-Nizet, 1989, Paris, et Laurence Campa, *L'Esthétique d'Apollinaire*, SEDES, Paris, 1996.

ILLUSTRATION 2.5   Apollinaire / Dufy, *Orphée*

ensorcelante des Sirènes. Dans la gravure de *Le Bestiaire* qui leur est réservée[78], Raoul Dufy a représenté les Sirènes comme des femmes ailées avec des pattes d'oiseau et des queues de poisson[79]. Leur légendaire beauté a été rendue de

---

78 Dans le quatrain de cette planche le poète se dit, lui aussi, « plein de voix machinées », belle reconnaissance de sa propension à « faire trompette ». Voir aussi note 21.
79 Selon Apollinaire « Dufy avait fait la synthèse des visions grecque et latine – oiseau visage et poitrine de femmes, monstres charmants se terminant en queue de poisson »,

manière évidente. Ce qui frappe encore, c'est leur regard extasié, pénétrant et direct : on dirait qu'elles dévorent littéralement des yeux le spectateur-lecteur, tandis que, plus vague, le regard d'Orphée sur les cinq planches est d'une certaine douceur et semble être parti dans le lointain.

Tout comme pour la voix, ce regard fait penser à celui de la curieuse et cruelle infirmière de la Croix Rouge, « fort jolie fille de la noblesse polonaise », dans *Les Onze Mille Verges* : « Elle avait une voix suave comme en ont les anges [...] ». Le protagoniste Mony lui obéit « comme un enfant, étonné de l'énergie de cette jolie fille et de la lueur étrange qui jaillissait parfois de ses yeux verts ». Plus loin le lecteur apprend le caractère dévorateur de cette variante de Sirène : « Elle déchirait maintenant fiévreusement et avec un sourire angélique sur les lèvres, la blessure affreuse du moribond »[80]. Regard et voix qui reviennent aussi dans une strophe de *Vendémiaire* (vers 77-80) consacrée aux Sirènes, fragment qui ouvre encore une piste à l'interprétation intertextuelle de *Chantre* :

> Mais où est le regard lumineux des sirènes
> Il trompa les marins qui aimaient ces oiseaux-là
> Il ne retournera plus sur l'écueil de Scylla
> Où chantaient les trois voix suaves et sereines

Il n'est en effet pas exclu qu'Apollinaire ait voulu faire un autre jeu de mots avec « l'unique cordeau » en lui prêtant son homophone *l'unique corps d'eau* par allusion à la sirène qui est moitié poisson (corps d'eau) et à sa physionomie exceptionnelle (unique)[81]. Didier Alexandre établit également un rapport entre

---

  L'Intransigeant, 1910. Campa, *Guillaume Apollinaire*, op. cit., p. 331, précise que « la fusion oiseau / poisson trouve probablement son origine dans les représentations étrusques de Scylla tandis que les premières sirènes aquatiques remontent au VIIe siècle apr. J.-C. ». Voir pour un descriptif plus détaillé Didier Alexandre, *Guillaume Apollinaire, Alcools*, op. cit., p. 100, et Philipp Rehage, « 'Desinit in piscem'. À propos d'un texte d'Apollinaire sur les sirènes », *Que vlo-ve ?*, 4e série, N° 6, avril-juin 1999. Curieusement, le concept de la Sirène semble coller à la personne d'Apollinaire. Ainsi Jean Royère, directeur de *La Phalange*, lui dit : « vous avez la réputation d'une sirène perfide » et « on ne vous accuserait plus de déchiqueter les monstres avec des dents d'or [...] votre génie, unique en son temps, de sirène éclaterait avec douceur et vous donnerait plus de gloire que vous n'en avez, une grande gloire que vous méritez ». À partir de 1907 Apollinaire collabore régulièrement aux Éditions de La Sirène, avec Picasso, Jean Cocteau, Francis Jammes, Max Jacob, Blaise Cendrars, Raoul Dufy et d'autres.

80 Guillaume Apollinaire, *Œuvres en prose complètes*, tome 3, Paris, Gallimard, Bibliothèque de la Pléiade, 1993, p. 940.

81 Pour Poupon, « Un parangon de poésie apollinarienne 'Chantre' », *op. cit.*, p. 123, « le 'corps d'eau' ne saurait être que celui de Vénus-Aphrodite, 'issu de l'écume des mers', comme il

ILLUSTRATION 2.6   Apollinaire / Dufy, *Les Sirènes*

ces quatre vers de *Vendémiaire* et *Chantre* en partant du regard trompeur des Sirènes[82]. Françoise Dininman[83] les cite aussi pour arriver aussi à la conclusion de la présence des Sirènes dans « Chantre ». Pour ce faire, elle s'appuie sur le Grand Larousse du XIXe siècle et sur l'ouvrage de J.-F. Cerquand[84] pour établir un rapport entre les mots grecs pour Sirène et pour corde, qui auraient, « par étymologie vraie ou fausse » les mêmes origines : la corde sert à la sirène pour « lie[r] le voyageur et l'enchaîne[r] ». Selon Dininman, une sirène est

      est dit dans *Le Larron*, et concentré dans ce sexe, la conque ou trompette marine, où vient s'engloutir la voix du chantre ». Interprétation tout à fait plausible, mais qui n'exclut pas celle de la sirène pour « corps d'eau ».

82   Didier Alexandre, *Guillaume Apollinaire, Alcools*, op. cit., p. 106-107.
83   Françoise Dininman, « 'Chantre' et les sirènes », *Que vlo-ve ?*, n° 10, 2e série, 1984, p. 17-19.
84   J.-F. Cerquand, *Etudes de mythologie grecque*, Paris, Didier, 1873, p. 107 sq.

pour Apollinaire une femme trompeuse, qui, en trompant les marins, devient par le biais du jeu de mots *trompette marine*. Les « sirènes modernes » seraient celles des navires, d'où les « trompes marines »[85]. Dans son chapitre consacré à Orphée et les Sirènes, Madeleine Boisson avance, par un procédé étymologique similaire à celui suivi par Dininman, que les dernières sont apparentées aux astres, ce qui expliquerait leur regard lumineux[86]. Elle reprend les analyses de Dininman et de Poupon quant à la portée cosmique de *Chantre* et suggère un jeu de mots entre *cordeau* et *chœur d'eau* : Orphée dirigerait le chœur marin des Sirènes, assurant ainsi l'harmonie universelle[87]. Alexandre, Dininman et Boisson nous rejoignent donc avec leur lecture du vers comme une référence à la légende d'Orphée déjouant avec son chant l'attrait des Sirènes en les rendant muettes[88].

Avec les quatre vers précités de *Vendémiaire* à l'appui, nous n'excluons pas la présence d'encore un autre niveau dans le poème. Ce quatrième niveau, qui s'ajoute aux trois évoqués plus haut, joue sur les équivalences sonores *des trompettes – détrompait tes*[89] et les paronymes *marines – marins* :

d – Et l'unique corps d'eau détrompait tes marins

Alexandrin comme l'original, ce quatrième niveau en respecte aussi le mètre et, qui plus est, correspond parfaitement à la conception mythologique telle qu'elle ressort de l'œuvre d'Apollinaire. Si la Sirène, le corps d'eau, trompe et qu'elle se fait ainsi trompette marine, le chant d'Orphée[90] l'en empêche.

---

85 Dans le récit « Le Matelot d'Amsterdam » (*L'Hérésiarque et Cie*) Apollinaire parle du « cri sinistre d'une sirène, en mer ». Marie-Jeanne Durry, *Guillaume Apollinaire, Alcools*, op. cit., tome 2, p. 108, parle d'« une ligne de vaisseaux à l'ancre dans un port tandis que retentissent les sirènes ».

86 Madeleine Boisson, *Apollinaire et les mythologies antiques*, op. cit., p. 485-509. Voir aussi Madeleine Boisson, « L'Hermétisme dans 'Alcools' », *op. cit.*, p. 13-14.

87 Au sujet de la « musique des sphères » et du « chant du firmament », Boisson cite notamment J.-F. Cerquand, *Etudes de mythologie grecque*, op. cit., p. 138 : « Sur chacune des planètes [Platon] asseyait une Sirène chantant une seule note ; et l'harmonie des sept notes s'élevait dans l'immensité, et les dieux ravis l'écoutaient ».

88 La présence des Sirènes dans *Chantre* est encore confirmée, presque malgré lui, par Pierre Brunel, *Apollinaire entre deux mondes, Mythocritique II*, op. cit., p. 69. Il met en avant le mot « marine » qui constituerait « une ouverture sur la mer des Argonautes et des Sirènes ». Bien que parues toutes après, aucune publication de ces quatre auteurs ne fait référence à notre article de 1981.

89 « Détrompait » serait plus près du vers original du point de vue sonore, « détrompe » pour l'aspect visuel.

90 Comme Apollinaire, Rabelais a également cédé à la tentation de faire un jeu de mots sur les cordes de la lyre d'Orphée : « Et de la teste continuellement sortoyt un chant

Réduite au mutisme (éternel ?) grâce à la voix du chantre, elle ne trompe donc plus, elle *dé-trompe*, au sens étymologique[91], les marins[92]. Personnifié par Orphée[93], l'amour de l'art se montre ainsi plus fort que l'attirance trompeuse de la femme, même si elle est d'origine divine comme la Sirène[94].

4 Conclusion

Riche condensé poétique de jeux de mots, de calembours, sur fond mythique et mythologique : voilà la qualification de *Chantre* telle qu'elle ressort de notre analyse. Un vers *sympathique* dans le sens aussi où il recèle plusieurs niveaux de lecture[95], tout comme la trompette marine renferme, outre sa corde unique,

---

lugubre, comme lamentant la mort de Orpheus ; la lyre à l'impulsion des vents mouvens les chordes accordoit harmonieusement avecques le chant » (*Le Quart Livre*, chapitre LV).

[91] Voir http://www.cnrtl.fr/definition/dé- : « Préf. issu du préf. lat. dis-, formateur de nombreux termes composés, notamment de verbes, servant à modifier le sens du terme primitif en exprimant l'éloignement, la privation, la cessation, la négation, la destruction de qqc., l'action ou l'état contraire, inverse. » Page consultée le 21 mars 2016.

[92] Les marins ainsi détrompés font penser aux lecteurs désabusés après la découverte du vrai caractère de la trompette marine.

[93] Dans sa note dans *Le Bestiaire* Apollinaire écrit : « Ce sublime poète jouait d'une lyre que Mercure lui avait donnée … Quand Orphée jouait et chantait, les animaux sauvages eux-mêmes venaient écouter son cantique. Orphée inventa toutes les sciences, tous les arts ». Si même les animaux sauvages étaient charmés par le chant d'Orphée, que dirait-on des Sirènes, malgré qu'elles soient moitié animal ? Daniel Grojnowski (« Apollinaire-Orphée : Sur la poétique d'Alcools », dans *Romantisme* 1981, n° 33. *Poétiques*. p. 91-108) fait remarquer que « Le vers de *Chantre* lui est implicitement dédié, qui résume tous les sortilèges de la poésie ».

[94] Voir aussi Paola Cantera, *Thématique et Poétique des quatre éléments dans* Alcools *d'Apollinaire*, op. cit., p. 21-22, 37-38, 58.

[95] Dans « Problématique de l'altération des discours : reformulation et transcodage », *Langue française*, n° 64, 1984, p. 25, Jean Peytard cite *Chantre* comme exemple de ce qu'il appelle le discours-poème : « On aperçoit, succinctement dit, que le travail de la langue prend pour objet le signifiant (forme du mot ou forme de la phrase) et propose de multiples lectures ou, si l'on préfère, de nombreuses interprétations. Le texte est dense et ne supporte aucune modification ; le texte est dense et à chaque point de son tissu 'ça' polysémise. La densification est dans la réalisation d'un réseau de relations multiples, dans lequel et par lequel l'ouverture des signes se manifeste. Nous dirons que l'écrivain instaure une 'disponibilité' polysémique dans le jeu textuel. Toutes les opérations effectuées tendent à une 'ambiguïsation forcée'. Le discours ne se vectorise pas avec la finalité d'un sens non équivoque à faire lire ; il densifie ses relations internes, de terme(s) à terme(s), sur l'aire des pages qu'il occupe, pour que les lectures se pluralisent ». Campa, *Guillaume Apollinaire*, op. cit., p. 406, appelle *Chantre* « un poème sans limite, et, pourquoi pas, un avatar lyrique et plaisant à la fois de la droite à *n* dimensions ».

des cordes invisibles dans sa caisse. Si le monostique apparaît bel et bien comme une concentration à l'extrême, il présente également, à l'inverse, une extension à l'infini, chaque jeu de mots pouvant en cacher un autre entraînant à son tour une nouvelle interprétation. Ainsi le vers semble vouloir se dérober à toute tentative d'interprétation limitative voire définitive et nous glisse entre les mains comme cet autre ver[96], dont il va jusqu'à imiter d'ailleurs également la forme. C'est cette richesse suggestive au niveau du fond et de la forme, cette profusion évocatrice créée par les jeux de mots tantôt ludiques tantôt sérieux tantôt les deux à la fois, qui justifie parfaitement la présence de *Chantre* dans *Alcools*.

En opérant une densification élémentaire dans ce vers unique avec ces quelques mots dont il est composé, Apollinaire affiche sa merveilleuse maîtrise de l'ambiguïté intentionnelle. Il est bien difficile de trouver meilleur et plus bel échantillon pour en illustrer le fonctionnement au niveau des intentions esthétiques, des effets conceptuels et de la structuration textuelle, paramètres qui légitiment pleinement la place de notre analyse de *Chantre* au sein de la présente étude globale de l'ambiguïté intentionnelle et du jeu de mots.

Remarque référentielle

Ce chapitre est une adaptation augmentée et actualisée de l'article « Chantre, een éénregelig gedicht van Apollinaire », *Forum der letteren*, 1981. Article disponible sur l'Internet : http://www.dbnl.org/tekst/_foro04198101_01/_foro04198101_01_0016.php. Une version légèrement adaptée du présent chapitre a été publiée dans *Jeux de mots – enjeux littéraires, de François Rabelais à Richard Millet*, éd. Annelies Schulte Nordholt et Paul J. Smith, Brill / Rodopi, Coll. Faux Titre 418, Amsterdam – New York, 2018, p. 192-219.

---

[96] Comment s'empêcher de faire le rapprochement avec le ver Zamir dans *Le Brasier* ? Ce ver magique, qui permet de construire « sans instrument un théâtre au-delà de notre atmosphère », y est présenté comme le symbole de la création poétique. Le nom de Zamir signifie *bonne voix, chanteur* ou *chanter / chant, rossignol* selon l'emploi verbal ou substantivé en albanais, arabe ou hébraïque. Voir aussi Laurence Campa, *L'Esthétique d'Apollinaire*, op. cit., p. 80. En 1912, avec Marcel Duchamp et Francis Picabia, Apollinaire a vu la représentation au Théâtre Antoine des *Impressions d'Afrique* de Raymond Roussel. La pièce insolite avec le ver de terre capable de jouer de la musique en faisant vibrer les cordes d'une cithare lui avait bien plu. D'une manière générale, le lexème [vər] avec tous ses homonymes et homophones a toujours été une source inépuisable de jeux de mots.

CHAPITRE 3

Jacques Prévert : *Le Cheval rouge*

> Le poète le plus populaire de son siècle serait-il méconnu ? La question n'est pas posée pour cultiver le paradoxe, mais pour inviter à la découverte d'une œuvre dont on ne mesure pas toujours l'étendue et la portée[1].

∵

1   La méconnaissance

Paradoxalement Jacques Prévert est en effet le poète français le plus lu et en même temps le moins commenté. À partir de 1970 la critique se tarit et il y a des années entières où aucune publication sur Prévert ne paraît. Même sa consécration dans la bibliothèque de la Pléiade en 1992 n'a entraîné qu'une faible reviviscence au niveau de la critique. Cette situation est d'autant plus surprenante que son œuvre artistique est des plus productives et des plus variées : cinéma, théâtre, littérature enfantine, livres d'art, collages, poésie, chansons. À moins que cette diversité en soit précisément la cause. Son immense popularité auprès du grand public est cependant l'explication courante du désintérêt dont témoignent les milieux intellectuels français, milieux qui semblent s'arroger le droit de dicter la norme et le canon littéraires[2]. Généralement les commentateurs considèrent apparemment que Prévert ne vaut pas la peine de s'y arrêter, son œuvre n'étant pas un objet d'études valable ou à la hauteur de leurs critiques. Anne Hyde Greet s'étonne également de cette absence d'intérêt de la part des universitaires pour le « poète authentique » :

---

1 Danièle Gasiglia-Laster, Introduction, p. IX, Jacques Prévert, *Œuvres complètes I*, Bibliothèque de la Pléiade, Gallimard, 1992.
2 Le même sort est réservé à un acteur « grand public » comme Louis de Funès, victime de partis pris de la part de certains milieux intellectuels souvent gauchisants, qui ignorent, sciemment semble-t-il, ses fabuleuses interprétations de Géronte ou d'Orgon du théâtre de Molière.

> In Jacques Prévert the academicians have overlooked an authentic poet who, using the language of his time, has succeeded, almost single-handedly, in renewing poetry's role in the lives of ordinary people[3].

Il convient de préciser que, de son vivant, Prévert a indiqué à maintes reprises que cette méconnaissance lui importait peu :

> Je publie un livre parce que ça me fait plaisir et je me fous pas mal de ce qu'on peut raconter autour. […] Moi, ça me fait plaisir d'avoir des lecteurs. […] Ce sont les plus grands critiques littéraires, ce qu'un structuralisme appellerait « la critique sauvage ». Ce sont les gens qui connaissent mieux la littérature, s'ils l'aiment et pas en connaisseurs[4].

Dans une interview avec Madeleine Chapsal Prévert déclare :

> Je me fous complètement de ce qui se passe dans le monde littéraire. En dehors de Michaux, je ne sais pas si je connais un écrivain … Leurs idées générales, leurs classifications, leurs disputes … Quand on me dit : « Ce que vous faites, ce n'est pas de la poésie … » Je réponds : « D'accord, vous avez raison, j'ai mis longtemps à m'en apercevoir, c'est fait, je vais en tenir compte. » Voyez …[5]

Pour rares qu'ils soient, les commentaires de l'œuvre littéraire de Prévert peuvent se diviser, grosso modo, en trois catégories.

2 La critique

2.1 *La critique négative*

La première est celle des dénigreurs, parmi lesquels on compte aussi quelques collègues écrivains, qui n'hésitent pas à déverser sur Prévert des jugements peu élogieux. Ainsi Michel Houellebecq s'interroge sur la médiocrité de la poésie

---

3 Anne Hyde Greet, « Poet of Affirmation and Negation », *Jacques Prévert's Word Games*, University of California Press, Berkeley and Los Angeles, 1968, p. 79.
4 Jacques Prévert / André Pozner, *Hebdromadaires*, Guy Authier Éditeur, La Chapelle-sur-Loire, 1972, p. 179-180.
5 Madeleine Chapsal, *Quinze Écrivains*, Paris, Julliard, 1963. Dans cette même interview Prévert montre à Chapsal un morceau de papier avec « Jacquet Pervers. La Prose », en précisant qu'il s'agit de « [la] prochaine couverture de *Paroles*. C'est l'anagramme de mon nom et de celui de *Paroles* ! C'est drôle, non ? ».

de Prévert dont il reconnaît cependant les qualités stylistiques et constate lui aussi le *désert critique* :

> Avec les intellectuels, Prévert a eu moins de chance. Ses textes regorgent pourtant de ces jeux de mots stupides qui plaisent tellement chez Bobby Lapointe ; mais il est vrai que la chanson est comme on dit un genre mineur, et que l'intellectuel, lui aussi, doit se détendre. Quand on aborde le texte écrit, son vrai gagne-pain, il devient impitoyable. Le « travail du texte », chez Prévert, reste embryonnaire : il écrit avec limpidité et un vrai naturel, parfois même avec émotion ; il ne s'intéresse ni à l'écriture, ni à l'impossibilité d'écrire ; sa grande source d'inspiration, ce serait plutôt la vie. Il a donc, pour l'essentiel, échappé aux thèses de troisième cycle. [...] À travers ses jeux de mots, son rythme léger et limpide, Prévert exprime [...] parfaitement sa conception du monde[6].

Pour sa part, la critique de Houellebecq, provocateur comme toujours, concerne surtout le message véhiculé par l'œuvre de Prévert :

> Si Jacques Prévert est un mauvais poète, c'est avant tout parce que sa vision du monde est plate, superficielle et fausse. Elle était déjà fausse de son temps ; aujourd'hui sa nullité apparaît avec éclat, à tel point que l'œuvre entière semble le développement d'un gigantesque cliché. Sur le plan philosophique et politique, Jacques Prévert est avant tout un libertaire ; c'est-à-dire, fondamentalement, un imbécile.

En somme, pour Houellebecq, le fond porterait ainsi préjudice à la forme quand il s'agit de formuler une critique de l'œuvre de Prévert voire de porter un jugement de valeur. C'est tout de même aller un peu vite en la matière. Si l'engagement politique de Prévert exprimé dans son œuvre peut paraître daté aujourd'hui, nombreux sont ses poèmes qui se caractérisent par une intemporalité, car ils sont justement inspirés par la vie et de ce fait reconnaissables par le grand public. Le « gigantesque cliché » dont parle négativement Houellebecq, n'a-t-il pas été modelé, consciemment ou inconsciemment, par Prévert et n'est-il pas devenu ainsi une condition principale de cette reconnaissance et l'appréciation qui s'ensuit ? Et depuis quand Prévert s'est-il érigé en philosophe ? Pour intelligente et perspicace qu'elle soit, une approche globale

---

6   Michel Houellebecq, « Jacques Prévert est un con », *Rester vivant et autres textes*, Flammarion, 2005, p. 35-36. Nous relevons l'erreur dans le prénom de Boby Lapointe.

et peu nuancée telle qu'elle est opérée par Houellebecq ne fait que perpétuer le rejet de Prévert par les milieux intellectuels et littéraires.

2.2 La critique des linguistes

La deuxième catégorie, un peu plus étendue, est celle des linguistes, qui analysent notamment l'œuvre pour la présence de certaines caractéristiques stylistiques. Le plus souvent ces études se résument à des répertoires ou des inventaires de tel ou tel aspect linguistique, par exemple l'énumération de tous les jeux de mots sous toutes ses formes dans un recueil de poèmes comme *Paroles*. Ainsi, dans son *Jacques Prévert's word games*, Anne Hyde Greet annonce la couleur dès les premières lignes en précisant le terrain et l'objectif recherché de son analyse :

> In this study of a modern French humorist and poet, the linguistic phenomenon and not the poem itself is the point of departure. […] This kind of analysis, the detailed examination of one stylistic device in all its manifestations, provides a way of commenting on an author's poetics – the way his mind works, how his poems are constructed, how they are related to another and to the external world[7].

Elle va même jusqu'à constater que la portée des jeux de mots dans les meilleurs poèmes de Prévert se limiterait à la simple linguistique, ceux-ci n'étant utilisés que pour eux-mêmes :

> In his best poems the puns seem to make no comment at all beyond a linguistic one. They are there for their own sake[8].

Il faut un certain optimisme pour croire que l'étude d'un seul outil stylistique dans toutes ses présentations et sous tous ses aspects permet de mettre à nu la construction d'une œuvre poétique, pour ne prendre qu'un élément évoqué dans la citation plus haut. Bien qu'il ne s'agisse pas ici de critiquer ce type d'ouvrage, on comprend aisément que de telles analyses risquent d'aboutir à un résultat décousu, la vue d'ensemble, l'entité ou l'intégralité de tel ou tel

---

7 Anne Hyde Greet, *Jacques Prévert's Word Games*, op. cit., p. 1. Dans le même registre on peut situer Régis Boyer, « Mots et Jeux de mots chez Prévert, Queneau, Boris Vian, Ionesco, Essai d'étude méthodique », *Studia neophilologica*, 40, 1968, et dans son sillage la dissertation de Ricardo A. Soler, *Des mots, des figures, des personnages : une étude de quelques aspects de Paroles de Jacques Prévert*, Porto Alegre, août 2001.

8 Anne Hyde Greet, *Jacques Prévert's Word Games*, op. cit., p. 4. Cette remarque semble contredire et la citation qui précède et le passage suivant deux pages plus loin : « A pun *à la Prévert* […] becomes an essential part of a poem's structure, even its mainspring ».

poème ou ouvrage étant en fin de compte négligé ou compromis au profit d'un tour d'horizon complet de tel ou tel phénomène linguistique. En d'autres termes, quelque intéressantes que soient ces études d'ordre linguistique en elles-mêmes, elles tendent à se limiter à des énumérations regroupées ou des listes constituées d'exemples pris pêle-mêle dans l'œuvre et à s'arrêter donc là où l'interprétation littéraire devrait commencer. Cette approche limitative pratiquée par les linguistes qui se restreignent à la seule forme, présente, tout compte fait, un phénomène inverse à celui de la critique négative qui assied son opinion sur le fond jugé daté.

2.3   *La critique positive*

Reste la dernière catégorie, celle des commentateurs admiratifs. D'abord ceux qui sont pour la plupart eux-mêmes artistes comme Prévert : Picasso, Ernst, Calder, Miró, Saint-John Perse, Michaux, Aragon, Bataille, Char, Breton, Desnos, Leiris[9]. Puis il y a les quelques critiques littéraires universitaires, qui ont d'ailleurs du mal à éviter de tomber dans ce même piège de l'énumération, en dissociant trop facilement et souvent, sans le vouloir, fond et forme. C'est notamment le cas d'Helga Kats, qui, dans le dernier et plus important chapitre de sa thèse certes intéressante et instructive, n'arrive pas à éviter de s'enliser finalement dans cette même structure énumérative, malgré toutes ses bonnes intentions au départ[10]. En parlant des commentateurs de l'œuvre de Prévert, elle constate en effet :

> [qu'ils] ne prennent pas assez en considération les procédés artistiques utilisés dans le poème en question et passent ainsi à côté d'une partie essentielle de la pensée présentée dans le texte. [...] Quand quelqu'un s'est donné pour tâche d'étudier certaines structures et caractéristiques stylistiques de l'œuvre de Prévert, il les analyse à son tour en dehors du contenu, le travail s'approchant ainsi de l'inventarisation[11].

---

9   Pour cette liste nous avons suivi l'Introduction à l'édition de la Pléiade de Danièle Gasiglia-Laster, p. XI et XII. Ce qui frappe, c'est que ces artistes se sont tous prononcés sur le Prévert des années 50 et 60, et qu'il n'y a à peine eu de relève après.

10   Helga Kats, *'Paroles' von Jacques Prévert, Eine strukturalistische Untersuchung*, Hamburg, 1976. Dans sa critique de cette étude, H. Kats, « Paroles von Jacques Prévert », *Zeitschrift für Romanische Philologie*, Vol. 94 (3), jan 1, 1978, p. 452, 453, Siegfried Jüttner fait la même constatation. Lui aussi relève au passage le décalage entre le large et constant succès de Prévert et sa faible résonance universitaire. Jüttner n'exclut pas que ce manque d'intérêt universitaire s'explique par l'embarras de la critique devant le caractère diversifié, « multimédia », de l'écriture de Prévert.

11   Helga Kats, *'Paroles' von Jacques Prévert, Eine strukturalistische Untersuchung*, op. cit., p. 12 et 14. C'est nous qui traduisons.

Parmi ces critiques littéraires on relève souvent un certain embarras, gêne qu'ils ne cherchent d'ailleurs pas à dissimuler. En effet ils se sentent obligés non seulement de justifier auprès du lecteur le sujet pour eux apparemment contestable ou douteux de leurs études, mais encore d'aller s'excuser d'analyser tel ou tel poème de Prévert dont le sens serait si évident que toute tentative d'explication ou d'interprétation semblerait a priori superflue. Populaire et d'une simplicité enfantine[12], la poésie de Prévert se prêterait mal à l'analyse littéraire qui se veut sérieuse, son intérêt étant essentiellement éducatif ou initiatique[13], à preuve les dossiers et fiches pédagogiques *obligatoires* dans les articles publiés sur Prévert et les fréquentes insertions dans les manuels scolaires, souvent dès le niveau du b.a.-ba, ainsi que dans les méthodes de français langue étrangère.

3   Simplicité apparente contre richesse cachée

S'il est vrai que l'œuvre poétique de Prévert est marquée par une grande simplicité, lexicale surtout, le haut degré d'accessibilité qui en découle ne doit induire en erreur le lecteur ni quant à l'effort créatif consenti par Prévert, ni quant à la recherche poétique déployée par l'auteur dans les rapports constructifs entre les lexèmes. Apparemment dénuée de tout hermétisme et de toute mystification, l'écriture de Prévert tend en effet à faire oublier et même à cacher sa propre genèse, qui n'en est pas moins sophistiquée pour autant. Sa poésie dissimule ainsi la richesse, voire la complexité de ses mécanismes, ce qui peut être considéré précisément comme son mérite. Décrire ces procédés créatifs et poétiques, que le texte ne découvre donc pas d'emblée, n'est pas une entreprise aisée : elle revient à caractériser la poétique même de l'auteur. À la lumière de notre aperçu de la critique prévertienne, notre approche dans le présent chapitre peut paraître inusuelle : au lieu de soumettre tel ou tel texte de Prévert à telle ou telle théorie littéraire, philosophique, politique ou sociologique, au lieu d'étudier tel ou tel aspect linguistique, nous proposons de prendre un poème comme *point de départ* d'une analyse intégrale. Notre démarche s'effectue donc en quelque sorte en sens inverse par rapport à ce qui semble la coutume dans la critique prévertienne et répond ainsi à l'invitation mise en exergue lancée par Danièle Gasiglia-Laster. À notre avis cette approche globale du texte en respecte au mieux l'intégrité et l'intentionnalité.

---

12   Dans ce contexte même l'usage du mot « simplet » est courant …
13   Michel Houellebecq, *Rester vivant et autres textes*, op. cit., p. 35 : « Jacques Prévert est quelqu'un dont on apprend des poèmes à l'école ».

4 Analyse d'un parangon de la poésie de Prévert : *Le Cheval rouge*[14]

Le choix de ce poème, qui compte parmi les plus courts parus dans le recueil *Paroles*, aurait pu être purement aléatoire s'il ne séduisait pas par sa beauté et sa densité dès la première lecture. L'absence de toute moralité sociale, dada reconnu et critiqué de Prévert, et l'intemporalité qui s'ensuit ont fait le reste. La transparence et la clarté lexicales sont particulièrement frappantes dans ces quelques vers :

Le Cheval rouge

Dans les manèges du mensonge
Le cheval rouge de ton sourire
Tourne
Et je suis là debout planté
Avec le triste fouet de la réalité
Et je n'ai rien à dire
Ton sourire est aussi vrai
Que mes quatre vérités

Sans que l'on puisse dire que cette limpidité n'est qu'apparente, l'accessibilité du texte aurait tendance à faire passer sous silence l'ambiguïté lexicale qui sous-tend le poème entier.

4.1 *Triples ambiguïtés poétiques*

Rattaché au titre du poème, « les manèges », précédé et déterminé ainsi locativement par la préposition « dans », sera compris tout d'abord par le lecteur dans le sens de « lieu où on dresse les chevaux, où l'on enseigne l'équitation »

---

14 Notons l'existence d'un tableau de Marc Chagall intitulé également *Le Cheval rouge*. Commencé en 1938 et achevé en 1944, ce tableau a été réalisé grosso modo à la même époque que la composition du poème par Prévert. Les chevaux – rouges, roux ou autres – sont légion dans l'œuvre de Chagall, ce n'est pas le lieu ici d'entrer dans les détails quant à leur interprétation. Contentons-nous de la constatation que ces chevaux sont très souvent représentés dans le cadre du cirque et que son tableau *Le Cheval roux* semble s'inspirer de l'Apocalypse 6 : 4 : « Et il sortit un autre cheval, roux. Celui qui le montait reçut le pouvoir d'enlever la paix de la terre, afin que les hommes s'égorgeassent les uns les autres ; et une grande épée lui fut donnée ». Prévert et Chagall étaient liés d'amitié : Prévert publie en 1965 *Le Cirque d'Izis* avec quatre compositions originales de Marc Chagall (Monte Carlo, Sauret). Force est de constater pourtant qu'aucun tableau de Chagall où figure un cheval (rouge) ne semble présenter un rapport plus ou moins direct avec *Le Cheval rouge* de Prévert.

ou « attraction foraine où des animaux [...] sont disposés sur une plateforme circulaire entraînée par dans un mouvement rotatif », autrement dit carrousel, interprétation confirmée par le verbe « Tourne », terme qui saute aux yeux par sa position isolée. En combinaison avec le vocable qui suit, « mensonge », « les manèges » prend cependant un tout autre sens, à savoir « comportement habile et trompeur pour arriver à ses fins d'une manière dissimulée »[15]. Or, on constate que cette dichotomie à partir de la polysémie de « manèges » se prolonge dans tout le poème. Il est en effet question dans *Le Cheval rouge* d'une juxtaposition de deux isotopies. Les termes de la première sont concrets, ceux de la seconde essentiellement abstraits :

a) « cheval rouge » (2×) – « manèges » – « tourne » – « fouet »
b) « manèges » – « mensonge » – « sourire » (2×)[16] – « réalité » – « vérité »

Appartenant au champ lexical de l'équitation, chaque terme du premier enchaînement en appelle le suivant. Ainsi « cheval (rouge) » s'avère un véritable générateur de concepts sémantiquement apparentés.

Les rapports existant entre les termes de la première isotopie permettent cependant d'établir une corrélation entre les termes de la seconde : par la métaphore, « mensonge » appelle « manèges », « sourire » s'apparente à « cheval rouge » et « la réalité » amène « triste fouet ». L'association des termes abstraits du second enchaînement est donc essentiellement perçue par le biais de l'association des termes concrets du premier enchaînement, mais aussi inversement. En présentant les comparants *et* les comparés, même si ces comparaisons sont indirectes, le poète tend la main au lecteur, la compréhension du concret mais surtout de l'abstrait n'en sera que plus facile.

Outre la triple ambiguïté de « manèges », le poème en présente une deuxième dans le vers « Et je suis là debout planté », où « planté » a également trois sens en marquant non seulement l'inertie et l'immobilité, mais également l'abandon, la solitude et l'impuissance du moi poétique, voire sa conscience de l'erreur où il est entraîné par la tromperie et le mensonge[17].

Que penser de ces deux cas de polysémie qui sont à la base des triples ambiguïtés poétiques ? Il est évident qu'il n'est pas question ici d'un sens caché sous un autre. Ainsi les isotopies ne s'excluent pas, elles sont perçues simultanément par le lecteur. Grâce à cette simultanéité, les multiples sens possibles

---

15   Toutes les définitions lexicales dans le présent chapitre sont reprises au *Petit Robert* 2016.
16   Comme on le verra après, c'est l'expressivité affectée et intentionnelle de *sourire* qui nous le fait ranger du côté abstrait.
17   Définition *(se) planter* : 1- se tenir debout et immobile ; 2- échouer ; 3- faire une erreur.

se servent mutuellement de support, se complètent, s'amplifient même, créant ainsi une tension, une suspension poétique très suggestive.

4.2   *Oppositions*

Un autre mécanisme poétique utilisé par Prévert dans *Le Cheval rouge* est celui de l'opposition. Ainsi l'inertie et l'immobilité exprimées par « planté » sont en contraste avec le mouvement des manèges souligné par « Tourne ». Ce contraste remplit cependant encore une autre fonction : il accentue le passage du « toi » au « moi », en marquant un véritable point de rupture dans le poème, amplifié d'ailleurs par l'utilisation de la conjonction « Et » au début du vers. Notons aussi la place isolée et prédominante accordée par la mise en page à « Tourne », qui est le pivot du poème autour duquel gravitent les autres vers, tout en reproduisant l'axe central de « manèges » au sens concret. Cette iconicité est également exprimée et accentuée par le centrage symétrique des vers, typographie plutôt rare dans *Paroles*. « Tourne » se détache du vers précédent par l'enjambement, tandis que ce monosyllabique est annoncé par le son *ou* de « r**ou**ge » et de « s**ou**rire » tout en étant repris par « **ou** » de « f**ou**et » et, encore, « s**ou**rire ».

Une autre opposition est réalisée par le biais du sourire, qui au début du poème est associé au mensonge pour devenir à la fin « aussi vrai que mes quatre vérités ». Dans le domaine de l'amour, à quoi ça sert d'avoir raison ? Que vaut la vérité face au charme du sourire qui se substitue au mensonge ?

4.3   *Métaphores*

Un troisième mécanisme poétique, celui de la métaphore, déjà évoquée plus haut, semble être de loin le plus important. *Le Cheval rouge* comprend en effet trois métaphores réalisées à l'aide de la préposition « de » et donc du type génitif[18] :
a)   « les manèges du mensonge »
b)   « le cheval rouge de ton sourire »
c)   « le triste fouet de la réalité »

Il est évident que dans ces trois cas le rapport sémantique est orienté du second terme vers le premier, celui-ci étant la représentation de celui-là. Bien que ces trois métaphores reposent sur le même principe, il est possible de faire une distinction entre elles.

---

18   Voir Christine Brooke-Rose, *A Grammar of Metaphor*, Secker & Warburg, Londres, 1958, p. 146-174, et Joëlle Tamine, « L'Interprétation des métaphores en 'de', Le feu de l'amour », *Langue française*, Vol. 30 (1), 1976, p. 34-43.

4.3.1 « les manèges du mensonge »

Dans le paragraphe (4.1.) consacré à l'ambiguïté poétique nous avons déjà signalé le sens que prend « manèges » en combinaison avec « mensonge » : les deux termes de cette première métaphore ne sont pas sémantiquement identiques, mais tout au moins équivalents, le génitif compris dans « de » n'exprimant donc pas une comparaison (« mensonges » # *comme* « manèges »), mais un rapport de similitude (« mensonges » = « manèges »). Il n'est toutefois pas exclu que sur cette métaphore vienne se greffer l'autre sens de « manèges » (celui du mouvement circulaire répété), qui donnerait au mensonge l'idée d'un éternel recommencement : le mensonge serait alors un cycle infernal. Cette répétition douloureuse *sans fin* correspond tout à fait à la résignation telle qu'elle ressort des trois derniers vers du poème. De plus, ce même mouvement circulaire évoqué par « manèges », accentué encore par « Tourne », pourrait engendrer l'idée exprimée par l'expression amoureuse *faire tourner la tête à quelqu'un* : ébloui et pris de vertige, le moi poétique est interloqué et perd la tête.

4.3.2 « le cheval rouge de ton sourire »

Dans la seconde métaphore, une expression du visage humain est comparée à un animal, « le cheval rouge » est l'incarnation du « sourire » (« ton sourire » = *comme un* « cheval rouge »). La compréhension n'est pas très aisée, seul l'adjectif *rouge* peut être associé à « sourire », par l'intermédiaire de la bouche (fardée). Les lèvres n'étant toutefois pas mentionnées explicitement dans le poème pour faire le lien entre « rouge » et « sourire », le lecteur est sollicité de faire ce rapprochement métonymique. Notons aussi que ce même adjectif « rouge » confère au « cheval » un caractère artificiel, pour ne pas dire faux, correspondant à la couleur criarde de l'animal de l'attraction foraine des *manèges* mécaniques. Afin de trouver une explication valable à cette seconde métaphore, nous avons procédé à un recensement global de tous les termes « cheval » et « sourire » figurant dans *Paroles*, dans l'intention de pouvoir dégager de cette recherche intertextuelle des significations permettant de préciser davantage le rapport entre ces deux termes[19].

En admettant quelques simplifications, on pourrait dire que le terme de « *cheval* » évoque dans *Paroles* :

---

19 Précisons que ce recensement n'a donc rien à voir, ni par son caractère, ni par son objectif, avec les analyses énumératives dont il est question plus haut dans les paragraphes 2.2 et 2.3.

3 × la soumission : p. 6, 12-14, 50 ;
1 × la pitié : p. 11 ;
6 × la mort : p. 5-6, 129, 138, 147, 153, 154 ;
2 × la nourriture (après la mort) : p. 13, 37.

Il est en outre question deux fois d'un cheval couronné (p. 110, 137) et trois fois d'un cheval indompté / fougueux (p. 136, 137), tandis que le cheval fait cinq fois l'objet de jeux de mots (« j'arrive à Sabi en Paro », p. 13 ; « des épingles à chevaux », p. 50 ; « Il a un cheval caisse et des tiroirs de course », p. 56 ; « Un gros cheval in partibus avec un grand évêque de cirque », p. 148 ; « d'absurdes chevaux de bois mort », p. 138). Dans *Fête foraine* (p. 123) le « cheval blanc », monté par une « fille rousse », est donc de bois ou en tout cas artificiel. Étant donné une évidente analogie avec les motifs du *Cheval rouge*, deux poèmes de *Paroles* méritent une attention particulière, à savoir *La Morale de l'histoire* (p. 136-138) et *Place du Carrousel* (p. 147-148). En voici quelques vers :

La Morale de l'histoire (p. 138)
[...]
*La musique d'un obscène et **triste manège***
*Entraînant **tournant** sur lui-même et sous la pluie*
[...]
*D'absurdes reines de France sur d'absurdes **chevaux de bois** mort*
[...]

Place du Carrousel (p. 147)
[...]
*Place du **Carrousel***
[...]
*le **sang** d'un cheval*
accidenté et dételé
sur le pavé
Et le cheval était là
Debout
immobile
[...]
*et puis la voiture elle aussi **immobile***
[...]
Et le cheval se taisait
Le cheval ne se plaignait pas

> *Le cheval ne hennissait pas*
> *[...]*
> *et il était si beau si **triste** si simple*
> *[...]*

Les termes accentués dans ces deux poèmes ainsi que les images et scènes qu'ils évoquent s'apparentent au tableau brossé par *Le Cheval rouge*. Les trois poèmes respirent la tristesse et la blessure (mortelle même). Ils opposent aussi l'immobilité soit concrètement au mouvement circulaire du manège, soit par abstraction en la situant Place du Carrousel. Enfin, ils font état d'une absence de révolte, d'une certaine résignation de la part des victimes, qui, vulnérables et désarmés, semblent accepter le lot de malheurs déversé sur elles.

> Quant au terme de « sourire », il représente, toujours avec quelques simplifications :
> 4 × la fausseté : p. 9 (« sourire » 2 fois répétés), 63, 115, 125 ;
> 1 × la jeunesse / la vivacité : p. 96 ;
> 3 × la souffrance / la douleur : p. 104 (« sourire » 2 fois répétés), 153, 154 ;
> 3 × la séduction : p. 98, 146, 153 ;
> 2 × la tristesse / la solitude : p. 118, 140 (« sourit » 5 fois répétés) ;
> 5 × la satisfaction / le bien-être : p. 123 (« sourire » 3 fois répétés), 130, 134, 136, 152.

Le sourire est en outre associé à plusieurs reprises, de façon plus ou moins directe, à la couleur rouge : p. 96 (2 fois), 146, 153, 154.

Quelles sont donc les conclusions qui s'imposent après ce recensement ? Tout d'abord il y a la confirmation du transfert de sens du « sourire » (rouge) au « cheval rouge », par le biais de la couleur de la bouche. Ensuite on constate que la plupart des associations du sourire évoquées dans *Paroles* trouvent leur écho dans *Le Cheval rouge* : la fausseté est confirmée par « manèges du mensonge », la tristesse et la souffrance par « triste fouet », la séduction par « Tourne » (la femme aimée a tourné la tête au moi poétique) et la solitude par « planté ». Or, le premier terme de la métaphore, « cheval rouge », ajoute deux autres aspects au sourire. Grâce à son sourire, la femme aimée a su soumettre le moi poétique, qui perd ainsi sa liberté. Une fois mis au service de l'homme, le cheval dans *Paroles* semble en effet être le symbole de la soumission (au sens figuré mais aussi littéralement !), lui qui n'est pas de *bois* porte son fardeau sans trop se plaindre, le plus souvent en silence, dans une espèce d'héroïsme inversé. Et s'il est déjà question d'une complainte, comme dans *Histoire du cheval*, elle ne concerne que « ses petits ennuis » (p. 17). Est-ce un hasard d'ailleurs que ce seul cheval à se soustraire à cette soumission fuit « l'humanité » précisément dans les bois, c'est-à-dire en s'armant d'insensibilité ? Dans *Le Cheval rouge* ce motif de la soumission est confirmé par « manèges », lieu de dressage et de domptage ou dispositif forain composé de chevaux dépossédés de volonté. Cet amour possessif et dépossédant est ici d'autant plus malheureux qu'il repose sur le mensonge caché derrière le sourire. C'est ce sourire mensonger qui blesse mortellement le moi poétique et qui le fait souffrir.

4.3.3 « le triste fouet de la réalité »

Cette thématique de la souffrance amoureuse est reprise et donc accentuée dans la troisième métaphore, où un terme abstrait (« réalité ») est caractérisé par un terme concret (« fouet ») déterminé à son tour par un adjectif abstrait (« triste »). La compréhension de cette métaphore est aisée : la réalité de l'amour pour celle qui lui ment rend triste le poète, lui fait mal, le déchire.

Mais là encore, pour évidente qu'elle paraisse, l'expressivité poétique de Prévert n'en est pas moins recherchée. En effet, il séduit ici le lecteur en créant à l'intérieur de la métaphore une deuxième figure de style, celle de l'hypallage : « triste », qui convient à « réalité », est transféré et attribué à « fouet », conférant ainsi à celui-ci une caractéristique humaine, ou mieux, accentuant ainsi son caractère inhumain.

4.4 « *mes quatre vérités* »

Bien qu'elle ne pose aucun problème de compréhension, la comparaison contenue dans les deux derniers vers du poème n'en présente pas moins une recherche stylistique particulière. C'est que le poète a choisi de tronquer l'expression *dire ses quatre vérités à quelqu'un* pour en faire « mes quatre vérités ». Il brise l'automatisme de cette tournure et crée au moyen de cette déautomatisation un dernier effet de surprise. Avec le report de la troisième (*ses quatre vérités*) à la première personne (« mes quatre vérités »), il semble vouloir *dégénéraliser* et *personnaliser* la vérité en la limitant à l'optique du moi poétique, tout en accentuant en même temps sa solitude et son impuissance, démuni qu'il est devant les mensonges de celle qu'il aime.

La circularité dont il est question plus haut s'impose encore après ce dernier vers, le poème n'est pas fini : l'intention d'une rupture est abandonnée et encore ravalée, tout continue et recommence comme avant ...

4.5 *Silence sublimé*

Après cette analyse des différents mécanismes poétiques mis en œuvre par le poète, il convient encore d'interpréter la réaction du moi poétique devant cette souffrance amoureuse, c'est-à-dire son silence, exprimé par « Et je n'ai rien à dire ». Ayant découvert le mensonge, le poète est prêt à dire ses « quatre vérités » à celle qu'il aime, à la frapper avec « le triste fouet de la réalité », à la démasquer. Mais il se ravise, il n'est pas capable de lui faire du mal, il veut lui laisser la liberté dont elle l'a privé, devant elle il se résigne et s'écrase : morales, ses reproches sont d'un tout autre ordre de valeurs, elles ne valent pas la beauté, la vérité physique du sourire de celle qu'il ne peut s'empêcher d'aimer. « [L]e triste fouet de la réalité » s'est tourné contre lui …

Et pourtant le silence que le poète s'impose est rompu. Face à la fausse beauté du sourire, il n'a qu'à offrir la véritable et profonde beauté de ses paroles : son silence est sublimé par l'écriture même du poème.

5 Conclusion

Notre analyse montre qu'un texte en apparence simple n'en présente pas moins tout un raffinement de figures de style, que le poète cherche à faire passer quasiment inaperçus. Elle confirme que c'est notamment le penchant de Prévert pour le double sens des mots et des phrases qui est un véritable générateur de poésie. Toujours porteuse de message, la poésie de Prévert ne tolère aucune dissociation entre le fond et la forme, celle-ci n'étant jamais une fin en soi. Se limiter ou donner la préférence à l'un ou à l'autre implique forcément une dépréciation de l'intention poétique exprimée par l'auteur.

De plus, notre étude révèle ce qui semble être le principe de l'écriture de Prévert : l'ambiguïté, la polysémie et les jeux de mots ne sont pas exploités par le poète pour le seul plaisir, ils ne sont jamais gratuits. Prévert ne s'en sert pas non plus pour se jouer du lecteur, comme c'est le cas pour de nombreux poètes, Apollinaire par exemple. Prévert ne garde pas ses distances avec le lecteur, il voudrait au contraire que celui-ci soit de connivence avec lui. Il crée des jeux de mots et autres effets stylistiques pour mieux atteindre le lecteur, pour le séduire, pour le toucher ou s'amuser avec lui, et non pas à son détriment. La poétique de Prévert vise une compréhension instantanée, il est question d'une prise directe entre l'auteur et son lecteur. Dans ce contexte il convient de rappeler le titre du recueil dont fait partie *Le Cheval rouge* : *Paroles* implique la recherche d'une communication à caractère oral, une forme de conversation entre le poète et celui à qui il s'adresse et qui s'intéresse à lui. Étant donné cette oralité de la poésie de Prévert, on ne saurait s'étonner que l'hermétisme et la mystification ne soient tout simplement pas son genre, ce qui ne veut pas dire qu'il ne demande pas un effort de réflexion de la part du lecteur. Ce travail d'interprétation se situe au niveau du discours véhiculé par un texte travaillé dans les détails et présenté avec toute la gamme d'effets stylistiques et de mécanismes poétiques déployés par le poète pour gagner le lecteur pour lui, et par là, pour l'intéresser à son message.

JACQUES PRÉVERT : *LE CHEVAL ROUGE*   61

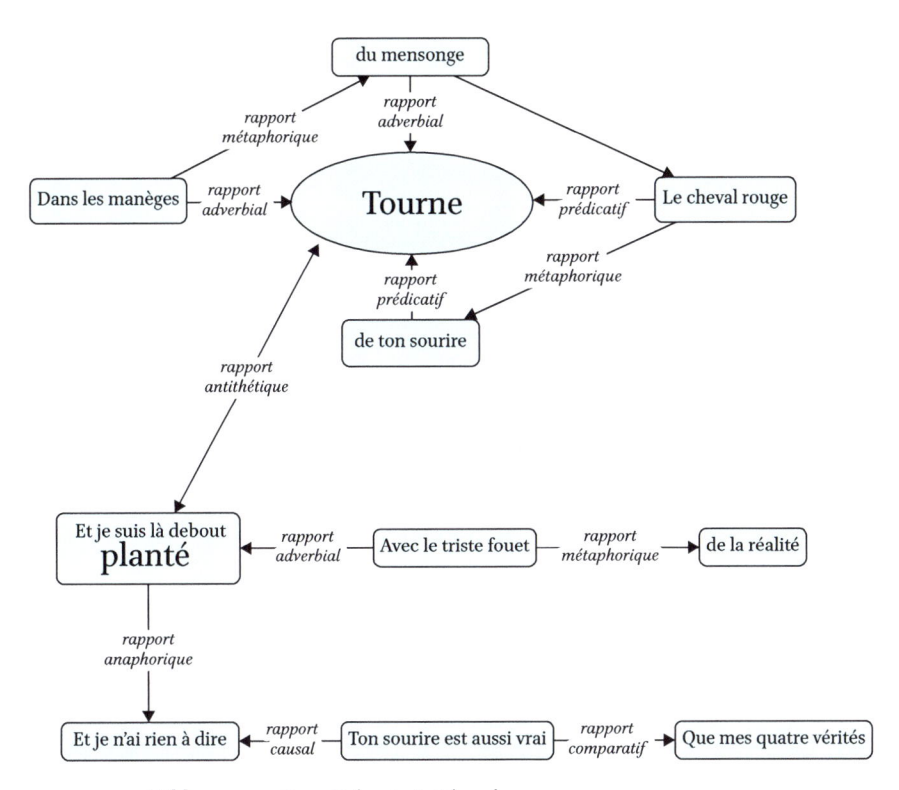

```
                              du mensonge
                    rapport          rapport
                    métaphorique     adverbial
  Dans les manèges ─ rapport ─→  Tourne  ←─ rapport ─ Le cheval rouge
                     adverbial                prédicatif
                              rapport       rapport
                              prédicatif    métaphorique
                              de ton sourire

           rapport
           antithétique

  Et je suis là debout ← rapport ─ Avec le triste fouet ─ rapport ─→ de la réalité
       planté            adverbial                        métaphorique

       rapport
       anaphorique

  Et je n'ai rien à dire ← rapport ─ Ton sourire est aussi vrai ─ rapport ─→ Que mes quatre vérités
                          causal                                 comparatif
```

FIGURE 3.1   Tableau synoptique Prévert : *Le Cheval rouge*

CHAPITRE 4

Sémiotique et Onomastique dans *Le Roi des aulnes* de Michel Tournier

[…] je crois en la profondeur voilée d'ironie du calembour[1].

⋯

Tout est signe. Mais il faut une lumière ou un cri éclatants pour percer notre myopie ou notre surdité.

MT*R* 193[2]

∵

1 Introduction

Paru en septembre 1970 et obtenant le prix Goncourt à l'unanimité le mois suivant, *Le Roi des aulnes* est le deuxième roman de Michel Tournier après *Vendredi ou les Limbes du Pacifique*. Garagiste à la Porte-des-Ternes à Paris, le protagoniste appelé Abel Tiffauges, droitier, constate accidentellement qu'il arrive aussi à écrire de la main gauche : il intitule son journal par conséquent *Écrits sinistres*. Ce géant myope de 110 kg se découvre de plus en plus friand de viande crue et de lait (2 kg et 5 litres par jour), ce qui confirme sa vocation ogresse qui se manifeste également dans son amour des enfants. Accusé de viol, Tiffauges est sauvé par la mobilisation en septembre 1939. Prisonnier de guerre, il est envoyé à Rominten, la réserve de chasse de Goering, puis en Prusse Orientale où, accompagné de son cheval géant Barbe-Bleue, il écume la campagne à la recherche de garçons destinés à la formation d'officier SS dans l'internat de Kaltenborn.

---

1 Michel Tournier, « L'espace canadien », *La Nouvelle Critique*, N° 105, 1977, p. 52.
2 Michel Tournier, *Romans*, suivis de *Le Vent Paraclet*, Éditions Gallimard, Bibliothèque de la Pléiade, Paris, 2017. Toute pagination du présent chapitre se rapportant à cette édition de la Bibliothèque de la Pléiade est précédée de l'abréviation MT*R*.

« Tout est signe », déclare Abel Tiffauges dans *Le Roi des aulnes*. L'objectif de la présente analyse est cette sémiotique omniprésente dans le roman. Dans un premier temps, nous exposons les différentes manifestations de ces signes, leur nature et leur impact sur Tiffauges, qui en rend compte dans son journal. Les signes rencontrés et interprétés par le protagoniste ont cependant un effet collatéral : narrataire « manipulé » par Tiffauges diariste, le lecteur y est confronté également. Tournier se livre à un jeu sérieux en conditionnant ainsi le lecteur qui devient interprète des signes à son tour : c'est dans le sens de cette double interprétation des signes que la sémiotique mise en œuvre par Tournier dans le roman est intéressante pour notre étude de l'ambiguïté intentionnelle. Au sein de ces signes que l'auteur soumet à ses lecteurs, nous retiendrons l'onomastique présente *Le Roi des aulnes*, celle-ci, abondante mais à ce jour à peine explorée, se montrant particulièrement riche sur le plan sémiotique et anagrammatical.

2   L'interprétation des signes

Traditionnel en apparence, *Le Roi des aulnes* est un roman plein de signes écrit par un auteur qui s'est plu à créer un personnage qui a du mal à voir, entendre et comprendre ces signes. Pour David Bevan « l'apogée *sémiotique* de l'œuvre de Tournier est *Le Roi des aulnes*, où le signe est à tout moment *souverain* »[3]. Abel Tiffauges se plaint des difficultés qu'il rencontre à percevoir les signes, notamment par sa myopie, et il est obsédé par leur interprétation. Physique mais aussi mentale, cette myopie, appelée également cécité par lui, est surtout tournée vers l'extérieur, vers la réception des signes, car dès la première page du roman, Tiffauges se montre extrêmement lucide et conscient de son *moi* et de ses origines immémoriales :

> Je crois aussi que je suis issu de la nuit des temps. [...]. Quand la terre n'était encore qu'une boule de feu tournoyant dans un ciel d'hélium, l'âme qui la faisait flamber, qui la faisait tourner, c'était la mienne. Et d'ailleurs l'antiquité vertigineuse de mes origines suffit à expliquer mon pouvoir surnaturel [...].
>
> MTR 191

---

3 David G. Bevan, *Michel Tournier*, Rodopi, Amsterdam, 1986, p. 67-68.

Vraies ou plutôt fausses, cette conscience et cette connaissance de soi-même («*je ne suis pas fou**»[4]) amènent Tiffauges à statuer du «sérieux total» de son journal. Ce garagiste explique et justifie les raisons de ses *Écrits sinistres**: «je compte en partie sur ce journal pour échapper à ce garage, aux médiocres préoccupations qui m'y retiennent, et en un certain sens à moi-même» (MTR 192). Il exige de son narrataire[5] qu'il prenne son écriture au «sérieux», et «l'avenir aura pour fonction essentielle de démontrer – ou plus exactement d'illustrer – le *sérieux** des lignes qui précèdent». D'emblée Tiffauges s'y présente précisément en ce qui le caractérise le plus: comme «ogre», «monstre féerique». L'écriture de son journal correspond à cette nécessité sinon cette condamnation de s'exposer, de s'exhiber conformément à l'étymologie établie par Tiffauges des mots «*monstre**» et «*monstrer**»[6]. La constatation que «les monstres ne se reproduisent pas» (MTR 192) annonce les passages où il est question de la sexualité de Tiffauges, qui fait l'amour «comme un serin» (MTR 195) et qui a le sexe, à l'âge de vingt ans, «d'enfant impubère», diagnostiqué *microgénitomorphe** par un médecin local (MTR 249). En décrivant cette recherche étymologique réalisée, Tiffauges montre encore combien il est attentif aux signes, en l'occurrence aux mots et à leurs souches, attention en profondeur s'il en est! D'emblée le lecteur est invité, sinon contraint, à suivre Tiffauges sur le chemin de l'étymologie[7], la recherche de l'origine des mots. Tiffauges se dit lui aussi «issu de la nuit des temps» et parle de «l'antiquité vertigineuse de [s]es origines» (MTR 191). Il est établi un parallélisme entre la naissance de Tiffauges et celle des mots, souches qui sont situées à une époque immémoriale. Avec l'apocalypse imminente à la fin du roman, Tiffauges se dote ainsi d'une certaine intemporalité, caractéristique qu'il partage avec Nestor, son camarade du collège Saint-Christophe (MTR 205).

Le passage cité plus haut sur l'étymologie montre également le caractère franchement invraisemblable de ce journal réfléchi et hautement intellectuel tenu par un garagiste qui indique qu'«[à] la fin de ma seconde, il était clair

---

4   Tous les mots suivis d'un astérisque sont en italiques dans le texte.
5   Voir cependant note 12.
6   On peut s'étonner pourquoi Tiffauges ne parle pas de l'étymologie du mot *ogre*. Arlette Bouloumié, *Michel Tournier, Le Roman mythologique*, Librairie José Corti, 1988, p. 89-91, et «La dimension politique du mythe de l'ogre chez Tournier, Chessex et Pennac», dans *Lectures politiques des mythes littéraires au XXᵉ siècle*, Sylvie Parizet (dir.), Presses universitaires de Paris Nanterre, 2013, p. 340, en expose les différentes possibilités étymologiques. Voir aussi David Platten, *Michel Tournier and the Metaphor of Fiction*, Liverpool University Press, 1999, p. 89. Si «ogre» provient de «augure», Tiffauges est bien chargé d'observer des signes pour en tirer des présages et déterminer sa ligne de conduite en conséquence. La combinaison avec «Orcus», dieu de la mort qui règne sur l'enfer, complète le tableau ogresque.
7   Nous verrons plus loin que l'étymologie joue également un rôle important dans l'onomastique.

que je ne passerais pas mon baccalauréat » (MTR 248). Dès les premières lignes du roman cette invraisemblance[8] se confirme également au niveau du style soigné et travaillé du journal. C'est comme si, à son insu au départ, le lecteur était entraîné par le narrateur Tiffauges dans la zone d'ombre du caractère exceptionnel dont il tient à le convaincre.

Cette obsession des signes date de ses années d'initiation au collège Saint-Christophe où il « n'[a] cessé d'observer des hiéroglyphes tracés sur [s]on chemin ou d'entendre des paroles confuses[9] murmurées à mes oreilles, sans rien comprendre, [...] mais aussi [...] la preuve réitérée que le ciel n'est pas vide. Or cette lumière [...] n'a pas fini d'éclairer ma route » (MTR 193). L'interprétation des signes détermine la conduite, la vie de Tiffauges. « [C]ette lumière », c'est d'abord la découverte récente par Tiffauges de sa capacité d'écrire de la main gauche. Cette révélation, perçue « avec un frisson sacré » (MTR 216), est considérée par Tiffauges comme une rupture, qui s'ajoute à celle, tout aussi récente, avec la femme de sa vie Rachel. À la page MTR 247 Tiffauges écrit : « J'avais posé sur ma face le masque d'innocence dont je ne me suis pas départi depuis, mais que la rupture de Rachel, la découverte de l'écriture sinistre et quelques autres signes[10] font curieusement trembler ». Avec son journal appelé « *Écrits sinistres** » Tiffauges joue d'une manière évidente sur le double sens du mot *sinistre*, ambiguïté qui est ainsi à la base du roman, ou tout au moins de la première partie du roman composée par le journal tenu par Tiffauges. L'écriture de la main gauche, donc *sinistre* au sens étymologique, est réservée aussi à la consignation de tous les *sinistres* rencontrés et (prétendument) provoqués par Tiffauges, qui la considère comme *sincère* par opposition à son « écriture *adroite** » qui est *feinte* :

---

8   Plusieurs critiques ont relevé in extenso cette problématique de la vraisemblance et de certains anachronismes dans l'œuvre de Tournier. Citons Liesbeth Korthals Altes, *Le Salut par la fiction ?, Sens, valeurs et narrativité dans 'Le Roi des aulnes' de Michel Tournier*, Rodopi, Amsterdam – Atlanta, 1992, p. 157 ; Mariska Koopman-Thurlings, « De la forme et du fond : le redoublement discursif », *Images et Signes de Michel Tournier*, Actes du colloque du Centre Culturel International de Cerisy-la-Salle, sous la direction de Arlette Bouloumié et Maurice de Gandillac, Gallimard, 1991, p. 279-293, et *Vers un autre fantastique, Étude de l'affabulation dans l'œuvre de Michel Tournier*, Rodopi, Amsterdam – Atlanta, coll. « Faux titre », 1995 ; Jean-Bernard Vray, *Michel Tournier et l'écriture seconde*, Presses Universitaires de Lyon, 1997, p. 395-398 ; David Platten, *Michel Tournier and the Metaphor of Fiction*, Liverpool University Press, Liverpool, 1999, p. 177-185.
9   Référence aux « confuses paroles » du deuxième vers de *Correspondances* (*Les Fleurs du Mal*), Charles Baudelaire.
10   Il ne précise pas de quels signes il s'agit.

> Je suis ainsi pourvu de deux écritures, l'une *adroite**, aimable, sociale, commerciale, reflétant le personnage masqué que je feins d'être aux yeux de la société, l'autre *sinistre**, déformée par toutes les *gaucheries** du génie, pleine d'éclairs et de cris, habitée en un mot par l'esprit de Nestor.
> MTR 216-217

Ambiguïté donc du mot *sinistre*, sur laquelle viennent se greffer des *gaucheries** inhérentes au génie. Ambiguïté aussi de l'adjectif *adroite* : l'écriture *dextre*, au sens propre donc de la main droite, se définit en effet au sens figuré par l'adresse imposée par l'adaptation sociale. C'est dans cette seule écriture *sinistre* que se trouvent « éclairs » et « cris » ou « lumière » et « cri » (MTR 193) permettant le déchiffrement des signes. C'est encore la découverte de cette écriture de la main gauche qui marque « la première émergence du nouveau Tiffauges, qui écrit [...] des choses neuves avec des mots que n'aurait pas trouvés à coup sûr mon écriture adroite[11] » (MTR 248).

3   De quels signes s'agit-il ?

Quand Tiffauges parle des signes, il leur confère dès le départ une double expression : auditive (« cri(s) ») ainsi que visuelle (« éclairs », « lumière »). Mais l'objectif recherché par Tiffauges avec son journal est aussi et avant tout de connaître mieux la nature des signes, recherche pour laquelle il revient à son enfance dans le collège Saint-Christophe avec son protecteur et *alter ego* Nestor dont « l'esprit habit[e] [son] écriture *sinistre** ». « Être monstrueux, génial, féerique » (MTR 205), ce Nestor ressemble à Tiffauges par son caractère « intemporel », il échappe comme lui « à la mesure du temps » (MTR 205). Comme Tiffauges, Nestor présente lui aussi deux faces : sa face manifeste qui se résume à « la trilogie ingestion – digestion – défécation » (MTR 207) et « sa face cachée » qui est décrite comme suit :

> Sa face cachée [...] c'était les *signes**, le *déchiffrement des signes**. C'était là la grande affaire de sa vie [...]. Les signes, le déchiffrement des signes … De quels signes s'agissait-il ? Que révélait leur déchiffrement ? Si je pouvais répondre à cette question, toute ma vie serait changée, et non seulement ma vie mais – j'ose l'écrire assuré que personne ne lira jamais ces

---

11   Le texte du roman ne nous donne aucun exemple de cette « écriture adroite » de Tiffauges.

lignes[12] – le cours même de l'histoire. Sans doute Nestor n'avait-il fait que quelques pas dans ce sens, mais ma seule ambition est précisément de mettre mes pieds dans sa trace [...].

    MT*R* 207

Quelques pages plus loin seulement, « la grande affaire de la vie [de Nestor] » est devenue la sienne. Au sujet de l'interprétation d'un tableau d'un Christ giflé, Tiffauges écrit :

> J'étais encore si étranger à la lecture des signes – la grande affaire de ma vie – que je ne songeai pas au rapprochement qui s'imposait. Je sais aujourd'hui qu'un visage humain, aussi vil soit-il, souffleté, devient aussitôt la face de Jésus.
>
>   MT*R* 212

Si la nature et l'interprétation des signes posent un problème à Tiffauges, il en est de même pour le lecteur. À plusieurs reprises dans le roman, Tiffauges, et avec lui le lecteur, se heurte à cette difficulté de compréhension des signes. Dès la deuxième page de son journal Tiffauges écrit qu'il le relit lui-même, et l'autoréflexion exprimée dans cette relecture, *sa* relecture, lui sert pour orienter et diriger l'interprétation de son journal par le lecteur supposé et par là pour s'emparer de l'interprétation par le lecteur du roman. Pour Mariska Koopman-Thurlings « cette particularité du narrateur est une constante dans les romans de Tournier. Sa tactique consiste, non pas à présenter les événements pour que le lecteur puisse tirer ses conclusions, mais à le devancer en présentant des explications avant même que celui-ci ait pu arriver à une conclusion »[13]. Margaret Sankey[14] constate à juste titre que Tiffauges est à la fois auteur, lecteur et interprète de ses *Écrits sinistres*. Eeva Lehtovuori tire la même

---

12   Cette remarque laisse supposer qu'en écrivant son journal Tiffauges s'expose et s'exhibe à lui-même et non pas à autrui. Là encore Tiffauges ressemble à Nestor qui « prononc[e] [des] mots qui ne s'adress[ent] selon son habitude à personne » (MT R 64). Paroles en l'air ou plutôt paroles de méconnu clamées dans le désert et incomprises par le commun des mortels ?

13   Mariska Koopman, Thurlings, *Vers un autre fantastique, Étude de l'affabulation dans l'œuvre de Michel Tournier*, op. cit., p. 161 et 191-192. Dans « Intertextualité : To inter Textuality or to resurrect it », *Crossreferences : Modern French Theory and Practice of Criticism*, David Kelley and Isabelle Llasera (eds.), Society for French Studies, 21, 1986, Michael Worton avait déjà signalé cette même propension de Tournier à gérer et diriger l'interprétation de ces romans par le lecteur.

14   Margaret Sankey, « La Parodie : l'exemple du 'Roi des aulnes' », *Images et Signes de Michel Tournier*, op. cit., p. 325-340.

conclusion : « Le travail interprétatif du lecteur de Tournier se trouve immergé dans une auto-interprétation du discours lui-même, ce qui transforme, à son tour, le travail du critique en méta-interprétation »[15]. L'analyse de David Gascoigne va dans le même sens : « In his 'Écrits sinistres', Abel Tiffauges cultivates and projects a certain image of himself, evolution and destiny as he sees it, and his narrative will develop a rhetoric of persuasion designed to recruit the reader into some degree of complicity with this view »[16]. Ce procédé n'est donc pas gratuit : le caractère d'ogre de Tiffauges se répète et se confirme encore dans cette mainmise exercée par lui sur l'interprétation des *Écrits sinistres* par le lecteur. Avec le passage à la première personne du pluriel dans le fragment suivant Tiffauges semble en effet vouloir s'adresser à nous en tant que lecteurs de son journal et nous prendre ainsi à témoin, et par là nous entraîner et nous impliquer dans son existence :

> Pour percer le mur de notre cécité et de notre surdité, il faut que les signes nous frappent à coups redoublés. Pour comprendre que tout est symbole et parabole de par le monde, il ne nous manque qu'une capacité d'attention infinie.
>
> MTR 283[17]

Ce passage confirme également la double forme auditive et visuelle des signes[18]. Mais au risque d'une simplification trop poussée, nous sommes d'avis qu'une lecture approfondie du *Roi des aulnes* permet également de distinguer globalement pour le fond deux catégories de signes qui s'imposent à Tiffauges. La première comprend ceux qui sont en rapport avec son (soi-disant) caractère exceptionnel et son (prétendu) « pouvoir surnaturel », signes qui sont plutôt d'ordre événementiel et dont l'interprétation par Tiffauges montre sa mégalomanie[19]. La deuxième catégorie regroupe ceux qui relèvent de son écri-

---

15   Eeva Lehtovuori, *Les Voies de Narcisse ou le Problème du miroir chez Michel Tournier*, Suomalainen Tiedeakatemia, Helsinki, 1995, p. 4-5.
16   David Gascoigne, *Michel Tournier*, New Directions in European Writing, Berg, Oxford & Washington D.C., 1996, p. 9.
17   Par l'expression de l'absence d'« une capacité d'attention infinie » ce fragment recoupe la phrase de Flaubert mise en exergue du roman : « *Pour qu'une chose soit intéressante, il suffit de la regarder longtemps** » (MTR 191).
18   Cette dichotomie complémentaire correspond à l'idée fixe exprimée à plusieurs reprises par Tournier, qui aimerait passer inaperçu, ne pas être vu pour pouvoir tout voir et entendre.
19   Voir aussi Jean-Bernard Vray, *Michel Tournier et l'écriture seconde*, op. cit., p. 76-80, 88.

ture (sinistre) et des mots, signes d'ordre linguistique et littéraire[20]. Distinction qui ne devra pas pour autant négliger les interférences et les interactions entre ces deux catégories. Les conclusions que nous pourrons tirer de l'analyse de ces deux types de signes nous conduiront dans un second temps à l'étude de l'onomastique du roman, les noms choisis par l'auteur et même ceux appartenant à l'Histoire[21] étant autant de signes porteurs de messages à ne pas sous-estimer.

3.1 Les signes du caractère exceptionnel et du « pouvoir surnaturel » de Tiffauges

Le (prétendu) caractère surnaturel de Tiffauges apparaît pour la première fois dans la scène de l'incendie du collège Saint-Christophe, qui coûte la vie à Nestor. Ayant fait une fugue auparavant, Tiffauges passe une nuit cauchemardesque craignant être puni à son retour au collège. Pour y échapper, l'image prémonitoire du collège en feu s'impose à lui, vision qui devient réalité le lendemain à son arrivée. C'est alors que Tiffauges s'étonne et même s'énerve que l'on ne reconnaisse pas son « pouvoir surnaturel » :

> Personne ne fit attention à moi, et je devais faire ainsi ce jour-là la première expérience de l'incroyable cécité des autres au signe fatidique qui me distingue entre tous. Il était donc possible d'ignorer la relation évidente, éclatante qui unissait cet incendie et mon destin personnel ! Ces hommes stupides qui s'apprêtaient à m'écraser pour une peccadille – dont j'étais de surcroît innocent – ne reconnaîtraient jamais, quand même je leur hurlerais la vérité en pleine face, la part que j'avais dans le châtiment qui venait de frapper Saint-Christophe !
>
> MTR 245

Cette méconnaissance accompagne Tiffauges pendant toute sa vie en France et y détermine son comportement social, à commencer par sa jeunesse à la maison et au collège Saint-Christophe. Une fois en Allemagne il se sent libéré de cette incompréhension. La scène en question est également significative pour la façon dont Tiffauges lie et plie les événements, historiques ou non, à son destin personnel : il considère que l'incendie est une nécessité pour le sauvegarder

---

20   Pour Liesbeth Korthals Altes, *Le Salut par la fiction ?*, op. cit., le déchiffrement des signes et l'écriture ou la production des signes sont deux faces d'une même « manipulation des signes » (p. 45-49), ces deux faces étant aussi complémentaires (p. 58).

21   Nous écrivons Histoire avec majuscule pour la distinguer de l'histoire, du récit fictif du roman.

de la punition. Dès la première page des *Écrits sinistres* cette conviction est annoncée : « Je crois, oui, à ma nature féerique, je veux dire à cette connivence secrète qui mêle en profondeur mon aventure personnelle au cours des choses, et lui permet de l'incliner dans son sens » (MTR 291). De la même manière mais dans un autre ordre de grandeur, l'éclatement de la Seconde Guerre mondiale aura lieu, dans l'optique de Tiffauges, pour le sauver de la prison[22]. Vladimir Tumanov[23] résume cette vision des événements par Tiffauges comme suit : « Tiffauges is convinced that the world revolves around him and therefore views various events as signs that concern him alone » et « [...] however marginalized he may feel in society, Tiffauges, as ogre, affects the course of the world's events [...], and it is [the] mythologization of his own marginality that gives Tiffauges the idea that he is at the center of everything ». La marginalité de Tiffauges se trouve ainsi compensée par son (prétendu) génie visionnaire.

Si Nestor est mort par le feu, il renaît dans la personne de Tiffauges qui ainsi « reprend la grande affaire de sa vie » (MTR 208), renaissance qui fait penser au mythe du phénix resurgissant de ses cendres. Cette scène de la mort de Nestor asphyxié près de la chaudière de l'internat semble annoncer les pages sur cet autre espace clos racontées par Éphraïm à la fin du roman, celui du camp d'extermination où les Juifs sont gazés. Le remplacement de Nestor par Tiffauges se situe au niveau physique et mental : rachitique pendant son enfance, Tiffauges devient aussi gros et vorace que Nestor avant de mourir et le développement intellectuel de Nestor est transmis à Tiffauges qui était nul pendant sa scolarité (voir MTR 248). Mais l'élément le plus évident pour cette relève est bien sûr l'écriture de la main gauche de Nestor (MTR 216) reprise par Tiffauges dans ses *Écrits sinistres*.

Tiffauges se prétend « environné de signes et d'éclairs » (MTR 246) et c'est dans le contexte de « tous les signes qui pouvaient apparaître » (MTR 248) que Tiffauges adulte se compare implicitement à Cagliostro et Raspoutine, deux figures historiques énigmatiques et mythiques qui sont entrées dans la légende par leurs prétendus pouvoirs surnaturels. Tiffauges se dit porteur d'une « force ténébreuse » mais avoue encore son impuissance à la cerner : « Moi-même j'ai peine à concevoir ce secret de mon destin » (MTR 259).

---

22   Dans une interview Tournier déclare : « J'étais content que la guerre éclate. C'était une réaction de sale gosse qui voyait dans la crise générale un moyen d'échapper à sa crise personnelle. Je ressuscite cet épisode dans *Le Roi des aulnes*, quand Abel Tiffauges parvient à échapper aux assises grâce à la déclaration de guerre ! » (Michel Tournier, *Je m'avance masqué*, Entretiens avec Michel Martin-Roland, Collection « Folio » N° 5685, Paris, Gallimard, 2011, p. 32).

23   Vladimir Tumanov, « John and Abel in Michel Tournier's 'Le Roi des aulnes' », *Romanic Review*, 00358118, May 99, Vol. 90, Issue 3.

Dans la deuxième partie du roman Tiffauges passe la main à un narrateur omniprésent. Avec une apparente objectivité[24] celui-ci confirme textuellement les difficultés de Tiffauges à traiter les signes, bien qu'il s'agisse de signes d'un autre niveau :

> En janvier 1940, son incapacité à maîtriser des signes conventionnels, abstraits, futiles, sans charge fatale, fut sanctionnée par son échec à l'examen de caporal, et ce fut comme soldat de deuxième classe qu'il fut envoyé à Erstein [...].
> MTR 310

Contraste bien dur : lui qui se voit à l'origine des grands événements du monde reste au plus bas dans la hiérarchie militaire française, précisément à cause de son impuissance à interpréter les signes ... Mais il convient bien de se rendre compte que les qualificatifs « conventionnels, abstraits, futiles, sans charge fatale » désignent des signes de qualité inférieure, étrangers aux signes d'ordre supérieur auxquels semble être destiné Tiffauges[25]. La supériorité de ces signes se définit par leur union avec la chair :

> Tiffauges [était] [...] ancr[é] peu à peu dans l'idée que la guerre n'était qu'un affrontement de chiffres et de signes, une pure mêlée audio-visuelle sans autre risque que des obscurités ou des erreurs d'interprétation. Personne n'était mieux préparé apparemment que lui à ces problèmes de réception, de déchiffrement et d'émission. Pourtant ils lui demeuraient étrangers, car, dépourvus de l'élément vivant, chaleureux et sanguin qui était pour lui comme la signature de l'être, ils flottaient dans une sphère abstraite, contemplative et gratuite. Il attendait avec confiance et patience cette union du signe et de la chair qui était pour lui la fin dernière des choses, et singulièrement de cette guerre. Elle devait lui être offerte quelques semaines plus tard, sous une forme certes dérisoire, mais non moins annonciatrice d'accomplissements ultérieurs.
> MTR 312

Cette union du signe et de la chair a été signalée aussi dans le journal de Tiffauges, qui écrit « *les signes ont besoin de la chair pour se manifester** » (MTR

---

24   Que cette objectivité soit juste ou pas, le lecteur est à nouveau manipulé, car le narrateur authentifie de manière claire et nette le statut et le contenu des *Écrits sinistres*.
25   Voir aussi à ce sujet David Platten, « Terms of Reference : Michel Tournier's 'Le Roi des aulnes' », *Journal of European Studies*, xxi, 1991, p. 292-293.

280). Elle ne saurait surprendre dans ce récit d'ogre où le rôle de la chair est évident et pertinent. La « forme dérisoire » dont il est question dans ce fragment est celle des pigeons : « des messagers fidèles, des porte-signes vivants et palpants » (MTR 325) appelés encore « petits porte-signes » quelques pages plus loin (MTR 327). Les pigeons dont s'occupe Tiffauges symbolisent cette union du signe et de la chair : ils *sont* signes en chair et en os. Notons enfin que les signes colombins sont *écrits*. Dans son « Prière d'insérer de l'Édition originale » Tournier insiste sur ce rapport indissociable entre le signe et la chair :

> Deux passions éclairent et réchauffent [l]a solitude [de Tiffauges] : la détection des symboles dont il devine la présence autour de lui, et le goût de la chair fraîche[26].

Ce qui vaut pour les signes comme indications et preuves du caractère surnaturel de Tiffauges, s'applique également aux notions tiffaugéennes de *symbole* et d'*allégorie*. Ainsi il donne à ses difficultés respiratoires, ennuis physiques appelés par lui « *oppression angélique**, ou plus brièvement *angélique** », une « signification fondamentale », issue « d'une relation de symbole à chose symbolisée » :

> Grâce à [cette signification fondamentale], mes poumons sont passés de la nuit glandulaire à la pénombre viscérale, voire, dans les cas extrêmes, à la grande lumière de la conscience. Ces cas extrêmes, ce sont la grande angoisse dyspnéique qui me fait lutter sur le sol contre une étreinte invisible et meurtrière, mais aussi la profonde et bienheureuse aspiration par laquelle le ciel tout entier plein de vols d'hirondelles et d'accords de harpe[27] plonge directement dans mes poumons sa racine bifurquée.
>
> MTR 253

Une fois arrivé en Allemagne, Tiffauges est toujours aussi voire encore plus attentif aux signes (MTR 356) : cette terre lui inspire la sublimation de cette

---

26 « Prière d'insérer de l'Édition originale », dans Michel Tournier, *Romans*, op. cit., MTR 542.
Il est à noter que la voracité de Tiffauges se limite à la viande / la chair et au lait. Dans *Gilles & Jeanne* ce goût exclusif d'ogre est explicité par le personnage de Prélat : « [...] ne voyait-on pas Yahvé repousser les céréales que lui offre Caïn et se régaler au contraire des chevreaux et des agneaux d'Abel ? Cela voudrait bien dire, n'est-ce pas, que Dieu a horreur des légumes et raffole de la viande ? » (MTR 1289).

27 On relèvera encore les aspects visuels par le « vol d'hirondelles » et auditifs par les « accords de harpe ».

conscience « fondamentale ». Il se dit que ce pays donne une tournure positive à son pouvoir surnaturel, là où il était resté dans les ténèbres avant :

> [P]our Tiffauges dont le ciel clouté d'allégories et d'hiéroglyphes retentissait sans cesse de voix indistinctes et de cris énigmatiques, l'Allemagne se dévoilait comme une terre promise, comme le *pays des essences pures**.
> MTR 350[28]

Rejeté par la France[29] où se trouvaient concentrés tous ses malheurs, tout son malaise et toute sa méconnaissance, Tiffauges, en utilisant le terme de « promise », confère ainsi une dimension biblique à cette terre révélatrice qui lui a été « donné[e] par le destin » (MTR 350) et qu'il se donne pour tâche d'interpréter et d'« élev[er] à une puissance supérieure » :

> Et voici qu'il avait la révélation que la Prusse Orientale tout entière était une constellation d'allégories, et qu'il lui appartenait de se glisser en chacune d'elles [...]. Car il n'avait pas seulement vocation de déchiffrer les essences, mais aussi de les exalter, de porter toutes leurs vertus à incandescence. Il allait livrer cette terre à une interprétation tiffaugéenne, et en même temps, il l'élèverait à une puissance supérieure, encore jamais atteinte.
> MTR 351

Tiffauges va même jusqu'à creuser farouchement et fouiller littéralement la terre de ce pays prometteur, dont « il attendait *quelque chose** », « un signe, un présage, il ne savait au juste », étant toujours persuadé que ce message délivré

---

28   Voir aussi l'article d'Anthony Purdy, « Séduction et Simulation : l'empire des signes dans Le Roi des aulnes », *Revue des sciences humaines*, 1993-4, N° 232, p. 21-33. Si la découverte de la Prusse Orientale est considérée par Tiffauges au départ comme une révélation positive, il est question du phénomène inverse dans *Gilles & Jeanne* quand le Florentin François Prélat qui quitte la Toscane renaissante pour la Vendée de Gilles de Rais, qu'il qualifie de « terre désolée » et décrit plus loin comme « vaste plaine liquide brassée par la tempête, [...] pays de lagunes et de marécages foulé par les embruns » (MTR 1285). Les ressemblances entre la Vendée, décor de l'entrée en scène de Prélat dans la vie de Gilles, et la Prusse Orientale, cadre de l'enfoncement de Tiffauges dans la terre à la fin du roman, sont évidentes.

29   Le narrateur se livre à toute une comparaison entre la France et l'Allemagne, en précisant ce que Tiffauges « *était venu chercher si loin vers le nord-est : sous la lumière hyperboréenne froide et pénétrante tous les symboles brillaient d'un éclat inégalé** » (MTR 250).

par cette terre était « à lui seul destiné » (MTR 338)[30]. Force est cependant de constater que la place exceptionnelle dans ce monde en pleine ébullition que croit occuper Tiffauges et le caractère surnaturel qu'il désire se conférer ne lui permettent d'interpréter que difficilement et imparfaitement tous ces signes. La myopie[31], la vue courte dont souffre Tiffauges sur le plan physique, se double en effet d'un manque de perspicacité au niveau mental. Malgré l'intimité et la confidentialité[32] des échanges avec le comte de Kaltenborn, l'explication des symboles donnée par celui-ci ne semble pas éclairer Tiffauges dans sa recherche de l'interprétation des signes. Pourtant le « *Kommandeur** » a parfaitement compris la nature et les intérêts de Tiffauges, qu'il appelle « un lecteur de signes » et « un homme marqué par le destin ». Si les propos tenus par Herbert von Kaltenborn recoupent même parfois textuellement les écrits de Tiffauges (« [t]out est dans les symboles ») (MTR 460), ils font preuve aussi d'une volonté et d'une disponibilité de faire avancer et d'instruire Tiffauges :

> Jusqu'ici vous avez découvert des signes sur les choses, comme les lettres et les chiffres qu'on lit sur une borne. Ce n'est que la forme faible de l'existence symbolique. Mais n'allez pas croire que les signes soient toujours d'inoffensives et faibles abstractions. Les signes sont forts, Tiffauges, ce sont eux qui vous ont amené ici. Les signes sont irritables. Le symbole bafoué devient diabole[33].
>
> MTR 460

En évoquant l'Apocalypse de Saint Jean, le Kommandeur apprend à Tiffauges que la fin du monde approche :

---

30   L'ogre qui se nourrit de viande rouge crue et qui creuse la terre à la recherche de signes est exemplaire pour la concrétisation du concept nazi de *Blut und Boden*. Voir aussi MTR 437 et le chapitre « Les Tourbières » dans l'étude de Jonathan Krell, *Tournier élémentaire*, West Lafayette, Indiana, Purdue University Press, 1994, p. 66-70.

31   Il n'est pas précisé dans le roman si Tiffauges souffre aussi d'un strabisme. Toujours est-il que John Malkovich, qui joue le rôle de Tiffauges dans le film tiré du roman, présente bel et bien une coquetterie dans l'œil. Il est tentant de mettre la myopie et l'éventuel strabisme de Tiffauges en rapport avec le sens de *louche* synonyme de *sinistre* retenu comme qualificatif pour son journal « *Écrits sinistres** ». Notons aussi que le terme médical de *phorie* désigne une forme de strabisme et que la myopie de Tiffauges est compensée par le développement des autres sens, l'ouïe, l'odorat, le goût et le toucher.

32   Cependant Tiffauges, qui « ne lui (= le comte de Kaltenborn) avait rien révélé de sa race ogresse, ni de la complicité qui l'unissait au destin », se déclare avide « d'en apprendre davantage » (MTR 459).

33   Il s'agit ici d'un néologisme qui combine « symbole » et « diable ».

Et tout cela (= les scènes décrites dans l'Apocalypse) est symbole, tout cela est chiffre[34], indiscutablement. Mais ne cherchez pas à comprendre, c'est-à-dire à trouver pour chaque signe la chose à laquelle il renvoie. Car ces symboles sont diaboles : ils ne symbolisent plus rien. Et de leur saturation naît la fin du monde.

MTR 461

Vous aimez la Prusse, monsieur Tiffauges, parce que sous la lumière hyperboréenne, dites-vous, les signes brillent d'un éclat incomparable. Mais vous ne voyez pas encore où mène cette prolifération redoutable de symboles. Dans le ciel saturé de figures se prépare un orage qui aura la violence d'une apocalypse, et qui nous engloutira tous !

MTR 463

Jonathan Krell a analysé ce concept de « diabole ». Pour lui, « [u]n diabole est l'inversion maligne d'un symbole. Le propre d'un symbole est sa polysémie : il possède à un premier niveau un sens manifeste, et à un second niveau des sens latents, cachés. [...] Le diabole est le symbole vidé de son sens caché, un symbolisant sans symbolisé »[35].

Tiffauges donne l'impression de ne rien comprendre de ce discours du comte de Kaltenborn, il n'en tire aucune leçon, dans l'immédiat du moins. Pour qu'il le fasse enfin, il lui faudra la rencontre avec un enfant, enfant victime précisément de cette Allemagne nazie maligne et destructive. C'est en effet seulement vers la fin du roman que Tiffauges y *voit* plus clair en *écoutant* « de toutes ses oreilles » (MTR 505) Ephraïm, qui lui ouvre les yeux de ses *lumières*. Ainsi ce ne sont pas les adultes, mais trois enfants qui déterminent la vie et la mort de Tiffauges : après Nestor au début du roman, c'est Martine, la fillette qui prétend avoir été violée par Tiffauges. Étant donné la sincérité manifeste de Nestor et d'Éphraïm ainsi que la franchise générale attribuée aux enfants dans l'œuvre de Tournier, on serait tenté de reconnaître la véracité de l'accusation de Martine et donc de conclure à la culpabilité de Tiffauges dans cette affaire de viol où plane toujours le doute. En tout cas, la mystification et par là la manipulation du lecteur par Tiffauges narrateur bat son plein dans cet épisode. C'est en effet Ephraïm, « [L']enfant Porte-Étoile » (MTR 504), qui lui révèle, seulement à la fin du roman, « dans un yiddish mêlé de mots hébreux, lituaniens

---

34   Notons l'étymologie du mot *chiffre* qui remonte à l'arabe *sifr* dont le sens est *vide* ou *zéro*. Voir à ce sujet Pedro Pardo Jiménez, « Portrait de lecteur en ogre. Sur un passage de 'Le Roi des aulnes' », *Cédille revista des estudios franceses*, N° 12, avril 2016, p. 327-337.
35   Jonathan Krell, *Michel Tournier*, op. cit., p. 188-189.

et polonais » les horreurs des camps de concentration, « monde souterrain sans rapports – autres qu'accidentels – avec le monde superficiel des vivants » situé « sous cette Allemagne, tout entière exaltée et polarisée par la guerre » (MTR 505). Il est à noter que l'attrait du nazisme reposait pour une très grande partie sur l'emploi voire l'exploitation des symboles que ses dirigeants puisaient de préférence dans l'histoire, la tradition, la légende, le rite et la cérémonie. Avec sa théorie sur « l'antiquité vertigineuse de [s]es origines » (MTR 191) et ses pratiques et habitudes rituelles particulières, du brame par exemple, Tiffauges s'inscrit directement dans cette même lignée.

Le monde de Tiffauges s'écroule « [en voyant] s'édifier un univers qui reflétait le sien avec une fidélité effrayante et qui en inversait tous les signes » (MTR 505). C'est ainsi que le thème des signes rejoint celui de l'inversion, qui est tout aussi récurrent dans le roman. Cette description de la double face de l'Allemagne s'apparente à celle utilisée à plusieurs reprises par Tiffauges pour définir la photographie. L'opposition entre le noir et le blanc, entre le négatif et le positif, l'un étant le reflet inversé de l'autre, parcourt tout le roman sinon toute l'œuvre de Tournier[36]. L'univers de Tiffauges se définit en effet aussi par le négatif : univers glacial, noir et boueux où Tiffauges, portant Éphraïm sur ses épaules, s'enfonce au sens propre et figuré. C'est l'échec de « [l']inversion bénigne [qui] consiste à retourner le sens des valeurs que l'inversion maligne a précédemment retourné » (MTR 257). La myopie de Tiffauges qui lui a interdit pendant toute sa vie de comprendre les signes et les symboles se résout dans le récit des expériences d'Éphraïm :

> Abreuvé d'horreur, Tiffauges voyait ainsi s'édifier impitoyablement, à travers les longues confessions d'Éphraïm, une Cité infernale qui répondait pierre par pierre à la Cité phorique dont il avait rêvé à Kaltenborn. Le Canada, le tissage des cheveux, les appels, les chiens dobermans, les recherches sur la gémellité et les densités atmosphériques, et surtout, surtout les fausses salles de douche, toutes ses inventions, toutes ses découvertes se reflétaient dans l'horrible miroir, inversées et portées à une incandescence d'enfer. Il lui restait encore à apprendre que les deux peuples sur lesquels s'acharnaient les S.S., et dont ils poursuivaient l'extinction, étaient les peuples juif et gitan. Ainsi, il retrouvait ici poussée à son paroxysme la haine millénaire des races sédentaires contre les races nomades. Juifs et gitans, peuples errants, fils d'Abel, ces frères dont il se sentait solidaire par le cœur et par l'âme, tombaient en masse à Auschwitz

---

36 Voir à ce sujet par exemple son *Gilles & Jeanne*.

sous les coups d'un Caïn botté, casqué et scientifiquement organisé. La déduction tiffaugéenne des camps de la mort était achevée.

MTR 509

Les signes « événementiels » et leur interprétation aboutissent ainsi à la désillusion, la désorientation[37] totale et à l'apocalypse. Nous verrons que les signes écrits vont dans le même sens, tout en ouvrant la voie à une interprétation qui double sinon dépasse celle qui s'impose à première vue.

3.2   *L'écriture, autant de signes à interpréter*

Il est difficile de déterminer la nature des hiéroglyphes qui se présentent à Tiffauges à trois reprises, deux fois dans son journal (MTR 193 et 274) et une fois dans la partie III du roman (MTR 350). C'est le deuxième fragment qui paraît le plus intéressant quant aux réflexions livrées par Tiffauges. Muni de son appareil photo, il observe les enfants qui jouent dans la cour de récréation du collège Sainte-Croix, à travers la grille. Il constate et répète que

> [...] tout est signe ici, comme ailleurs, davantage qu'ailleurs. Mais signe de quoi ? C'est mon éternelle question dans ce monde semé d'hiéroglyphes dont je n'ai pas la clé.
>
> MTR 274

Ces « hiéroglyphes » sont consignés par Tiffauges qui les prend en photo pour les étudier et analyser tranquillement chez lui plus tard, et ce toujours dans le même objectif d'y « découvr[ir] quelque chose » (MTR 274). Toute cette scène est remplie de comparaisons. Ainsi les grilles de la cour sont comparées à celles d'une cage et la « rafale de photos » des enfants à laquelle se livre Tiffauges est mise en rapport avec des balles tirées sur des bêtes par un chasseur[38]. Le caractère d'ogre est évoqué explicitement ici sous la plume de Tiffauges :

> Mettre des enfants en cage ... Mon âme ogresse y trouverait son compte. Mais il y a autre chose qui va plus loin qu'un simple jeu de mots. Toute grille est grille de déchiffrement, il n'est que de savoir l'appliquer.
>
> MTR 274

---

37   Cette désorientation est à prendre au pied de la lettre : elle explique pourquoi Tiffauges se laisse guider « sans discuter » (MTR 521) par Éphraïm à la fin du roman.
38   Le thème de la chasse est bien sûr inséparable de celui de l'ogre. Nous y reviendrons.

L'immobilisation des « hiéroglyphes » au moyen de la photographie[39] ne se compare-t-elle pas à la consignation des événements par l'écriture ? Appareil photo ou plume, tous deux ne servent-ils pas à essayer de surmonter la myopie et d'y voir plus clair ? Pour Tiffauges, mais aussi, indirectement, pour « son » lecteur ! Et tout comme la pellicule sensible est indispensable à la photographie, le papier ou la page blanche l'est à l'écriture. C'est au sujet des jeux dans cette autre cour de récréation, celle du collège Saint-Christophe, que Tiffauges cite Nestor :

> Une cour de récréation, dit-il (= Nestor), c'est un espace clos qui laisse assez de jeu pour autoriser les jeux. Ce jeu est la page blanche où les jeux viennent s'inscrire comme autant de signes qui restent à déchiffrer. Mais la densité de l'atmosphère est inversement proportionnelle à l'espace qui l'enferme. Il faudrait voir ce qui se passerait si les murs se rapprochaient. Alors l'écriture se resserrerait. En serait-elle plus lisible ? À la limite on assisterait à des phénomènes de condensation. Quelle condensation ? Peut-être l'aquarium[40], et mieux encore les dortoirs, pourraient-ils fournir une réponse.
> MTR 229

Ce passage est à rapprocher d'un autre fragment du journal consacré à la vie du dortoir, encore un espace clos du collège Saint-Christophe. Tiffauges cite alors Nestor, qui, encore, « se parl[e] volontiers à lui-même » : « – Ici, disait-il, la concentration est extrême. Le jeu est réduit autant qu'il se peut. Le mouvement s'est figé en des attitudes qui varient certes, mais avec une lenteur infinie. N'importe, ce sont là autant de figures qu'il faudrait lire. Il doit y avoir un signe absolu alpha-oméga. Mais où le trouver ? » (MTR 239). « Densité », « resserrer », « condensation », « concentration », « réduire », tous ces termes convergent, dans le sens qui pourrait bien être celui de l'auteur à la recherche de la clef universelle et existentielle pour exprimer sa pensée en la couchant sur papier. C'est aussi en évoquant le legs de Nestor que Tiffauges témoigne de ce rapport indissociable entre papier et écriture en « regard[ant] [s]a main courir sur le papier, [s]a main gauche tracer les lettres successives de cet écrit 'sinistre'[41] » (MTR 216). À son arrivée à la napola[42] de Kaltenborn, Tiffauges

---

39   La photographie, on l'a vu, s'inscrit aussi dans la thématique de l'inversion, l'image positive étant consignée sous sa forme négative.
40   L'aquarium est le jardin clos par les galeries du cloître Saint-Christophe qui sert de cour de récréation. Ce lieu est décrit aussi par Tiffauges comme « prison verte » (MTR 209).
41   Entre guillemets dans le texte.
42   Napola = Nationalpolitische Erziehungsanstalt.

est confronté à une variante de ce support du papier à l'écriture, à savoir les « murs [qui] parlaient et criaient en devises et en aphorismes, chantaient en drapeaux et oriflammes, comme si ce fût à eux seuls que fût dévolue la faculté de penser » (MTR 403).

Dans ce même registre s'inscrit le curieux fragment où il est question d'un homme qui se met en tête d'incendier[43] des lieux publics afin de détruire tous les dossiers personnels et officiels. Dans cette anecdote appelée « apologue » par Tiffauges (MTR 223), fable qui se présente cependant comme un conte[44] car il commence par « Il était une fois […] », les hommes privés de leurs papiers « se métamorphos[ent] en bêtes » (MTR 223). Cette privation de papiers d'identité qui déshumanise peut se lire comme une métaphore : l'homme a besoin de papier afin d'exister, comme l'écrivain a besoin de papier pour écrire et le lecteur pour lire « parce que *l'âme humaine est en papier** » (MTR 223)[45].

À la vérité, la terminologie utilisée dans le roman pour comprendre et interpréter les signes, écrits ou autres, est souvent basée sur l'écriture, mais aussi sur son complément, la lecture. Ainsi Tiffauges, dans lequel le comte de Kaltenborn dit avoir reconnu « un lecteur de signes » (MTR 460), écrit dans son journal qu'il a repris dans la partie V du roman :

> […] je me trouve ici (= en Allemagne) constamment confronté à une *réalité signifiante** presque toujours claire et distincte, ou alors quand elle devient difficile à lire, c'est qu'elle s'approfondit et gagne en richesse ce qu'elle perd en évidence.
>
> MTR 421

Nous sommes d'avis que cette réflexion s'applique à tout le roman, qui lui aussi est « clair et distinct » ou encore « éviden[t] » par endroits, mais qui présente également des éléments moins limpides et moins explicites qui n'en sont que plus profonds et plus riches. C'est en répondant à cet appel de double voire multiple lecture que nous analyserons l'onomastique dans le roman, les noms propres présentant des signes évidents et moins évidents à interpréter et à intégrer dans la compréhension globale du roman.

---

43   Des incendies, toujours des incendies ! Voir au sujet du rôle du feu dans l'œuvre de Tournier : Jonathan F. Krell, *Tournier élémentaire*, op. cit., p. 16-22, 118-126.

44   C'est le terme utilisé par Tournier pour appeler cette histoire. Voir Arlette Bouloumié, « Rencontre avec Michel Tournier », *Europe*, Juin 1, 1989, p. 151.

45   Notons aussi qu'à l'inverse le passage de la tradition orale, domaine privilégié du conte, à la tradition écrite correspond à l'*humanisation* dans le sens où, avec l'écrit, le féerique et le mythique perdent du terrain au niveau *bestial* au profit du réel et du vraisemblable.

4 L'onomastique

Dans *Je m'avance masqué* Tournier exprime à plusieurs reprises l'importance des noms propres et de leur signification pour lui. D'abord au sujet des pseudonymes et des noms juifs :

> Oui, j'ai pensé à un pseudonyme en inversant mon nom et en supprimant le *u*. Cela donnait Edward Reinrot, un nom juif allemand qui signifie « rouge pur »[46].
>
> [Les juifs] ont pris les meilleurs noms : Gut, Reich, Blum, Rose, Freud, Stein, Gold. Les juifs ont des noms extraordinaires. Gutmann : l'homme du bien. Pas mal ![47]

Pour Tournier « les meilleurs noms » sont sans doute ceux qui sont sémantiquement les plus chargés, la série de ces sept (!) patronymes ainsi que la traduction du nom de « Gutmann » en témoignent. Ensuite, il montre aussi son émerveillement devant la beauté des noms et sa conscience de l'influence qui en dépend :

> Il y a des gens qui n'auraient pu faire la carrière qu'ils ont faite s'ils avaient conservé leur nom. Pensez à Fred Astaire. Jamais il n'aurait pu mener sa carrière [...] s'il était resté Frederick Austerlitz. [...] Et le Caravage, un nom merveilleux ! Que ne donnerais-je pour le porter ! [...] C'est autre chose que Tournier ![48]
>
> Le prénom de Goethe et de Mozart, Wolfgang, m'a toujours intrigué. J'ai découvert qu'il signifie « le pas du loup ». Or nous allions aux Concerts Pasdeloup, du nom de son chef, qui était la traduction française du prénom de Mozart ![49]

---

46   Michel Tournier, *Je m'avance masqué*, op. cit., p. 109. Voir aussi nos remarques *infra* sur le nom de Reinroth.
47   *Ibid.*, p. 81.
48   *Ibid.*, p. 109. Voir aussi nos remarques *infra* sur les noms allemands. Dans un article paru dans Le Point le 21 décembre 2006 sous le titre *Pourquoi je n'ai pas changé de nom*, Michel Tournier s'explique sur le phénomène des pseudonymes. Relevons notamment celui du mystique Angelus Choiselus (Choisel étant le nom du village où il habite). Signalons aussi que le nom de Tournier et, par paronomase, le verbe « tourner » s'inscrivent dans le même champ sémantique que celui de l'inversion, au niveau thématique et anagrammatique.
49   *Ibid.*, p. 193. Cet orchestre symphonique a été fondé en 1861 par Jules Pasdeloup. Notons aussi que Tournier se montre extrêmement sensible à ce type de coïncidences. Voir nos remarques *infra* sur Kaltenborn / Kaltenbronn et Abel Tiffauges / Philippe Janssen, comme celles sur les dates d'événements ou d'anniversaires qui coïncident. Néanmoins

Le nombre de noms propres dans *Le Roi des aulnes* est élevé et se compose de prénoms, patronymes, surnoms et noms géographiques. David Bevan[50] associe le déchiffrement de certains mots et noms dans l'œuvre de Tournier au sens de l'humour de celui-ci : « Un clin d'œil comique n'est jamais très loin chez un auteur qui est naturellement débordant d'humour. Mais combien subtils et fugitifs parfois sont certains 'mots' qu'il faut essayer de saisir au vol ». Il convient de reconnaître que beaucoup de noms tourniériens sont bien éloquents : Abel Tiffauges, Alexandre Surin, Raphaël Bidoche, Bodruche, Logre, Tupik[51], Lucien Gagneron[52], Thomas Koussek, Véronique[53], Étienne Milan[54], Frédéric Durâteau, Tristan Vox[55], Henri Durieu[56], etc., montrant ainsi la nette prédilection de Tournier pour des noms forgés et porteurs de sens. Jean-Luc Mercié[57] indique « [qu']il semble que Tournier ait emprunté deux procédés à Flaubert : le jeu onomastique et la mise en scène d'expressions lexicalisées ». Pour Mercié « [l]e nom propre, sémantiquement surchargé, est à double, voire à triple entente ». Thierry Miguet[58] présente quelques exemples assez surprenants de l'onomastique tourniérienne qui porte sur le A et le O inspirés par l'Alpha et l'Oméga. Dans cette même optique Jean-Bernard Vray[59] consacre un chapitre fort intéressant à la multiple présence de la combinaison des lettres O et R dans l'œuvre de Tournier.

Tournier sait encore faire la part des choses au sujet du phénomène de la coïncidence. Ainsi il note dans son *Journal extime* : « L'illusion de la coïncidence. Cette notion ne résiste pas en effet à l'examen le plus superficiel. Je m'aperçois qu'assis dans le métro, j'ai à côté de moi un monsieur qui s'appelle Michel Tournier. Je m'émerveille de la coïncidence. J'ai tort, car pour m'émerveiller il faut que j'oublie les millions de cas où mon voisin de métro s'est appelé Dupont ou Durand. » (p. 182).

50   David Bevan, *Michel Tournier*, op. cit., p. 57-62 et 64-65.
51   Tupik ≈ tu piques, en référence à la barbe de son père rébarbatif. Mais Tournier savait-il que « pik » signifie « bite » en néerlandais quand il a choisi le nom de Tupik pour ce personnage qui procède à sa castration ?
52   Gagneron ≈ Gag-Néron, Lucien exécutant une parodie d'empereur romain au cirque.
53   Veronique ≈ vera icon.
54   Double connotation : Milan, centre de mode avec ses mannequins (objets d'Étienne photographe), et mille ans, l'intemporalité du cliché.
55   Tristan Vox ≈ « spiqueur » à la radio.
56   Henri Durieu ≈ opposition « Dieu – rien », anagramme signalée par Cornelia Klettke, « La Musique dans l'esthétique de la 'mythécriture' de Michel Tournier : une musique textuelle de la séduction », *Revue des sciences humaines*, 1993-4, N° 232, p. 47-61.
57   Jean-Luc Mercié, « L'Ogre de Gif (Tournier photographe) », *Images et Signes de Michel Tournier*, op. cit., p. 252-254.
58   Thierry Miguet, « L'Argument ontologique comme 'monstrance' », *Images et Signes de Michel Tournier*, op. cit., p. 179-182.
59   Jean-Bernard Vray, *Michel Tournier et l'écriture seconde*, op. cit., p. 385-389.

Comme plusieurs autres critiques, Liesbeth Korthals Altes[60] a signalé cette propension de Tournier pour les jeux de mots, dont fait partie bien entendu le jeu onomastique. Pour notre part l'exemple le plus caractéristique et le plus évident de ce penchant de Tournier dans *Le Roi des aulnes* est le jeu de mots sur les *forts** et les *phores** des Halles. Ce jeu de mots est encore doublé par un jeu sur le jugement de valeur orthographique : « Le fort est la forme vulgaire du phore », comme si l'écriture avec « ph » était donc la forme plus noble (MTR 264). L'auteur épuise toutes les expressions possibles se rapportant à la *phorie*, thème principal du roman : *euphorie, paraphorie, superphorie, astrophorie*. Sans compter les innombrables apparitions de combinaisons avec le verbe *porter*[61]. L'euphorie ressentie et exprimée par Tiffauges quand il *porte un enfant* est un jeu de mots qui sous-tend tout le roman : cette expression est à prendre littéralement, avec tous les enfants portés par Tiffauges dans le roman, à commencer par son aide garagiste Jeannot (MTR 261)[62]. Mais elle doit être comprise aussi dans le sens de la femme qui porte, en elle, un enfant pendant sa grossesse, le côté maternel de Tiffauges étant ainsi suggéré par l'ambiguïté du jeu de mots[63].

Tournier affirme son amour du calembour : « [...] je crois en la profondeur voilée d'ironie du calembour. Sahara – Canada. Ces deux mots de six lettres dont trois *a* placés aux mêmes points sont d'une saisissante analogie »[64]. David Platten relève lui aussi le goût de Tournier pour le jeu de mots, leurs effets et utilité[65] :

---

60 Liesbeth Korthals Altes, *Le Salut par la fiction ?*, op. cit., p. 155.
61 Tournier s'en explique dans *Le Vent Paraclet*, en jouant encore sur les mots : « Qui porte l'enfant l'emporte. Qui le sert humblement le serre criminellement » (MTR 1397). Voir aussi nos remarques *infra* sur Saint-Christophe et Porte-des-Ternes. Sans entrer dans les détails, le rapport entre *Le Vent Paraclet* et l'œuvre de Tournier se prête à être comparé à celui entre *Comment j'ai écrit certains de mes Livres* et l'œuvre de Raymond Roussel.
62 Datant de trois jours plus tard, la réapparition dans le roman du mot *euphorie* est relatée à cet événement (MTR 262).
63 Le cadre du présent chapitre ne permet pas d'entrer dans le sujet du caractère maternel (ou androgyne) de Tiffauges. Contentons-nous d'évoquer la dernière partie du roman où Tiffauges recueille Éphraïm et s'en occupe comme une mère.
64 Michel Tournier, « L'espace canadien », op. cit., p. 52. On a du mal à comprendre l'affirmation de Robert Sabatier, ami de Tournier, selon laquelle « [celui-ci] déteste les calembours et la forme d'humour joyeuse et blagueuse qui est la mienne » (Michel Tournier, *Je m'avance masqué*, op. cit., p. 216).
65 Cette utilité n'est pas que littéraire : dans une lettre adressée à Gérard Depardieu Tournier tente de convaincre l'acteur à jouer le rôle principal de son roman en écrivant « [c]e film est le film le plus *depardivin* qui soit » (Arlette Bouloumié, *Modernité de Michel Tournier*, op. cit., p. 187).

[...] the pun is eulogized because it brings to the fore two different meanings at the same time and not because its casts doubt on one or both of the meanings expressed or on the integrity of language as a vehicle of communication. The pun is thus seen as a figure which amplifies knowledge rather than fractures meaning[66].

En s'appuyant sur Arlette Bouloumié[67], Korthals Altes[68] évoque le rapport entre le calembour et la fugue, dont la structure est sous-jacente à la composition du *Roi des aulnes*, comme à celle des mythes. Dans ce contexte elle cite Claude Lévi-Strauss, qui compare musique et mythe pour constater que, comme la fugue notamment, les mythes se composent « [d]'images qui s'inversent de positives en négatives, se retournent de droite à gauche ou de haut en bas ; transformations qui rappellent le mécanisme du calembour [et dont la] seule limite [est] ce qu'[...] on pourrait appeler l[eur] 'capacité anagrammatique' »[69]. Tournier souligne lui-même son admiration sans limite de l'*Art de la fugue* de Jean-Sébastien Bach, qu'il déclare « [l']œuvre musicale la plus riche, la plus rigoureuse, la plus touchante qui fut jamais conçue de tête humaine et réalisée de main humaine, l'idéal insurpassable de toute création [...] »[70]. Qui plus est, il rappelle le jeu anagrammatique auquel s'est livré Bach au niveau des lettres de son nom et de l'annotation de sa composition BWV 1080, réalisant ainsi par sa signature musicale une fusion totale entre patronyme et création. En d'autres termes, anagrammatiquement le nom de Bach et le thème de sa musique sont indissociables, de manière intrinsèque bien entendu :

Dans la onzième fugue nous sommes avertis de l'approche du dénouement par l'apparition d'un thème dont les notes (*si* bémol, *la, do, si* bécarre) correspondent selon la notation allemande aux quatre lettres du nom BACH. Le dénouement en effet, car l'homme vient d'être dévoré par son œuvre, et cet ultime sacrifice ne peut être dépassé. Le thème BACH est

---

66   David Platten, *Michel Tournier and the Metaphor of Fiction*, op. cit., p. x, préface.
67   Arlette Bouloumié, *Michel Tournier*, op. cit., p. 73-81, et Michel Tournier, *Je m'avance masqué*, op. cit., p. 246.
68   Liesbeth Korthals Altes, *Le Salut par la fiction ?*, op. cit., p. 155.
69   Claude Lévi-Strauss, *L'Homme nu*, Plon, 1971, p. 581. Nous reviendrons *in extenso* sur le rôle de l'anagramme dans *Le Roi des aulnes*.
70   *Le Vent Paraclet*, MTR 1399. Voir aussi Cornelia Klettke, « La Musique dans l'esthétique de la 'mythécriture' de Michel Tournier : une musique textuelle de la séduction », op. cit., p. 47-66 ; David Gasgoigne, *Michel Tournier*, op. cit., p. 12-14 et 207, et Arlette Bouloumié dans Michel Tournier, *Je m'avance masqué*, op. cit., p. 246.

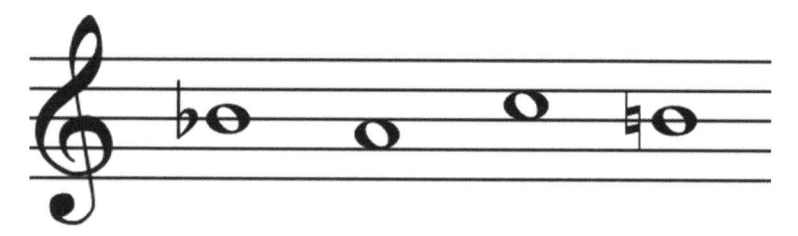

ILLUSTRATION 4.1   Le motif Bach

repris en contre-sujet dans la quinzième fugue, inachevée celle-là, dont le manuscrit porte ces mots écrits de la main de Carl-Philippe-Emanuel Bach *Le compositeur a été trouvé mort sur cette fugue où le nom de BACH apparaît en contre-sujet**.

Le Vent Paraclet, MTR 1400

L'émerveillement de Tournier devant la structuration de l'œuvre musicale de Bach et le mécanisme anagrammatique de celui-ci pour y confondre son patronyme en dit long sur sa conception de l'onomastique *significative*. Susan Petit[71] avance l'hypothèse de la structuration du *Roi des aulnes* sur ce même principe de la fugue où se reconnaîtraient successivement les huit thèmes[72] du roman, chacun commençant par les lettres formant le nom de TOURNIER :

> Tiffauges Ogre Unhold Rominten Napola Inversion Ephraïm Roi des aulnes[73]

L'intérêt de Tournier pour (l'étymologie de) l'onomastique est établi et confirmé par la plupart des tourniérologues. Voici un rapide aperçu de leurs recherches et quelques conclusions fort intéressantes qu'ils ont pu en tirer.

David Gascoigne se livre à une analyse détaillée de plusieurs romans de Tournier où apparaît son prénom Michel[74]. Dans son *Michel Tournier*[75],

---

71   Susan Petit, « Fugal Structure, Nestorianism, and St. Christopher in Michel Tournier's 'Le Roi des aulnes' », *A Forum on Fiction*, Vol. 19, N° 3 (Spring, 1986), Duke University Press, p. 232-233.
72   Notons cependant qu'il n'est question que de six chapitres dans la structure formelle du roman et que leurs titres ne correspondent en rien à la structuration avancée par Susan Petit.
73   Le « R » pourrait représenter également la rédemption, *ibid.*, p. 243-245.
74   David Gascoigne, *Michel Tournier*, op. cit., p. 207-213. Il titre son épilogue : « Tournier's Signature ».
75   Arlette Bouloumié, *Michel Tournier*, op. cit., p. 41-54.

Bouloumié consacre un chapitre (« Mythe et Nom ») très intéressant à ce qu'elle appelle « l'art de nommer les personnages ». Elle constate que Tournier a une approche « biblique » de l'onomastique :

> Pour Michel Tournier, grand lecteur de *la Bible*, nommer, c'est appeler à l'existence. Le nom est essence, principe d'existence, il engendre l'être ou l'objet qu'il désigne. [...] Michel Tournier redonne au nom sa dimension sacrée.

Bouloumié souligne le rôle de l'étymologie[76] qui peut résoudre le caractère arbitraire entre le nom et la personne, « comme si le nom pouvait fonder un sens ». D'autre part elle avance le procédé de la réminiscence[77], le « nom actualis[ant] un souvenir ». Bouloumié[78] donne les noms de Tiffauges et de Barbe-Bleue comme exemples de cette réminiscence, « clin[s] d'œil au lecteur averti ». En d'autres termes, en exploitant ces deux principes, celui de l'étymologie et celui de la réminiscence, Tournier s'efforce d'établir une relation de compréhension et de reconnaissance entre les noms et les personnes : « il attribue [au nom] la tâche d'exprimer l'essence d'un personnage qu'il identifie »[79].

Ce principe de l'onomastique est également signalé par Mariska Koopman-Thurlings[80], qui utilise le terme d'« emblématique » pour caractériser le choix des noms par Tournier, qui ainsi « renoue avec l'ancienne tradition littéraire ». Sa réflexion sur le nom de Tiffauges est trop intéressante pour ne pas la citer in extenso :

> [...] Tiffauges [...] connaît la double articulation du réel et de l'irréel. Il appartient au monde de la réalité par sa profession de garagiste et ses occupations quotidiennes, mais il s'inscrit dans un réseau légendaire par son nom ambigu, qui réunit la vocation de victime aussi bien que celle de bourreau. Le nom d'Abel réfère à la victime du fratricide primordial,

---

76   Voir aussi Mariska Koopman-Thurlings, *Vers un autre fantastique*, op. cit., p. 185-188.
77   Ce procédé de la réminiscence est expliqué également par Arlette Bouloumié dans « La Séduction de la réécriture chez Michel Tournier : Réminiscence, ambivalence, jeux d'échos et de miroir », *Revue des sciences humaines*, 1993-4, N° 232, p. 9-20. On peut se demander si le plagiat, dont la présence dans l'œuvre de Tournier est reconnue voire revendiquée par lui-même, n'est pas la forme extrême de l'intertextualité en tant que réminiscence littéraire.
78   Bouloumié, *Michel Tournier*, op. cit., p. 44.
79   *Ibid.*, p. 54.
80   Mariska Koopman-Thurlings, *Vers un autre fantastique*, op. cit., p. 201.

et le nom de Tiffauges évoque le personnage de Gilles de Rais, qui aurait[81] violé et tué de nombreux enfants[82].

Pour W. D. Redfern[83] « [w]ordplay serves both mystification and myth-making or, more strictly remaking ». Il constate que beaucoup de mythes sont fondés sur un jeu étymologique, notamment avec des noms. Cependant, l'étymologie ne se limite pas à la seule onomastique, elle est à la base du jeu de mots en général chez Tournier, pour qui « l'approche de l'absolu se signale par le rire »[84].

Ce qui frappe, c'est que Tiffauges ou le narrateur explique parfois les noms dans le détail et parfois non. Il est donc question dans le roman de noms « clair[s] et distinct[s] » (MTR 421), relevés souvent aussi aisément par la critique, qu'il convient de rappeler ici non pas tant par souci d'intégralité que par la constatation que le dernier mot n'a pas été dit sur certains de ces noms « évidents ». Et il y a donc aussi des noms « difficile[s] à lire », noms qui sont autrement plus intéressants car ils font « approfondi[r] et gagne[r] en richesse » le roman, pour reprendre la parole de Tiffauges (MTR 421).

4.1 De l'onomastique explicitée ou plutôt évidente vers les noms « difficiles à lire »[85]

Dès la deuxième page du roman le protagoniste se présente : « Je m'appelle Abel Tiffauges, je tiens un garage place de la Porte-des-Ternes [...] » (MTR 192). L'origine du prénom Abel[86], dont le caractère de nomade est expliqué par le protagoniste lui-même, lui va à merveille, tout comme le patronyme Tiffauges. C'est au Professor Doktor Otto Blättchen[87] qu'incombe l'honneur de déchiffrer

---

81   Étant donné que les crimes commis par Gilles de Rais ont été prouvés pendant son procès et suivis de verdict (la pendaison suivie par le bûcher), il n'est pas lieu de l'utilisation du conditionnel qui sème le doute sur le caractère réel des faits.
82   *Ibid.*, p. 202.
83   Redfern, W. D., « Approximating Man : Michel Tournier and Play in Language », *Modern Language Review*, Vol. 80, N° 2 (Apr., 1985), p. 304-319.
84   Michel Tournier, *Le Vent Paraclet*, op. cit., MTR 1415. Tournier consacre le passage en question à l'influence de Gaston Bachelard sur lui, et notamment de la découverte de l'importance du rire.
85   Force est de reconnaître que cette transparence onomastique varie selon les (connaissances et efforts des) lecteurs.
86   Voir MTR 217, 227 et surtout 437. Jonathan Krell, *Tournier élémentaire*, op. cit., consacre un chapitre très intéressant à l'opposition entre le sédentarisme et le nomadisme et leur rôle dans l'œuvre de Tournier (p. 26-31, 103-104). Pour les références bibliques d'Abel, voir David Gascoigne, *Michel Tournier*, op. cit., p. 106-108, et Serge Koster, *Michel Tournier*, Paris, Éditions Julliard, 1995, p. 136-138.
87   Voir aussi *infra* nos remarques sur les patronymes allemands. Dans *Le Salut par la fiction ?*, op. cit., p. 85, Liesbeth Korthals Altes, relève aussi les noms *significatifs* des autres

ce nom. De par l'ironie le double titre de ce scientifique de la race prête à rire, d'autant plus que le mot allemand Blättchen signifie en français *petite feuille (de papier)*. Il rapproche le nom de Tiffauges de l'allemand « *Tiefauge**, c'est l'œil profond, l'œil enfoncé dans l'orbite »[88] (MTR 422), mot qui correspond parfaitement à la physionomie de Tiffauges. Avec l'emploi du mot « sobriquet » il fâche Tiffauges, qui se retient pour exploser cependant plus tard quand Blättchen se permet de faire encore un autre jeu de mots sur son patronyme en l'appelant « Herr **Triefauge** », jouant ainsi sur l'« œil malade », la myopie de Tiffauges. C'est un des rares moments où Tiffauges se fâche et devient menaçant. Ses yeux qui « ont rempli leurs orbites au point de saillir au-dehors » (MTR 423) font penser au dessin de l'ogre fait par Gustave Doré pour illustrer *Le Petit Poucet*. Jean-Bernard Vray[89] n'exclut pas une forme de rivalité entre Blättchen et Tiffauges, les deux se livrant à des expériences, criminelles pour l'un et perverses pour l'autre. Plus loin Vray constate que « Blättchen et Tiffauges pratiquent tous les deux l'analyse anatomique »[90].

« Tiefauge » et « Triefauge » : deux jeux de mots par l'intermédiaire de l'allemand, dont la connaissance approfondie acquise par Tiffauges en quelques années seulement est aussi surprenante qu'invraisemblable. À moins que l'on y voie l'effet du surdéveloppement de son ouïe.

---

professeurs allemands, Keil (= « goupille ») et Heck (= « enclos, haie »). Ajoutons encore celui du professeur Essig (= « vinaigre »).

88 Dans son article consacré à Tournier et Jonathan Littell (*Les Bienveillantes*, Collection « Folio » No. 4685, Paris, Gallimard, 2006), Luc Rasson écrit au sujet des noms des deux protagonistes de leur roman : « Et s'il est licite de voir dans le nom de Aue une déformation du mot allemand *Auge*, le nom du protagoniste de Tournier est, lui, germanisé en *Tiefauge* [...], un nom de famille que le personnage des *Bienveillantes* aurait très bien pu porter ». Luc Rasson, « De Tiffauges à Aue », *Mémoires occupées*, Marc Dambre éd., Paris, Presses Sorbonne Nouvelle, 2013, p. 119-128. http://www.openedition.org/6540.

89 Jean-Bernard Vray, *Michel Tournier et l'écriture seconde*, op. cit., p. 141 et 183.

90 La sélection des enfants pratiquée par Blättchen et Tiffauges ressemble au tri des garçons auquel se livre Gilles de Rais dans *Gilles & Jeanne* lors de sa fondation de la collégiale dédiée aux Saints Innocents (MTR 1261-1262). La description de cette collégiale, avec des « cérémonies et [d]es processus à travers la campagne [qui] étalaient une pompe qui médusait les témoins » (MTR 1262), peut être considérée comme la version religieuse mais tout aussi néfaste et funeste du faste profane des manifestations nazies, organisées dans l'objectif d'envoûter les masses. Même type de sélection réalisée par Gilles quand il s'agit de choisir l'acteur pour le rôle de Jeanne d'Arc dans *Le Mistère du siège d'Orléans*, joué en 1435 en commémoration de la prise de la ville six ans plus tôt (MTR 1278). Cette reprise de la thématique de la sélection des enfants dans *Gilles & Jeanne* se double de celles de la traque des enfants et des avertissements publics lancés par la population locale pour dénoncer la chasse suivie par le rapt pratiquée par Tiffauges et Gilles, qui se montrent aussi tous les deux pareillement attirés par les voix ou chorales des enfants. Voir MTR 1709, Notes sur *Gilles & Jeanne*.

ILLUSTRATION 4.2
Gustave Doré, *Le Petit Poucet*

Cependant il n'y a rien dans le roman sur cette autre allusion bien évidente : celle à Tiffauges, le nom du château de Gilles de Rais, qui peut être considéré comme archétype de l'ogre[91]. Pour Jean-Bernard Vray « Gilles de Rais est […] métonymiquement inclus dans Tiffauges par le choix de ce nom »[92]. L'explication du nom du cheval de Tiffauges ne fait pas non plus allusion à Gilles de Rais qui a servi de modèle pour le personnage mythique de Barbe-Bleue[93] :

> Un soir, l'Oberforstmeister revint de Trakehnen en menant au cul de sa charrette anglaise un hongre noir gigantesque, bosselé de muscles, chevelu et fessu comme une femme.
>
> […]
>
> Un matin que le cheval était touché par un rayon de soleil tombant à contre-jour, [Tiffauges] s'avisa que son poil d'un noir de jais présentait des moires bleutées en forme d'auréoles concentriques. Ce barbe était ainsi un barbe bleu, et le nom qu'il convenait de lui donner s'imposait de lui-même.
>
> MTR 388-389[94]

---

91   Voir Georges Bataille, *Le Procès de Gilles de Rais*, Paris, J. J. Pauvert, 1965. Notons aussi le palindrome formé par le patronyme de Gilles de **Laval**, sire de Rais.
92   Jean-Bernard Vray, *Michel Tournier et l'écriture seconde*, op. cit., p. 126.
93   Voir à ce sujet chapitre 5 sur *Gilles & Jeanne*.
94   Roland Villeneuve, *Gilles de Rays. Une grande figure diabolique*, Denoël, 1955, p. 46, cite l'ouvrage de Paul Lacroix, *Crimes étranges. Le maréchal de Rays*, Bruxelles et Leipzig, Kiessling, Schnée et Cie, 1855, au sujet de la physionomie et notamment la barbe de Gilles de Rais : « Cette barbe singulière qui ne ressemblait à aucune autre était noire, quoique les cheveux fussent blonds, mais elle prenait, sous certaines influences de lumière, des reflets presque bleuâtres, qui avaient fait donner au sire de Rays le surnom de Barbe-Bleue, surnom encore populaire en Bretagne où son histoire s'est métamorphosée en

On notera que Tiffauges féminise par la suite son « *barbe bleu** », à savoir le nom du type de cheval, en « Barbe-Bleue », montrant ainsi sa connaissance du conte de Perrault et réaffirmant par la même occasion sa sensibilité aux jeux de mots. L'apparition répétée du mot *hongre*[95] dans ce contexte confirme le rapprochement étymologique et anagrammatique avec *ogre* ainsi que le microgénitomorphisme de Tiffauges.

Tiffauges avoue sa propension pour le jeu avec les lettres au sujet du mot « *inspiration** » :

> Ici, je ne joue pas sur les mots. Il est logique qu'à ce niveau, le sens propre et le sens figuré se confondent, tout comme on ne doit jamais perdre de vue qu'esprit vient de *spiritus** dont le premier sens est *souffle**, *vent**.
> MTR 466

La première phrase de cette citation laisse entendre que le jeu sur les mots lui est familier ailleurs. Cette prédilection du jeune Tiffauges pour le jeu avec le double sens des mots et des lettres avait déjà apparu dans la scène du tatouage, défini comme « tracer profondément des signes sur la peau sans l'écorcher » (MTR 199), au collège Saint-Christophe, union du signe et de la chair. Les « énigmatiques initiales » de la formule « *A T pour la vie** » tatouée par Tiffauges sur la cuisse de Pelsenaire peuvent en effet avoir plusieurs significations : « *A toi pour la vie** », « **Abel Tiffauges** *pour la vie** » ou encore « **Athée** pour la vie » (MTR 199-200).

Pour Liesbeth Korthals Altes[96] cette scène montre que « déjà pour Tiffauges enfant l'écriture était le premier acte par lequel il cherchait à s'assujettir l'entourage qui l'opprime ». « *À toi pour la vie** » relève de la soumission, « *Abel Tiffauges pour la vie** » de la domination. La servitude de Tiffauges est à son comble lorsqu'il est obligé par Pelsenaire de lui lécher la blessure qu'il a au genou, communion avec la chair qui provoque des « frissons » et des « convulsions même » chez Tiffauges tombé malade pendant plusieurs jours (MTR 201-202)[97]. Korthals Altes met cette équivoque entre soumission et domi-

---

conte merveilleux et fantastique ». Tournier connaissait ce texte (voir MTR 1705), qui pourrait très bien être à la base de la description du changement de couleur du cheval de Tiffauges.

95   Le Petit Robert 2016 définit « hongre » comme « Châtré, parlant du cheval ». D'origine hongroise, les mots « hongre » et « ogre » sont étymologiquement apparentés (Jonathan Krell, *Tournier élémentaire*, op. cit., p. 92-93).

96   Liesbeth Korthals Altes, *Le Salut par la fiction ?*, op. cit., p. 59.

97   Cette scène se retrouve, avec moins de détails il est vrai, dans *Gilles & Jeanne*, où Gilles « s'incline et appuie longuement ses lèvres sur la plaie de Jeanne ». Gilles déclare : « J'ai

nation en rapport avec les Juifs à Auschwitz « marqués dans leur chair ». Le tatouage de Pelsenaire par Tiffauges semble aussi annoncer les signes de la chair dont il est question dans les fragments où les enfants sont sélectionnés en fonction de leurs caractéristiques aryennes à l'entrée dans les napolas.

Si cette scène montre bien avec quel soin Tournier a choisi le nom et même les initiales du protagoniste de son récit en cherchant à leur donner une motivation linguistique, il en est de même pour la « victime » de Tiffauges. Originaire du nord de la France, de la Belgique et des Pays-Bas, le patronyme de *Pelsenaire* est à mettre en rapport étymologique avec le nom professionnel de *pelseneer*, « celui qui travaille la peau » en moyen néerlandais, le verbe « pelsen » signifiant « travailler la peau ». Personnage impressionnant, il est présenté par Tiffauges dans son journal sous ce même aspect « cutané » : « Une bonne part de son prestige tenait à un ceinturon de cuir d'une largeur inouïe – j'ai appris plus tard qu'il avait été taillé dans une sous-ventrière de cheval » (MTR 198). Nous verrons plus loin qu'avec le choix des noms de quelques autres personnages du roman, l'auteur fait preuve de cette même application pour établir un rapport significatif entre patronyme et personnage en réduisant l'arbitraire entre les deux.

Le nom du collège Saint-Christophe est expliqué in extenso dans le journal de Tiffauges, qui termine ces pages avec les termes « géant Porte-Christ » (MTR 227). Par le choix de ce nom du collège Tournier détermine ainsi, de manière claire et nette, le cadre judéo-chrétien[98] de ce roman mythologique, tout en l'inscrivant dans le thème omniprésent de la *phorie*. En revanche, aucune explication pour la Porte-des-Ternes où se trouve le garage de Tiffauges. Pourtant il n'est pas moins éloquent : le thème phorique y apparaît textuellement. De plus, Tiffauges constate que son « métier de garagiste [le] replace sous le patronage du géant Porte-Christ … » (MTR 217) du fait qu'il « entretien[t] et répare cet instrument par excellence de la migration, l'automobile » (MTR 218). De toutes les Portes de Paris que l'auteur aurait pu choisir, il a bien sûr retenu la Porte-des-*Ternes* : le sens du mot *terne*[99] se rapproche de celui de *sinistre*

---

communié de ton sang. […] Je suis lié à toi pour toujours. Je te suivrai désormais où que tu ailles. Au ciel comme en enfer ! » (MTR 1254). Variante donc de « *A toi pour la vie** ». Voir aussi MTR 501-502.

98   Avec le déplacement de Tiffauges en Allemagne, le cadre parallèle germanique devient de plus en plus important.

99   L'adjectif « terne » dans le sens de « sans éclats, délavé, fade » correspond également aux photos ou images en noir et blanc de la période de la Seconde Guerre mondiale vues par les yeux du spectateur de l'époque après, qui s'est habitué aux clichés et aux vidéos en couleur. David G. Bevan, *Michel Tournier*, op. cit., p. 34, relève aussi le choix judicieux de ce toponyme.

et correspond le mieux à l'ambiance lugubre du roman et de son époque. Signalons dans ce contexte le nom de Cro*morne*, protagoniste du roman commencé et abandonné par Tournier en 1958[100]. Précurseur de Tiffauges, ce Cromorne est garagiste comme lui. Tournier a déclaré avoir choisi le nom de Cromorne, qui devait avoir un sens en allemand et en français, pour sa consonance belle et triste. En plus le nom de Cromorne est celui d'un instrument de musique, le Krummhorn en allemand. Tournier lui-même appelle *Les Plaisirs et les Pleurs d'Olivier Cromorne* « une prémonition du *Roi des aulnes*. Olivier Cromorne, c'est Abel Tiffauges avant la guerre », ou encore « une première mouture du *Roi des aulnes* »[101]. À Cromorne il a préféré cependant le nom de Tiffauges, jugé plus riche vu son rapport avec le château de Gilles de Rais et avec les mots allemands Tief Auge[102].

Les arguments qui sont à la base du choix de la Porte-des-Ternes à Paris se retrouvent encore dans celui de la banlieue parisienne de *Pantin* où se trouvent les origines de Phiphi, le plus jeune prisonnier de guerre de la baraque où est interné Tiffauges dans les environs de Moorhof[103] en Allemagne. « Personne comique ou ridicule par ces gesticulations excessives[104] » : le nom de « pantin » convient parfaitement à ce Phiphi « qui fatiguait tout le monde de ses calembours et de ses grimaces » (MTR 337). Quand on prend en considération que la caractéristique principale du calembour est le double sens, on est frappé par le procédé de dédoublement utilisé par le narrateur dans les passages consacrés à ce personnage malheureux. D'abord, bien sûr, dans le diminutif de son nom **Phiphi**, puis dans le double sens de « **Pantin** / **pantin** » et les multiples significations de « **grimaces** »[105]. Contrarié par ces camarades, Phiphi « s[e] défend par un feu d'artifice d'à-peu-près [...] ». Le premier terme de cette citation dédouble la feinte de la grimace, le second est synonyme de calembour.

---

100   Arlette Bouloumié en parle au sujet des manuscrits de Tournier dans la « Note sur la présente édition » qui figure dans Michel Tournier, *Romans*, op. cit., MTR LII-LIII.
101   Michel Tournier, *Je m'avance masqué*, Entretiens avec Michel Martin-Roland, Collection « Folio » n° 5685, Paris, Gallimard, 2011, p. 84-85, voir aussi p. 90 et 93. Arlette Bouloumié avance que « [l]e roman *Les Plaisirs et les Pleurs d'Olivier Cromorne* [...] était très noir. Les *Ecrits sinistres* qui en sont inspirés en gardent un souvenir atténué », (*ibid.*, p. 245).
102   Voir à ce sujet Arlette Bouloumié, « Germanic Variations on the Theme of Phoria in 'The Erl-King' », *Michel Tournier*, éd. Michael Worton, New York, Routledge, 2014, p. 127. Le nom de Cromorne a été retenu par Tournier pour réapparaître dans le conte *Tupik* dans *Le Coq de bruyère*.
103   Moorhof signifie « cour de marécage » et annonce ainsi la fin du roman.
104   Définition de « pantin » donnée par *Le Petit Robert* 2016.
105   « Grimace » : 1- « expression caricaturale du visage » ; 2- « attitude maussade de personne mécontente » ; 3- « mine affectée par feinte » et 4- « figure grotesque » (Source *Le Petit Robert* 2016).

Phiphi finit par se suicider pour des raisons qui restent inexpliquées, « on le retrouva mort, **p**en**d**u à un **p**oteau de l'en**c**ein**t**e avec sa **c**ein**t**ure » (MTR 345)[106]. Tout compte fait, le narrateur a recours dans ses descriptions de Phiphi à la même propension que celle qui caractérise Phiphi, ce qui nous amène à penser que Tournier pourrait très bien se moquer ici de lui-même, lui qui aime tout autant les jeux de mots et les calembours, sachant d'ailleurs et confirmant ainsi qu'ils ne sont pas forcément efficaces[107]. Le jeu langagier auquel se livre Tournier constitue une partie intégrante de son humour ou de son côté insolite, sans qu'il ne perde jamais de vue l'objectif qu'il cherche à atteindre et communiquer. Cette conception littéraire de Tournier a été très bien exposée par Susanna Alessandrelli :

> L'humoriste exploite de préférence l'ambiguïté des rapports entre signifiant et signifié, ou brouille délibérément les règles qui les régissent. Toutefois, chez Michel Tournier, les jeux avec le langage sont toujours loin d'être innocents et sont plutôt au service d'un usage subversif du message littéraire[108].

Tel qu'il nous est décrit, il semble qu'à la différence de Tournier, l'usage des calembours par Phiphi est gratuit et donc condamné à échouer[109]. Le rapprochement avec le concept du « diabole », qui est symbole vidé de sens, s'impose. Le suicide de Phiphi serait ainsi apparenté à l'autodestruction du régime nazi annoncée par le comte de Kaltenborn. À moins que la mort de Phiphi soit justifiée par le manque de respect voire la ridiculisation de la langue, allemande en l'occurrence, des mots et des noms :

---

106   Par ailleurs « **pen**du » dédouble aussi partiellement « **pan**tin », tandis que l'anagramme syllabique de « **pantin** », « **tympan** », pourrait se rapporter aux oreilles des interlocuteurs rabâchés par Phiphi et mis à l'épreuve par les « calembours » (MTR 337), le « déchaîne[ment] » et le « feu d'artifice » (MTR 345) de celui-ci.
107   Voir aussi à ce sujet W. D. Redfern, *Michel Tournier : 'Le Coq de bruyère'*, Madison – Teaneck : Fairleigh Dickinson University Press, Londres, Associated University Presses, 1996, p. 112-113.
108   Susanne Alessandrelli, « Michel Tournier : De l'ironie à l'humour, du roman au texte bref », *Modernité de Michel Tournier*, Rennes, Presses universitaires de Rennes, Coll. Interférences, 2013, p. 48.
109   Une certaine prudence s'impose ici. Avec *Le Pied de la lettre*, sous-titre *Trois cents mots propres*, Paris, Gallimard, collection « Folio » N° 2881, 1996, Tournier semble bien avoir voulu exprimer et concrétiser son amour pour les mots *en soi*. L'attirance pour lui des mots en « k » en est un bel exemple.

> Il s[e] défendit par un feu d'artifice d'à-peu-près où entraient pêle-mêle les noms des uns et des autres, ceux des rues et des bistrots de Pantin et les mots tudesques – grotesquement[110] francisés – qu'il avait glanés depuis le début de sa captivité.
>
> MTR 345

Tiffauges essaie de surmonter son désespoir moral en se livrant à la pratique du « ***brame**** », espèce de rite où « s'exhale tout l'ennui de vivre et toute l'angoisse de mourir » (MTR 227). Cette pratique, qui montre au plus fort sa folie, lui est venue par la lecture du roman *Le Piège d'or* de James Oliver Curwood que lui a prêté Nestor. Le héros de ce récit, qui se déroule au Canada, c'est **Bram** Johnson, « un colosse sauvage [pour qui] hurler avec les loups n'était pas une figure de style » (MTR 222). Par l'intermédiaire d'un jeu de mot avec le nom anglais du protagoniste de ce roman, « le cri de Bram » devient le « *brame** » de Tiffauges. Le brame des cerfs en rut est encore évoqué par Tiffauges quand il est question du magnétophone de Karl F., dont le fonctionnement au niveau du son se compare parfaitement à celui de l'appareil photo par rapport à l'image ou encore à celui de l'écriture par rapport au papier. Plus tard, depuis sa cabane appelée le « Canada » (MTR 346)[111], Tiffauges entend le brame *naturel* des cerfs, notamment celui de l'« *Unhold** », qui est « si profond qu'on aurait dit le rire d'un

---

110   Avec sa propension au grotesque, Tournier rapproche là encore de la conduite de Phiphi. Voir pour le rôle du grotesque chez Tournier : Liesbeth Korthals Altes, « Du grotesque dans l'œuvre de Michel Tournier », *Revue des sciences humaines*, 1993-4, N° 232, p. 77-91.

111   Nous ne reviendrons pas sur l'importance du Canada pour Tiffauges, celle-ci ayant été analysée de manière exhaustive et convaincante par Jean-Bernard Vray, *Michel Tournier et l'écriture seconde*, op. cit. Vray distingue trois phases dans le cycle canadien du *Roi des aulnes* (p. 34-41) et analyse le caractère mythique du Canada (p. 425-429). Voir aussi Regina Bergholz, « A Simonidean Tale. Commemoration and Coming to Terms with the Past : Michel Tournier's *Le Roi des aulnes* », *Journal of the Australasian Universities Language and Literature Association*, 2010 : 114, p. 111-131, David Bevan, *Michel Tournier*, op. cit., p. 25, et deux textes de David Platten, *Michel Tournier and the Metaphor of Fiction*, Liverpool University Press, Liverpool, 1999, p. 87-89 et « Terms of reference : Michel Tournier's 'Le Roi des aulnes' », *op. cit.*, p. 287-290. Ajoutons seulement aux trois apparitions du Canada (le roman de Curwood, la cabane en Prusse Orientale, le dépôt des possessions des Juifs dans les camps d'extermination) qu'on peut se demander si Tournier ne s'est pas laissé inspirer pour la seconde par le tableau dressé dans la première partie de *Ma cabane au Canada*, chanson « utopique » de Line Renaud. Citons trois vers de cette chanson qui faisait fureur vers la fin des années 40 et où on retrouve le cadre de l'abri de Tiffauges, y compris l'élan : « Ma cabane au Canada, c'est le seul bonheur pour moi », « Toujours l'élan de mon cœur / Reviendra vers ma cabane au Canada ». D'un autre registre, mais tout aussi curieux est l'apparition du nom de Bob Watson, le mari d'Édith, ancienne chanteuse d'opéra dans *Le Nain rouge*. Il pourrait très bien être inspiré par le Bobby Watson de *La Cantatrice chauve* d'Eugène Ionesco.

géant ventriloque » (MTR 353). Dans ce contexte de brames et de cris incontrôlés il convient de signaler aussi les sens du mot « unhold » en anglais : « disgracieux / repoussant » et « relâcher / laisser échapper », ce qui correspond entièrement à la pratique à laquelle se livre Tiffauges. Que Tournier n'hésite pas à recourir aux langues étrangères pour ses jeux onomastiques nous est révélé aussi par Franck Dalmas, qui signale que l'orthographe du nom Helmut est changée en *Hell*mut, sous l'influence de l'anglais « enfer »[112].

Tiffauges se déclare très sensible à la poésie musicale des prénoms allemands, qui exercent sur lui un véritable enchantement. La description qu'il fait « de la belle et longue litanie de l'appel » (MTR 480) des quatre cents garçons de la napola en témoigne[113] :

> Il n'est pas de plus douce musique pour moi que ces prénoms évocateurs, criés par des voix toujours nouvelles et sur lesquelles se posera à son tour le prénom qui lui revient. Ottmar aus Johannisburg, Ulrich aus Dirntal, Armin aus Königsberg, Iring aus Marienburg, Wolfram aus Preussisch Eylau, Jürgen aus Tilsit, Gero aus Labiau, Lothar aus Bärenwinkel, Gerhard aus Hohensalzburg, Adalbert aus Heimfelden, Holger aus Nordenburg, Ortwin aus Hohenstein ... Je dois me faire violence pour interrompre ce recensement de mes richesses [...].
>
> MTR 480

Quelle différence avec cette autre énumération de la « carte géographique infernale » :

---

[112] Franck Dalmas, « L'Alchimie de l'excrément comme alchimie de l'Homme dans Le Roi des aulnes de Michel Tournier », *French Forum*, Volume 30, Number 3, Fall 2005, p. 99. Hellmut von Bibersee est un des Jungmannen de la napola décapité par la flamme arrière d'un Panzerfaust (MTR 495-497). Ce fragment ressemble étrangement à une scène du film *Die Brücke* (*Le Pont*, 1959) du metteur en scène Bernhard Wicki, où des lycéens sont tués dans les mêmes circonstances en avril 1945. À l'approche de l'armée américaine, ces membres mobilisés dans le Volkssturm, âgés de 16 ans et totalement sans expérience militaire, sont appelés à défendre un pont devenu stratégiquement inutile. Ce film, qui montre l'endoctrinement de la jeunesse allemande par le national-socialisme, fut un des plus grands succès du cinéma allemand d'après-guerre. Comme il l'a déclaré dans les *Lettres parlées à son ami allemand Hellmut Waller*, Tournier a admiré ce film, dont on reconnaît plusieurs éléments dans les dernières pages du roman.

[113] Ce faisant, Tiffauges est évidemment le porte-parole de Tournier qui, lui aussi, s'émerveille devant la beauté des noms (voir *supra*). Cette litanie contraste fortement avec l'énumération des noms dont il est question dans le fragment de Phiphi de Pantin.

> Schirmeck, Natzviller, Dachau, Neuengamme, Bergen-Belsen, Buchenwald, Oranienburg, Theresienstadt, Mauthausen, Stutthof, Lodz, Ravensbrück ... Ces noms avaient dans la bouche d'Éphraïm la valeur de points de repère familiers sur cette terre des ombres qui était la seule qu'il connût. Mais aucun ne brillait d'un éclat aussi noir que celui d'Oswiecim, à trente kilomètres au sud-est de Katowice, en Pologne, que les Allemands appelaient Auschwitz.
> MTR 505

Les nombreux noms géographiques allemands qui figurent dans les chapitres 3 à 6 paraissent brosser essentiellement la couleur locale de l'Allemagne et notamment celle de la Prusse Orientale où se déroulent ces parties du roman. Plus qu'un certain exotisme, ils semblent encore évoquer le déclin de cet empire allemand, cette connotation étant bien sûr aussi le résultat des connaissances historiques du lecteur d'après-guerre. Certains noms allemands sont connotatifs, allusifs ou associatifs pour les germanophones : Raufeisen évoque en même temps le « rapt », le « vol », le « froid », le « fer » et l'« épée », correspondant ainsi parfaitement à sa fonction et sa conduite dans la napola de Kaltenborn, dont la première syllabe du nom reprend précisément ce caractère froid et insensible de l'éducation et de la discipline de fer imposées aux futurs SS. Dans *Le Vent Paraclet* (MTR 1383) Tournier déclare n'avoir jamais mis les pieds en Prusse Orientale, la description de cette région est donc purement fictive, certes, après une sérieuse documentation. Avec l'invention du nom de Kaltenborn Tournier fait preuve de ce qu'on pourrait appeler une « intuition onomastique » : il apprend qu'après la guerre le dernier conservateur de la réserve de Rominten « s'était replié en Allemagne de l'Ouest et administrait une réserve de chasse [...] près de Kaltenbronn [...] Je fus assez impressionné par la similitude de ce nom de localité réelle avec celui de la forteresse imaginaire de Kaltenborn où j'avais logé ma napola en Prusse-Orientale » (*Le Vent Paraclet*, MTR 1388). Une variante de cette intuition est l'esprit prémonitoire de Tournier, qu'il révèle également dans *Le Vent Paraclet* (MTR 1403) en racontant sa découverte de la Prusse Orientale en 1975, donc bien après la parution du roman : « [...] j'admirais qu'ayant à découvrir la Prusse-Orientale ce fût en compagnie d'un géant amateur de lait et d'enfants (= Philippe Janssen), tel exactement que j'avais imaginé Abel Tiffauges ». Voilà l'imaginaire romanesque rattrapé après coup par la réalité ...

Les éminences scientifiques nazies (Essig, Keil, Heck et Blättchen[114]) sont plutôt ridiculisées, aussi bien par leurs patronymes que par leurs théories et

---
114   Voir aussi note 87.

pratiques contestables et par les titres académiques pompeux et grotesques dont ils sont dotés. Il ne va pas de même pour le professeur Unruh, « savant généticien » (MTR 317), qui avait réussi à reproduire des pigeons qui sont des jumeaux artificiels[115]. Les travaux génétiques du professeur docteur Lutz Heck, « père de Bos Primigenius Redivivus », dont il est question avec beaucoup d'ironie dans la partie *L'Ogre de Rominten* (MTR 371), font écho à ceux du professeur Unruh sur les pigeons. Ils sont les précurseurs animaliers des expériences médicales livrées par le Dr Mengele sur les humains, et notamment sur la gémellité. Pendant ses rafles de pigeons, qui annoncent celles des enfants pour la napola de Kaltenborn, Tiffauges rencontre la veuve du professeur qui s'inquiète qu'il lui prenne le pigeon argenté, « ce qu'[elle a] de plus cher au monde depuis la mort du professeur ». Rien à faire, par l'attitude imperturbable et implacable de Tiffauges, « [e]lle comprit alors que si le pigeon platiné était un symbole pour elle, il était bien davantage encore pour Tiffauges » (MTR 220). Or, « le visage crayeux et les lèvres tremblantes de Mme Unruh » correspondent à merveille à son patronyme qui signifie *inquiétude* en français.

Une des scènes les plus horribles du roman est sans doute la mort d'*Arnim*, le garçon de la napola qui est pulvérisé par la mine (« lourd disque de mort » (MTR 499), comme un Atlas déchu) qu'il porte. *Arnim*, porteur de *mine* jusque dans son nom. Par la puissance de l'explosion Tiffauges est jeté à terre et couvert par le sang du garçon. Dans ses *Écrits sinistres* il décrit cet événement avec un lyrisme religieux[116], faisant allusion directe à la conversion de Saul à Damas. Le prénom d'*Arnim* préfigure et inclut cette explosion par la *mine* et par l'inversion des trois lettres il mime le renversement littéral et figuré de Tiffauges[117].

---

115   Ces pigeons intègrent ainsi le thème de la gémellité élaboré dans les détails au sujet de Haïo et de Haro, « *jumeaux-miroirs** » (MTR 448). Sans doute Tournier aurait été très intéressé par les récentes recherches de la NASA sur les jumeaux Kelly, qui ont été séparés pendant plus d'un an, Scott séjournant dans l'espace et Mark sur terre. Le vieillissement du dernier par rapport à son frère permettrait de conclure à l'existence d'une source de jouvence dans l'espace. Ces deux thèmes, la gémellité et la jouvence, réunies ici scientifiquement, jouent un rôle important dans l'œuvre de Tournier, qui se sert du terme de « juvénophilie » pour indiquer que « l'une des caractéristiques du fascisme [est] de surévaluer la jeunesse » (*Le Vent Paraclet*, MTR 1383-1384).

116   Pour Liesbeth Korthals Altes ce « passage présente un sacré ambigu, ambiguïté qui tient à l'encodage d'une double perspective : pour le personnage, la scène est grave et relève d'un sacré authentique. Pour le lecteur, le détournement de formes et de contenus religieux traditionnels est flagrant, sans que toutefois se perde la dimension sacrale. Le grotesque est d'un sacré à la fois intense et sacrilège ». (« Du grotesque dans l'œuvre de Michel Tournier », *op. cit.*, p. 89.)

117   Le choix de ce prénom d'Arnim et non pas du prénom usuel et beaucoup plus répandu d'Armin semble confirmer cette inversion qui reflète le renversement.

Le nom du dernier guillotiné en public en France, *Weidmann*, présente également un intérêt particulier pour le roman. Cet assassin, qui ressemble comme deux gouttes d'eau à Tiffauges, est né le même jour que lui. Ayant fait le chemin inverse de Tiffauges en quittant l'Allemagne pour la France, « le géant aux sept crimes » (MTR 295) a été condamné à mort pour avoir tué sept personnes et est exécuté[118] le 17 juin 1939 sous les acclamations d'une « foule hargneuse » (MTR 297). Avec son nom qui signifie *chasseur* en français, il s'inscrit ainsi dans plusieurs grands thèmes du roman à la fois : la chasse, la gémellité[119], l'inversion, la peur et le pressentiment du rejet par la foule ainsi que la mythologie exploitant le chiffre sept[120].

4.2   L'onomastique « *difficile à lire* » : *des chiffres et des lettres*

Par la difficulté à lire, l'auteur pose des exigences au niveau de la compréhension et de l'interprétation de la part du lecteur. David Bevan[121] insiste sur l'importance pour Tournier de « la participation créatrice du lecteur ». Il cite Tournier dans un article paru dans *Le Magazine littéraire* (J.-J. Brochier, « Qu'est-ce que la littérature : un entretien avec Michel Tournier », No. 19, p. 81) : « [...] une œuvre naît quand un livre est lu, et [...] cette œuvre est un mélange inextricable du livre écrit, c'est-à-dire de la volonté de l'auteur, et des fantasmes, des aspirations, des goûts, de toute l'infrastructure intellectuelle et sentimentale du lecteur. Un livre a toujours deux auteurs : celui qui l'écrit et celui qui le lit ». Bevan en conclut : « Rendre plus opaque, rendre plus résistant à une conclusion définitive, c'est exiger du lecteur un plus grand effort, une plus grande participation » (p. 70).

Dans ses *Écrits sinistres* du 28 mars 1938 Tiffauges se dit accoutumé aux « coïncidences inexplicables dont j'ai pris mon parti comme d'autant de petits *rappels à l'ordre** » (MTR 246). Il en donne un bel exemple où le jeu de mots avec ce qu'il appelle des « rappels à l'ordre » est évident :

---

118   C'est la dernière exécution publique en France.
119   Les noms de Haro et Haïo s'inscrivent également dans le thème de la gémellité, la minime différence entre l'un et l'autre s'y reflète. Tout comme les noms de Bidoche et de Bodruche dans *Que ma joie demeure* (*Le Coq de bruyère*). Ces noms de jumeaux, vrais ou faux, présentent la même assonance, leurs doubles syllabes se ressemblent et répètent le binaire des personnages.
120   Par exemple Petit Poucet, porteur des bottes de sept lieues, qui a sept ans, et ses six frères (« dont trois paires de jumeaux » MTR 1265) ou les sept petites filles de l'ogre dans le conte du même nom.
121   David Bevan, *Michel Tournier*, op. cit., p. 70.

> Il y a six mois, ayant des échéances difficiles, j'ai acheté un billet entier de la Loterie nationale en prononçant cette courte prière : « Nestor, pour une fois ? » Oh, je ne peux pas dire qu'on ne m'a pas entendu ! On m'a même répondu. Par une manière de pied de nez. Mon numéro était le B 953 716. Le numéro qui a rapporté un million à son propriétaire était le B 617 359. Mon numéro à l'envers. C'était pour m'apprendre à vouloir tirer un profit trivial de ma relation privilégiée avec le ressort de l'univers. Je me suis fâché, puis j'ai ri.
> MTR 246

Ce fragment est intéressant de plusieurs points de vue. D'abord, le billet de loterie acheté par Tiffauges pour gagner un ballon d'oxygène et renflouer la caisse de son garage situé près du *Ballon des Ternes* (MTR 248), sculpture de Bartholdi, porte très exactement deux séries de trois chiffres, soit deux *ternes* précédés de la lettre **B**. Ce Ballon des Ternes est en effet l'œuvre de Bartholdi, le créateur de la statue de la Liberté et du Lion de Belfort. Sur la page Wikipedia Porte-des-Ternes on trouve la description suivante :

> Le groupe représentait la Ville de Paris, sur les genoux de laquelle reposait un enfant tendant les mains vers un pigeon lui apportant des nouvelles du pays. Auprès d'eux se tenaient un jeune homme armé d'une épée et un marin se cramponnant à l'aérostat. Un imposant ballon de cuivre martelé couronnait l'ensemble de ce groupe commémoratif. Il fut inauguré le 28 janvier 1906 [et] fondu par les Allemands pendant la Seconde Guerre mondiale[122].

L'enfant qui tend la main vers un pigeon « collé par un bout de l'aile »[123] n'a pas dû passer inaperçu pour Tournier, qui a habité Neuilly à partir de 1941 et fréquenté le lycée Pasteur de Neuilly, situé à deux pas de la Porte-des-Ternes. À première vue les aéronautes représentés sur le socle de la statue semblent porter le ballon, après réflexion on se rend compte que c'est tout le contraire, bien sûr. Autre inversion : cette statue de *ballon céleste* fait penser à l'image connue d'Atlas portant le *globe terrestre*, inversion explicitée par Tiffauges comme suit : « Je m'avise en feuilletant un dictionnaire qu'Atlas portait sur ses épaules – non pas le monde, ni la terre comme on le représente habituellement – mais le ciel » (MTR 264).

---

122   Source Wikipedia consultée le 15-3-2017 https://fr.wikipedia.org/wiki/Porte_des_Ternes.
123   Queneau, Raymond, *Courir les rues – Battre la campagne – Fendre les flots*, Collection « Poésie » N° 150, Paris, Gallimard, 1980.

ILLUSTRATION 4.3   Artus Quellinus, *Atlas* (Palais royal Amsterdam)

Pour ce qui est du choix de la lettre **B**, rien ne permet de faire *avec certitude* le rapprochement avec **B**artholdi et **B**allon des Ternes. Cette lettre revient dans le « quartier *B*, où le Dr Mengele se livrait à ses expériences médicales sur les détenus. Mengele […] s'intéressait passionnément à la gémellité […] » (MT*R* 508-509). Dans le même camp de concentration, Auschwitz, débutent en 1941 les premières expériences avec le pesticide Zyklon *B*, ce gaz toxique et asphyxiant

ILLUSTRATION 4.4   Frédéric Auguste Bartholdi, *Le Ballon des Ternes*

est utilisé ensuite à grande échelle pour l'extermination des Juifs. On retrouve la lettre B encore dans le nom hébreu et biblique de *B*éhémoth, ici dans le sens de Cheval d'Israël, nom que donne Éphraïm à Tiffauges qui le porte sur ses épaules (MTR 512-513)[124].

---

124 Dans *Gilles & Jeanne* il y a une série de trois **B** dans les appellations de Satan : Barron, Bélial et Belzébuth, anges déchus (MTR 1304). Pour le même prix, et à l'inverse, on peut

La première description faite par Tiffauges de son garage situé aux portes de Paris est franchement négative avec son « ciel humide et noir », son « odeur de vieille graisse » et son « atmosphère que je hais » (MTR 192). Il lui donne donc aussi des soucis financiers. Il aspire à « échapper à ce garage, aux médiocres occupations [...] et à [lui]-même » (MTR 192), bref de quitter toute cette vie marginale et précaire menée près du faubourg que l'on appelle depuis la fin du XIXe siècle *la zone*[125]. Le sens du verbe *zoner* couvre aussi toute l'errance désespérée de Tiffauges, son existence misérable et ses efforts pour y échapper, lui qui, rejeté par la société, cherche « sa » place partout et qui se rend compte de son erreur d'appréciation quand il pense l'avoir trouvée en Prusse Orientale. Serait-il trop osé de soupçonner ici une lecture alternative du titre du roman, à savoir ***Le Roi des Zones***[126], en référence aux zones d'ombre où évolue le protagoniste et à cette précarité sociale, géographique et morale dont Tiffauges se croit et se déclare à la fois victime et champion ? Dans *Le Vent Paraclet* Tournier signale que « [l]ongtemps les Allemands de l'Ouest n'ont consenti à appeler l'Allemagne de l'Est que la 'Zone' (sous-entendu : *d'occupation soviétique**) » (MTR 1411). Rappelons que la Prusse Orientale où sévit Tiffauges avait été « annexée » également par l'Union soviétique après la Seconde Guerre mondiale suite aux conférences de Potsdam et de Yalta.

Cette lecture alternative du titre dédouble celle que l'on reconnaît aisément comme inspirée de la ballade de Goethe, mise en musique par Schubert. L'identification de Tiffauges avec l'homme des tourbières « exhumé [...] dans un petit bois d'aulnes » (MTR 358) est d'abord physique, puis morale vers la fin du roman quand Tiffauges va jusqu'à évoquer « [s]a dignité de Roi des aulnes » (MTR 500). La pratique du rapt d'enfants et l'élément chevaleresque de la ballade se reconnaissent également facilement dans le roman. Dans *Le Vent Paraclet* Tournier s'explique *in extenso* sur le rôle, l'origine et l'interprétation de la ballade de Goethe :

> Ce poème [...] a toujours été pour l'écolier français [...] *le** poème allemand par excellence, le symbole même de l'Allemagne. Le plus

---

penser aussi au nom de Bach. Notons aussi la présence de deux B dans Barbe-Bleue, le cheval de Tiffauges, porteur par excellence.

125 Il s'agit de la zone de servitude militaire entre les anciennes fortifications de Paris et l'actuel boulevard périphérique. À l'origine non constructible, cette zone a accueilli la population pauvre de Paris, appelée « zonards », qui y a construit des bidonvilles. C'est en 1929 que la zone du secteur de Neuilly-sur-Seine, limitrophe au quartier des Ternes, est rattachée formellement à la Ville de Paris.

126 En parlant du *Roi des aulnes* à ceux qui ne connaissent pas le roman, nous avons constaté à plusieurs reprises que c'est de prime abord dans le sens de « Roi des Zones » qu'est compris le titre.

étrange c'est qu'à l'origine de ce poème se trouve une erreur de traduction de Herder qui popularisa le folklore danois en Allemagne. *Eller**, les elfes, devint sous sa plume *Erlen**, les aulnes [...]. Or il est peu probable que Goethe se fût intéressé à la légende du banal roi des Elfes. En revanche son imagination s'enflamma à l'évocation si précise et originale de l'aulne, parce que l'aulne est l'arbre noir et maléfique des eaux mortes [...]. L'aulne des marécages évoque les plaines brumeuses et les terres mouvantes du Nord, et l'Erlkönig l'ogre aérien, amateur d'enfants, qui plane sur ces tristes contrées.

MTR 1393

Toute la thématique du roman est ainsi donnée, y compris le décor. Qui plus est, l'erreur de traduction de l'expression folklorique danoise par Herder semble annoncer celle commise par Tiffauges au niveau de l'interprétation de la symbolique nazie.

Dans le contexte du titre du roman[127] nous aimerions revenir à l'article sur les jeux de mots de Redfern, où il parle de l'éventuel plagiat commis par Tournier dans la description du combat chevaleresque entre les garçons au Collège Saint-Christophe (MTR 228-230), fragment qui semble en effet être inspirée par une scène du *Grand Meaulnes* d'Alain-Fournier. Pour Redfern, Tournier se serait plutôt livré à une forme d'intertextualité fondée sur ce qu'il appelle « phonic memory » : T*ournier* / F*ournier* – *aulnes* / Me*aulnes*[128]. Il convient en effet de ne pas méconnaître le rôle important de l'association formelle dans le processus créatif qui est à la base de l'œuvre de Tournier.

L'ordre des chiffres inversés du billet de loterie reflète aussi l'écriture *à reculons* du roman. Tournier a indiqué lui-même qu'il construit de préférence ses récits à partir de leur issue ou leur dénouement, en remontant dans le temps narratif : « L'un des secrets consiste à écrire la fin du roman avant le début ... Le livre se compose toujours de deux versants ... Pour obtenir les correspondances,

---

127 Didier Decoin trouve que « Tournier est formidablement doué pour les titres » (Michel Tournier, *Je m'avance masqué*, op. cit., p. 233-234). Dans une interview avec Franz-Olivier Giesbert Tournier se vante d'avoir choisi de beaux titres pour ses romans et se plaint en même temps que les auteurs ne font pas assez d'effort pour en trouver qui conviennent (Les légendes du siècle, Le Point culture, 5/11/2010).

128 Redfern, « Approximating Man : Michel Tournier and Play in Language », op. cit., p. 315. Notons que le frère du grand-père du côté maternel de Tournier s'appelait également Fournier. Dans *Le Vent Paraclet*, MTR 1359, Tournier indique que la source germanique de sa famille remonte à ce prêtre et professeur d'allemand. Quelques pages plus loin (MTR 1368) ce patronyme revient quand Tournier parle de ses séjours à Lusigny-sur-Ouche pendant la guerre et de la déportation en 1944 des membres de la famille Fournier, qu'il appelle « ma » famille.

il suffit de travailler simultanément à chacun des versants. Je n'hésite pas, s'il le faut, à écrire à reculons »[129]. Dans *Le Roi des aulnes* cette technique est très apparente, tout (événements, réflexions, symboles, etc.) converge vers la fin du roman. Écriture *à rebours*, mais aussi lecture *à rebours*[130] : le lecteur (ou encore le chercheur !) n'est-il pas saisi par l'envie de reprendre, de relire le roman depuis le début dès la lecture de la dernière page ? Cette connivence entre auteur et lecteur semble bien être une caractéristique (recherchée) essentielle de l'œuvre de Tournier, pour qui « [...] la lecture est créatrice. Tout lecteur est un créateur »[131].

Enfin le thème de l'inversion illustré ici au niveau évident des chiffres est un bel exemple de l'humour de Tournier. Dans *Le Vent Paraclet* (MTR 1391) il écrit que « toute œuvre grande et profonde » se signale par l'humour. Il se moque de sa propre technique d'écriture à rebours dont il est question plus haut, tout en inscrivant cette moquerie dans le thème omniprésent de l'inversion. En revanche, l'humour que fait transparaître Tiffauges est bien limité, les passages où il rit (jaune quand même ...) comme dans le fragment précité sont très rares dans le roman, et quasiment absents depuis sa rupture avec Rachel. Notons aussi qu'avant de rire Tiffauges se fâche : ces deux attitudes physiques antithétiques, sans transition, sont bel et bien l'expression du même caractère[132]. Or, le jeu que l'auteur présente dans ce passage clair et net avec ces *numéros / chiffres*[133] se joue également, voire encore plus, au niveau des *lettres*. Ainsi Redfern constate que « Tournier's wordplaying is itself 'une inversion maligne' –

---

129   *Le Monde*, « De Robinson à l'ogre », 24/11/70, Michel Tournier. Voir aussi Bouloumié, *Michel Tournier*, op. cit., p. 80. Pour elle, le passage du Rhin constitue la séparation de ces deux versants. Elle constate aussi le rôle important des chiffres et leur symétrie dans le roman en remarquant que la rencontre avec le Roi des aulnes se situe exactement au milieu du livre, p. 290 sur 580 pages de l'édition « Folio ».

130   Il n'est pas étonnant que Tournier fût un grand admirateur du naturaliste mythique J.-K. Huysmans, auteur d'*À Rebours*. Voir Arlette Bouloumié, « Rencontre avec Michel Tournier », *op. cit.*, p. 148, et Susan Petit, « Fugal Structure, Nestorianism, and St. Christopher in Michel Tournier's 'Le Roi des aulnes' », *op. cit.*, p. 233.

131   Bouloumié, *ibid.*, p. 149. Voir aussi à ce sujet Colin Davis, « Les Interprétations », dans *Images et Signes de Michel Tournier*, op. cit., p. 191-206. Jean-Marie Magnan, « La création critique ou l'avocat du diable », *Images et Signes de Michel Tournier*, op. cit., p. 208, utilise le terme de *cocréation* pour indiquer le rôle du lecteur attendu par Tournier. Voir aussi note 13.

132   L'inversion, encore et toujours !

133   Les chiffres dont il est question ici sont en effet moins sujets à discussion que ceux de l'énumération des conquêtes de Don Giovanni par Tiffauges (MTR 273), chiffres dont la différence avec le libretto de Mozart est analysée de manière convaincante par Pedro Pardo Jiménez, « Portrait de lecteur en ogre. Sur un passage de 'Le Roi des aulnes' », *op. cit.*, p. 329-336.

a clever, controlled, often malicious twist »[134]. Worton abonde dans ce sens en relevant le choix par Tournier d'introduire dans son conte *La Reine blonde* un certain Edward Reinroth : « Édouard étant le deuxième prénom du romancier et Reinroth la quasi-anagramme de Tournier, on peut penser qu'il s'inscrit lui-même dans son conte, de façon subversive et ironique [...] »[135]. Nous ajouterions que la signification (« rouge pur »), la connotation germanique et la référence géographique du pseudonyme inversé de Reinroth ne sont pas non plus à négliger.

Le choix d'un grand nombre de noms dans le roman nous semble en effet confirmer que Tournier s'est livré dans ce domaine encore à un travail de création, mieux de *bricolage*, en forgeant non pas des noms relativement faciles à comprendre, comme nous l'avons vu pour celui d'Abel Tiffauges, mais plutôt énigmatiques et difficiles à déchiffrer par leur forme anagrammatique ou leur caractère connotatif.

4.2.1   Rachel et Éphraïm

Le nom de Rachel est le premier à paraître dans les *Écrits sinistres* (MTR 191). C'est aussi elle qui est la première à reconnaître le caractère d'ogre de Tiffauges, bien avant qu'il en fasse la découverte lui-même : « Tu es un ogre[136] » (MTR 191), « Tu assouvis ta faim de chair fraîche » et « Tu me ravales au niveau du bifteck » (MTR 196). C'est encore la rupture avec Rachel qui permet à Tiffauges de se rendre compte de sa double nature, reconnaissance qui se double de la découverte de son écriture gauche :

> Quand Rachel m'a quitté, j'ai pris la chose d'un cœur léger. Je continue d'ailleurs à juger cette rupture sans gravité, et même bénéfique d'un certain point de vue, parce que j'ai la conviction qu'elle ouvre la voie à de grands changements, à de grandes choses. Mais il y a un autre moi, le moi visqueux. Celui-là n'avait rien compris d'abord à cette histoire de rupture. Il ne comprend d'ailleurs jamais rien du premier coup. C'est

---

134   W. D. Redfern, « Approximating Man : Michel Tournier and Play in Language », *op. cit.*, p. 313.

135   Michael Worton, « Intertextualité et Esthétique », *Images et Signes de Michel Tournier*, op. cit., p. 239. Voir aussi David Gascoigne, *Michel Tournier*, op. cit., p. 207, et les remarques de Tournier lui-même au sujet de pseudonymes dans Michel Tournier, *Je m'avance masqué*, op. cit., p. 109.

136   Il est à noter que Tiffauges, mégalomane, se distingue et s'individualise tout de suite en écrivant « Un Ogre ? » avec majuscule. Voir aussi les commentaires à ce sujet de Michael Worton, « Myth-Reference in 'Le Roi des aulnes' », *Stanford French Review*, juin 1982, et de Jonatan Krell, *Tournier élémentaire*, op. cit., p. 90.

un moi pesant, rancunier, humoral, toujours baigné de larmes et de semence, lourdement attaché à ses habitudes, à son passé. Il lui a fallu des semaines pour comprendre que Rachel ne reviendrait plus. Maintenant il a compris. Et il pleure.

MTR 208

On remarquera que Tiffauges se tient ici un miroir en s'observant de l'extérieur et en se décrivant comme un être étranger à lui-même : le passage du « je » au « il » est significatif à cet égard. Ce Tiffauges-là, celui qui pleure, celui qui répète aussi qu'il a souvent ri[137] avec Rachel, se montre sous un aspect humain. Dans la description de sa relation avec Rachel Tiffauges introduit même un brin d'humour par moments : le double sens et le jeu de mots sur « comptable volant »[138] en référence au métier exercé par cette « Israélite » parmi sa clientèle juive en témoignent. Rachel de son côté se livre à des « plaisanterie[s] obscène[s] » (MTR 195), affirmant ainsi son air « garçonne »[139] (MTR 194). Quelle différence entre ce Tiffauges et l'autre, le surhumain, le *sinistre* ! Au début de la partie III du roman, après le passage du Rhin, le narrateur confirme le caractère « bénéfique » et même nécessaire de la rupture avec Rachel, toujours en relation avec la mégalomanie de Tiffauges :

Il avait laissé tomber derrière lui comme vêtements souillés, comme chausses éculées, comme peaux craquelées, Paris et la France, avec au premier plan Rachel [...]. Personne n'avait autant que lui la conscience de son destin, un destin rectiligne, imperturbable, inflexible qui ordonnait à ses seules fins les événements mondiaux les plus grandioses.

MTR 331

Si Rachel lâche donc le Tiffauges *sociable* – lui dirait probablement « droit » – en France et annonce ainsi sa déroute, le Tiffauges *sinistre*, qui a effacé son double, lâche Rachel à son tour et à l'inverse en Allemagne. **Lâcher** dans les deux sens donc, le choix du nom de **Rachel** s'impose et s'explique ainsi tout naturellement à cause de son potentiel anagrammatique, l'inversion du *L* et du *R* permettant de réaliser celle des abandons de l'un par rapport à l'autre[140].

---

137   En effet le rire semble être banni du reste du roman.
138   Ce jeu de mots semble faire allusion à plusieurs caractéristiques voire partis pris concernant le judaïsme, allant de la notion du Juif errant au penchant et à l'intérêt pour l'argent.
139   Tiffauges écrit que ce « type 'garçonne' [était] très en vogue depuis un certain roman à succès ». Il s'agit de *La Garçonne* de Victor Margueritte, paru en 1922.
140   Il n'est pas non plus exclu que ce jeu de mots anagrammatique « Rachel / Lâcher » corresponde aux rapports sexuels entre Rachel et Tiffauges. Elle lui reproche de faire

À Rachel la première parole du roman, à Éphraïm la dernière :

> – Il faut quitter la route, décida Éphraïm. Tu vas prendre à gauche par la lande, nous contournerons la colonne de chars. Sans discuter, Tiffauges obliqua vers le talus de gauche, s'enfonça dans les congères boueuses qui le bordaient, et sentit sous ses pieds le sol mou et traître de la brande.
> MTR 521

Totalement désorienté dans cette Prusse Orientale, où il perd littéralement pied dans une terre qui lui était si ferme auparavant, Tiffauges s'en remet à Éphraïm pour le guider et l'orienter[141]. Au fur et à mesure que le rôle de Tiffauges devient plus important dans le monde du nazisme, il s'enfonce dans sa nature ogresque. À la fin du roman c'est l'inverse qui se produit : en s'enfonçant dans les marécages prussiens, il regagne en humanité[142]. C'est *Éphra*ïm qui avait ouvert les yeux de Tiffauges en lui révélant avec « une fidélité *effra*yante[143] » (MTR 505) l'existence des camps d'extermination des Juifs. Le terme de « **torpeur** » (MTR 503) est le premier mot utilisé pour décrire l'état d'âme d'Éphraïm, après la description de son physique. Il s'impose aussi pour décrire l'effet de la rencontre sur Tiffauges. La torpeur de Tiffauges ne fait que s'accroître au fur et à mesure qu'il écoute les révélations d'Éphraïm par la suite. Pour sortir Éphraïm de la « *torpeur* » où il était plongé, il lui faut le *porteur* qu'est Tiffauges, pour le soulever et relever, toujours selon ce même principe de l'inversion, par le sens et par la forme choisie pour l'exprimer. Sauvé des fours

---

l'amour « comme un serin » ; lui parle de « l'acte sexuel insuffisamment retenu, différé » (MTR 196). David Gascoigne, *Michel Tournier*, op. cit., p. 69, consacre quelques lignes bien intéressantes au rapport entre Rachel et Tiffauges. Si Tiffauges est un serin, Rachel est comparée par son physique (nez aquilin) à l'aigle, ce qui serait une préfiguration de l'opposition entre l'aigle, symbole du nazisme prédataire, et les pigeons, proies inoffensives. Cette image s'inscrirait dans le thème de la domination / soumission (voir *supra* et Liesbeth Korthals Altes, *Le Salut par la fiction ?*, op. cit., p. 59).

141 La désorientation de Tiffauges à la fin du roman est à double sens, bien sûr, figuré et littéral : la perte de ses lunettes prive Tiffauges de la vue, du coup il dépend de la seule ouïe, ce qui est encore concrétisé par Éphraïm qui le guide par les oreilles. Pour une analyse plus approfondie du rapport entre Tiffauges et Éphraïm, voir Lorna Milne, *L'Evangile selon Michel : la Trinité initiatique dans l'œuvre de Tournier*, Faux Titre N° 82, Rodopi, Amsterdam – Atlanta, 1994, p. 103-106.

142 Sur la « pureté » et « une certaine innocence » de Tiffauges, voir Jonathan Krell, *Tournier élémentaire*, op. cit., p. 150-151, et pour « ses […] goûts sadiques » p. 186-187.

143 Dans *Gilles & Jeanne* il est question d'une sorte de sorcière appelée « Perrine Martin, mais on l'avait surnommée La Meffraye (celle qui fait peur) » (MTR 1265). Son nom fait aussi allusion à deux rapaces : l'orfraie et l'effraie. Tout comme le faisait Tiffauges pour la napola, elle attirait des enfants livrés ensuite à Gilles.

crématoires d'Auschwitz, Éphraïm suit le parcours inverse de Nestor, qui a péri dans le feu en rechargeant la chaudière du collège Saint-Christophe, et dans les deux cas Tiffauges y est pour quelque chose, volontairement pour l'un, accidentellement pour l'autre. Éphraïm qui dirigeait « une voiture à cheval » avec « vingt autres enfants [du] *Rollkommando* » (MTR 508) dans le camp de concentration, contre Nestor qui était à la tête des enfants du collège et qui joue aux « cavaliers et montures » (MTR 228). Tiffauges rachète la perte de Nestor, l'obèse, par le sauvetage d'Éphraïm, l'enfant au « corps délabré » (MTR 504) et « squelettique » (MTR 505), les deux pourraient d'ailleurs bien avoir le même âge[144]. La fusion entre Tiffauges et Nestor est poursuivie par celle de Tiffauges et Éphraïm qui l'appelle Béhémoth, « cheval d'Israël » à la fin du roman.

Si l'origine juive[145] des noms de Rachel et d'Éphraïm[146], qui bouclent ainsi le roman, est explicitée par le narrateur, le rapport « biblique » entre les deux ne l'est pas. Éphraïm était le petit-fils de Rachel et de Jacob et le fils de Joseph. Lors de la bénédiction d'Éphraïm et de son frère aîné Manassé par Jacob, celui-ci, aveugle, croise les bras et met la main droite sur la tête d'Éphraïm et la main gauche sur celle de Manassé, inversant ainsi le droit d'aînesse[147]. Le choix du nom d'Éphraïm est donc loin d'être arbitraire, car par ces origines bibliques ce personnage incarne et réitère l'inversion, le grand thème du roman.

Cette scène nous conduit aussi à cet autre tableau de deux enfants, au collège Saint-Christophe, décrit par le jeune Tiffauges : « Tenant ma main gauche dans sa main droite, Nestor écrivait et dessinait de la main gauche » (MTR 216).

4.2.2   Nestor

Étymologiquement le prénom de Nestor signifie « celui qui revient toujours »[148], ce qui correspond tout à fait aux réapparitions fréquentes dans la vie et dans le journal de Tiffauges. Le nom de Nestor évoque aussi la sagesse liée à l'âge, la « stupéfiante précocité » (MTR 205) intellectuelle du personnage tourniérien pourrait s'inscrire ainsi dans le thème omniprésent de l'inversion. Les actes et les dires de Nestor sont, d'ailleurs, aussi invraisemblables que ceux de Tiffauges

---

144   Le texte dit qu'Éphraïm « pouvait avoir indifféremment entre huit et quinze ans » (MTR 504).
145   Arlette Bouloumié, *Michel Tournier*, op. cit., p. 43, relève l'intérêt de Michel Tournier pour l'étymologie hébraïque.
146   Signalons au passage que la *Porte* d'Éphraïm est une des principales entrées de la ville de Jérusalem.
147   Jacob avait usurpé lui-même le droit d'aînesse qui appartenait à Ésaü, toujours par ce même principe de l'inversion.
148   Voir Arlette Bouloumié, *Michel Tournier*, op. cit., p. 45, David Platten, *Michel Tournier and the Metaphor of Fiction*, op. cit., p. 105-106, et Susan Petit, Fugal Structure, Nestorianism, and St. Christopher in Michel Tournier's 'Le Roi des aulnes', *op. cit.*, p. 235-236.

ILLUSTRATION 4.5   Benjamin West, *Jacob bénissant Éphraïm et Manassé*

voire plus. C'est Nestor qui lance le concept de l'Alpha et de l'Oméga (« Il faudrait réunir d'un trait alpha et oméga », MTR 221) et qui cherche à en trouver le « signe absolu » (MTR 239). La signification de ce thème d'origine religieuse[149] est donnée plus loin dans le roman, à Rominten, sous forme de sacrilège : « Quant au rôle primordial du cheval dans la chasse au cerf, son sens devenait bien évident. C'était la persécution de l'Ange Phallophore par l'Ange Anal, le pourchas et la mise à mort d'Alpha par Oméga » (MTR 392). C'est la mort des trois enfants empalés, Haïo, Haro et Lothar, « percés d'oméga en alpha » (MTR 519) qui constitue la réalisation profane de la phrase de Nestor.

Sur le plan physique aussi, Tiffauges lui attribue dès le début un caractère mythique en écrivant dans son journal qu'« [i]l y avait du Silène[150] en lui »

---

149   L'alpha et l'oméga sont la première et la dernière lettre de l'alphabet grec. En termes bibliques elles symbolisent la toute-puissance de Dieu : « Je suis l'alpha et l'oméga, dit le Seigneur Dieu, celui qui est, qui était, et qui vient, le Tout-Puissant », *Apocalypse*, 1 : 8.

150   Référence au prologue de *Gargantua* où Rabelais écrit qu'Alcibiades louait Socrates en le disant semblable aux silènes. Les silènes étaient des petites boîtes décorées d'images insolites renfermant des matières précieuses. Rabelais a emprunté l'image de « silène » à son tour à Erasme, la comparaison d'une personne avec un silène étant courante parmi les humanistes. Les correspondances entre Nestor et le personnage de Rabelais sont évidentes, notamment au niveau de la goinfrerie et de la digestion. Silène est aussi le nom de

(MTR 207). Avec son obésité qui annonce le Tiffauges adulte, son « sexe minuscule » (MTR 240), ses lunettes, son écriture de la main gauche, sa lecture des signes, son intemporalité, Nestor est sans doute le plus important des nombreux *alter ego* de Tiffauges[151]. Jean-Bernard Vray consacre une analyse très détaillée et convaincante au rapprochement entre Tiffauges et le personnage principal de *Le désespéré* de Léon Bloy, alter ego dont le nom de Caïn Marchenoir fait preuve d'autant de recherche et de jeu que ceux consentis par Tournier pour caractériser ses personnages. Vray conclut que « Tournier voit à l'œuvre chez Bloy un goût obsessionnel de l'interprétation, la fascination pour la symbolique héraldique dont il dotera aussi Tiffauges » (p. 269). Ou encore : « Le délire interprétatif rapproche singulièrement Tiffauges de Bloy [...] » (p. 273).

Si le rapprochement anagrammatique entre **Nestor** et **Ternes** est quasiment parfait quant à l'inversion syllabique, son influence est aussi presque complète sur la conduite et la vie de Tiffauges garagiste à la Porte-des-Ternes et après. Il donne à Tiffauges deux surnoms à caractère fort affectif. Le premier, diminutif, « petit **Fauges** » (3 fois), fait allusion à la physionomie rachitique du jeune Tiffauges dont il est le protecteur, *alter ego* qui peut être interprété comme *faux je* du point de vue de Nestor[152]. Le deuxième, tout aussi affectif mais plus ambigu, « **Mabel** » (6 reprises), peut se comprendre comme « *ma belle* », bien sûr. Mais il semble faire également écho au *blâme*, la sanction du conseil de discipline infligée à Tiffauges, qui coûte indirectement la vie à Nestor.

À la grande surprise de Tiffauges, Nestor jouit au Collège Saint-Christophe d'un statut d'intouchable :

---

la ville où Georges de Lydda, assis sur son cheval blanc, combat « un redoutable dragon qui dévore tous les animaux de la contrée et exige des habitants un tribut quotidien de deux jeunes gens tirés au sort » (https://fr.wikipedia.org/wiki/Georges_de_Lydda, consulté le 25 mai 2017). Cette histoire d'ogre tué se retrouve dans la *Légende dorée* de Jacques de Voragine dont la lecture est imposée à Tiffauges au Collège Saint-Christophe (MTR 224). Notons au passage que le nom de Jacques de Voragine a dû plaire à Tournier par son rapprochement avec *vorace* ou *voracité*, caractéristique pour le thème de l'ogre.

151   Citons encore Don Juan, Weidmann, l'élan appelé Unhold, l'homme des tourbes appelé Roi des aulnes, Saint-Christophe, Bram Johnson, le protagoniste du *Piège d'or* de Curwood, le fou Victor, etc. Pour Tournier, Don Juan est explicitement un ogre (Michel Tournier, *Je m'avance masqué*, op. cit., p. 94). Voir aussi Liesbeth Korthals Altes, *Le Salut par la fiction*, op. cit., p. 45, et Mariska Koopman-Thurlings, « Narcisse et son double », *Revue des sciences humaines*, 1993-4, N° 232, p. 93-105. Nestor est à son tour un alter ego de Rogier Nimier : dans *Le Vent Paraclet* (MTR 1417) Tournier écrit « [qu'i]l y a un peu de lui dans le Nestor du *Roi des aulnes* ».

152   La traduction d'*alter ego* pourrait d'ailleurs être *faux je* d'une manière générale.

> Son autorité sur tous les élèves était indiscutée, et les maîtres eux-mêmes paraissaient le craindre, et lui concédaient des privilèges qui m'avaient paru exorbitants au début, alors que j'ignorais qui il était.
>
> MTR 206

Ce « prestige » et son « pouvoir » (MTR 240), sa « force » et son « esprit dominateur » (MTR 216) mettent Nestor sur un piédestal, trône qui est inversé dans la scène nocturne décrite dans les détails scatologiques par Tiffauges sur plusieurs pages :

> Le siège de bois sombre était bizarrement juché sur une manière de podium à deux marches, véritable « trône » qui se dressait pompeusement dans le fond de la pièce. Nestor me tourna le dos et gravit ces degrés lentement, comme accomplissant déjà un acte rituel. Parvenu au pied de son trône, il fit glisser son pantalon qui tomba en tire-bouchon sur ses pieds.
>
> MTR 239-240

Au lieu de ridiculiser Nestor, cette scène a un effet contraire sur Tiffauges, qui « [s]e mi[t] pour la première fois à l'aimer » (MTR 240). C'est précisément dans cette position avilissante qu'aux yeux de Tiffauges le prestige philosophique et même religieux voire sacré[153] de Nestor se réalise pleinement : « Il se posa sur le trône et ressembla aussitôt à un sage hindou, à un bouddha méditatif et bienveillant » (MTR 240). Les deux sens contraires et, dans l'esprit du roman, sans doute complémentaires du mot *trône* se rejoignent dans le « plaisir royal » (MTR 241) éprouvé par Nestor à la fois au niveau de son prestige et de sa défécation[154]. Or, ces deux *trônes* opposés si longuement décrits et si caractéristiques anagrammatiquement réunis dans le personnage de **Nestor** sont le reflet exact

---

153 Dans « Du grotesque dans l'œuvre de Michel Tournier », *op. cit.*, p. 77-91, Liesbeth Korthals Altes parle de « l'esthétique du grotesque qui se nourrit de l'inversion des valeurs » et constate qu' « [a]vec Tiffauges, comme son initiateur et précurseur Nestor, la défécation [...] devient un art [...] ». David Gascoigne, *Michel Tournier*, op. cit., p. 76, constate que le trône pour le rituel défécatoire de Nestor est devenu « autel » pour Tiffauges adulte (MTR 341 et 343).

154 Dans une interview avec Serge Koster en 1984, Tournier déclare : « Plus on s'enfonce dans la merde, plus on monte dans le ciel » (Serge Koster, *Michel Tournier*, op. cit., p. 196). Voir aussi Franck Dalmas, « L'Alchimie de l'excrément comme alchimie de l'Homme dans 'Le Roi des aulnes' de Michel Tournier », *op. cit.*, p. 91-109.

de son prénom[155]. Nestor est ainsi la personnification du thème de l'Alpha et de l'Oméga introduit par lui-même, jusque dans son nom.

4.2.3 Adolf Hitler et Hermann Goering (Göring)

Dans son chapitre intitulé « La déchirure »[156], Arlette Bouloumié consacre des pages très intéressantes au mythe des jumeaux et à leurs noms. Pour elle « [ce mythe] finit par exprimer l'écartèlement de la conscience entre le bien et le mal. C'est le cas pour *Gilles & Jeanne* où les noms historiques semblent se plier à l'intuition gémellaire de l'auteur. Les deux noms ont le même rythme binaire, la même frictive au début. Seul, le i s'oppose au a, le l au n. Mais Gilles est le jumeau démoniaque de Jeanne d'Arc ». Ailleurs[157] nous avons également attiré l'attention sur ce titre et la combinaison de ces deux noms historiques. Qu'en est-il sur ce plan pour *Le Roi des aulnes* ? Est-ce que Tournier a trouvé moyen de tirer profit de manière significative (des noms) des personnes de l'Histoire devenues de ce fait même des personnages historiques dans ce roman ?

Éphraïm échappe à l'extermination des Juifs organisée et orchestrée par le régime nazi, dont le chef, Adolf Hitler, n'épargne pas non plus ses propres jeunes citoyens. Tiffauges s'en rend compte seulement à Rominten à l'occasion de l'anniversaire du Führer :

> – Vous ne savez pas que le 20 [avril] c'est l'anniversaire de notre Führer ? Chaque année la nation allemande lui offre en cadeau d'anniversaire toute une génération d'enfants !
> MTR 401

Tournier s'explique à ce sujet comme suit :

> À mesure que j'avançais dans mes recherches, je voyais affluer des détails qui confirmaient la vocation ogresse du régime nazi. L'un des plus frappants est cette date du 19 avril à laquelle solennellement tous les petits garçons et toutes les petites filles ayant eu dix ans dans l'année – un million d'enfants au total, quel beau chiffre bien rond ! – étaient incorporés, les uns dans le Jungvolk, les autres dans le Jungmädelbund. Pourquoi le 19 avril ? Parce que le 20, c'était l'anniversaire d'Hitler. Le Führer prenait

---

155 Il va sans dire que le mot **trône** au singulier est également une anagramme de **Nestor**, il suffit pour cela de remplacer l'accent circonflexe par le – s.
156 Arlette Bouloumié, *Michel Tournier*, op. cit., p. 128.
157 Voir à ce sujet chapitre 5.

ainsi des airs d'Ogre Majeur, de Minotaure auquel pour son anniversaire on fait offrande de toute une génération de petits enfants[158].

Dans une lettre à Volker Schlöndorff, metteur en scène du film tiré de son roman, Tournier insiste pour que cette date soit ajoutée au scénario[159]. Sachons que la fête des Éphraïm tombe également le 20 avril, la même date donc que l'anniversaire du plus grand ogre de tous les temps, l'ogre de Rastenburg ... Si le nom d'Hitler ne présente guère de possibilités au niveau onomastique, Tournier réussit quand même à l'intégrer dans son thème de l'inversion maligne, par le biais du choix du nom d'Éphraïm. Nous pensons que la coïncidence de ces deux anniversaires est symbolique, et bien plus qu'un hasard : il pourrait très bien s'agir ici d'un pied de nez, d'une grimace du judaïsme vis-à-vis de son grand exterminateur. Tournier ne fuit pas ce genre de concours de circonstances, au contraire, on pourrait même dire qu'il les recherche. Ainsi la population locale s'en prend, en vain, à Tiffauges le 20 juillet 1944, la même date que l'attentat échoué contre Hitler. Ou encore le repas rituel consumé par l'homme des tourbières appelé le Roi des aulnes, qui serait tombé le même jour de la dernière cène, et le jour de naissance de l'assassin Weidmann, le 5 février 1908, qui coïncide avec celui de Tiffauges[160].

---

158 *Le Vent Paraclet*, MTR 1384. Voir aussi *Le Monde*, 24 novembre 1970. « De Robinson à l'ogre : un créateur de mythes », propos recueillis par Jean-Louis de Rambures.

159 Lettre datée du 28 février 1995 et reproduite dans Arlette Bouloumié, *Modernité de Michel Tournier*, op. cit., p. 186.

160 Voici encore trois autres exemples des coïncidences relevées ou recherchées par Tournier :
Dans « Inversion bénigne, inversion maligne », *Images et Signes de Michel Tournier*, op. cit., p. (35-36), Arlette Bouloumié parle de la découverte de l'été 1989 par Michel Tournier : « l'explosion de la bombe atomique d'Hiroshima eut lieu un 6 août : « Imaginez la lumière, les visages transformés des hommes d'Hiroshima. » Or le 6 août est la fête de la Transfiguration du Christ. « Les corps sont rendus au soleil. Dans saint Matthieu le visage de Jésus sur le mont Thabor 'resplendit comme le soleil et ses vêtements devinrent blancs comme la lumière' (Matthieu, 17-1). Or ce sont des chrétiens qui ont envoyé la bombe à des non-chrétiens. Voilà un exemple d'inversion maligne ».
Dans la postface du même recueil, p. 394, Tournier montre encore son intérêt pour la coïncidence des anniversaires en évoquant le petit-fils de Per Christensen qui a « choisi » (!) de naître le jour même de l'anniversaire de son grand-père norvégien.
Dans *Je m'avance masqué*, p. 201, Tournier déclare : « J'ai un dictionnaire encyclopédique dans lequel figurent non seulement l'année de mort et de naissance des hommes célèbres, mais la date au jour près. Je me suis aperçu, et je me demande qui le sait, que Shakespeare et Cervantès sont morts le même jour, le 23 avril 1616. C'est énorme ! Le plus grand écrivain espagnol et le plus grand dramaturge anglais sont morts le même jour, la même année ! ».
Voir aussi nos remarques *infra* sur l'intérêt que porte Tournier aux coïncidences.
Dans « De Tiffauges à Aue », *op. cit.*, Luc Rasson relève la passivité de Tiffauges et constate que « le fait [que], de simple prisonnier de guerre, [il] se mue en dignitaire nazi ne relève

L'addition des chiffres des deux anniversaires dont il est question plus haut, le 20 avril et le 20 juillet, correspond aux 40 napolas ; leur multiplication concorde avec les 400 garçons de dix à dix-sept ans formés dans chaque napola. S'il est encore question ici d'un hasard, c'est du moins un hasard recherché par l'auteur, tous ces chiffres étant mentionnés explicitement dans le roman. Ce type d'opérations de calcul, qui s'apparentent au numérique kabbalistique, a été relevé aussi par David Gascoigne[161], qui observe que le roman se compose de 6 chapitres, 84 fragments datés répartis sur 3 sections de 36, 18 et 30 fragments datés chacune. Gascoigne constate que « [c]uriously, all these groupings – 36 + 18 + 30 = 84 – within the first of the six parts of the novel are themselves multiples of six, which seems unlikely, in the hands of such a self-conscious constructor of narrative as Tournier, to be a coincidence ». L'explication de l'importance du chiffre « six » est révélée dans la dernière phrase du roman, par l'image de « l'étoile à six branches », signe de judéité (MTR 521).

Le cas de Goering est curieux aussi. La rencontre de Tiffauges avec Goering[162] fait suite à sa « mésaventure » (MTR 368), à savoir la charge de deux troupeaux d'aurochs à laquelle il réussit à échapper de justesse. Cet incident lui arrive au moment précis où il passe en mémoire son passé récent : sa « migration vers le levant », « l'affaire Martine et la guerre qu'elle avait provoquée » (!), « la survenue de l'Unhold et de l'homme des tourbières » et le soupçon « qu'il rejoindrait peut-être finalement la nuit immémoriale du Roi des aulnes » (MTR 368). Réflexions sérieuses s'il en est du point de vue de Tiffauges, et qui contrastent avec la moquerie dont il est l'objet de la part du « deuxième personnage du Reich » qui hurle de rire en se tapant sur les cuisses pendant le compte rendu (en allemand) de cet incident par Tiffauges. Cette moquerie se porte ensuite

---

        pas de son ambition, mais d'un concours de circonstances ». Plus loin Rasson précise que « c'est par un concours de circonstances [que Tiffauges] en vient, petit à petit, à assumer des responsabilités dans un appareil nazi qui, il est vrai, exerce un attrait particulier sur lui dans la mesure où il offre une soupape à ses pulsions sexuelles ». La coïncidence entre les attentats ratés commis le 20 juillet 1944 contre Tiffauges et Hitler pousse Rasson à se demander si celui-là n'est pas l'alter ego de celui-ci.

161 David Gascoigne, *Michel Tournier*, op. cit., p. 8.
162 Avec la rencontre physique directe entre un personnage fictif et une personne historique, tout auteur se lance dans une affaire hasardeuse, l'invraisemblance pouvant facilement dominer l'interprétation par le lecteur. Rien de tel dans *Le Roi des aulnes*, et c'est sans doute une autre preuve de la qualité littéraire de l'œuvre de Tournier : une fois le personnage de Tiffauges connu et « accepté » et celui de Goering reconnu « conforme » par le lecteur, qui, certes, a été préalablement conditionné et manipulé par l'auteur, leur rencontre semble découler d'une logique tout à fait plausible. Voir aussi Liesbeth Korthals Altes, *Le Salut par la fiction ?*, op. cit., p. 180-181, pour les effets de l'apparition de personnages historiques dans le roman mythique.

sur ses lunettes « et Tiffauges découvrit pour la première fois l'une des marottes des maîtres du IIIe Reich, cette haine de l'homme à lunettes, incarnant pour eux l'intelligence, l'étude, la spéculation, bref le Juif » (MTR 371)[163]. Goering, qui lui fait penser à Nestor et par sa corpulence et par son attrait de la scatologie (MTR 380), se fait accompagner d'un autre ogre, le lion appelé « Buby ». Outre les différentes descriptions de Goering, qui sont presque toutes teintées d'ironie, le résumé fait par le narrateur de l'activité vénale du Reichsmarschall prend le format d'une tragédie classique :

> Forcer un cerf, le tuer, l'émasculer, manger sa chair, lui voler ses bois pour s'en glorifier comme d'un trophée, tel était donc le geste en cinq actes de l'ogre de Rominten, sacrificateur officiel de l'Ange Phallophore. Il en existait un sixième, plus fondamental encore, que Tiffauges devait découvrir quelques mois plus tard[164].
>
> MTR 378

Tout, dans cette quatrième partie du roman intitulé *L'Ogre de Rominten*, tourne ainsi autour de la nature ogresse de la personne historique de Goering. Or, nous pensons que Tournier n'aurait pas opté de la même manière et avec la même insistance pour la présence (im)pertinente, proéminente et dévoratrice de ce grand ogre dans le roman si les quatre premières lettres du patronyme de celui-ci, *Goer*ing, n'avaient pas été précisément les mêmes que celles du mot *ogre*. Goering incarne non seulement le thème de l'ogre, il l'englobe anagrammatiquement jusque dans son nom[165].

---

163   Contrairement à la scène avec Blättchen plus tard dans le roman, Tiffauges ne réagit pas à cette provocation. Il n'en tire pas non plus de leçon quant à la vraie nature du Nazisme et semble ignorer totalement ce signe qui est pourtant à ne pas manquer. Le port des lunettes est aussi la raison du mépris du professeur Otto Essig de la part de Goering, mépris qui tourne en colère quand celui-ci comprend que la myopie d'Essig est la cause de l'abattement du plus beau cerf de Rominten.

164   Pour ce sixième acte il s'agit, bien sûr, de la révélation de l'existence des camps d'extermination par Éphraïm.

165   Dans *Je m'avance masqué*, p. 62, Tournier fait le rapprochement direct entre **ogre** et **Goer**ing (épelé tel quel) : « Je voyais passer l'ogre Goering , le gros lourd rigolard qui se voulait populaire » (on remarquera aussi la concordance répétée quatre fois du son [g]). Tournier savait-il que le SS qui dirigeait la récupération des affaires et le vol des richesses des Juifs, surnommé le « comptable d'Auschwitz », le responsable du Canada, s'appelait Oskar **Groe**ning ? Ayant repris après la Seconde Guerre mondiale une vie normale en Allemagne, où il a occupé la fonction de juge industriel et commercial, Groening a été condamné à quatre ans de prison lors d'un procès commencé seulement le 20 avril (!) 2015 devant le tribunal régional de Lüneburg.

5 Conclusion

Le Roi des aulnes est un roman « musical » et un roman d'aventures, empreint de signes, roman qui reflète un monde à la fois historique et mythologique[166], monde également empreint de signes et de symboles. Limiter son attention en tant que lecteur aux seules difficultés d'interprétation rencontrées par le protagoniste, qui, en tant que diariste-narrateur, œuvre certes, dans ce sens, par son caractère dévorateur, c'est passer outre au travail d'interprétation, de conception, de fiction et d'écriture fourni par l'auteur au niveau des signes historiques et des symboles mythologiques, pour le fond et pour la forme. En d'autres termes, bien que l'auteur ait conçu *Le Roi des aulnes* de telle manière que le lecteur aurait tendance à se laisser manger par l'ogre Tiffauges, qui transpose ainsi sa nature ogresse au niveau de la lecture en tentant de s'emparer de l'interprétation, le roman présente une richesse sémiotique qui mérite encore bien d'autres lectures. Une fois admis que la lecture de la lecture des signes *selon Tiffauges* n'est pas une fin en soi car limitative, la nôtre, effectuée *à rebours* comme pour répondre au principe d'écriture de Tournier et au thème de l'inversion, a permis de confirmer une application particulière et de découvrir une recherche parfois insolite de la part de l'auteur au niveau de l'onomastique. Avec l'interférence et l'interdépendance, apparentes ou moins évidentes, entre personnages, historiques ou non, lieux, événements et leurs noms ou appellations, Tournier, en jouant sur les mots et en anagrammatisant les lettres, inscrit ce jeu formel dans le thème de l'inversion et soumet au lecteur averti autant de signes qu'il l'invite à découvrir et dont il convient d'intégrer la multiple interprétation dans la genèse et la signification globale du roman.

Remarque référentielle

Ce chapitre est paru dans *Neophilologus*, January 2019, Volume 103, Issue 1, p. 23-65. Version numérique en accès libre depuis le 4 octobre 2018 : http://link.springer.com/article/10.1007/s11061-018-9572-x.

---

166 Dans *Le Vent Paraclet* Tournier écrit : « Roman *apparemment** historique *Les Météores* élève l'événement à la puissance mythologique en effectuant une déduction romanesque de l'Histoire » (MTR 1404). La même chose pourrait se dire pour *Le Roi des aulnes*.

CHAPITRE 5

Réécriture et « Bricolage » : *Gilles & Jeanne* de Michel Tournier

1 Introduction

À la différence de la plupart des œuvres contemporaines, celle de Michel Tournier est essentiellement et consciemment parasitaire : elle se crée à partir d'autres textes, le plus souvent à caractère mythique, qui passent par les procédés typiquement tourniériens de réécriture, d'assemblement et de « recyclage ». Son premier roman, *Vendredi ou les Limbes du Pacifique* (1967), offre un bel exemple de ces procédés mythographiques qualifiés de « bricolage »[1] et d'« autobricolage »[2]. Réécriture du *Robinson Crusoé* de Daniel Defoe, *Vendredi* connaîtra une adaptation destinée aux enfants[3] sous le titre de *Vendredi ou la Vie sauvage* (1971) – adaptation qui, à son tour, sera réadaptée en 1977. Robinson est l'icône de la pratique scripturale de ce « bricolage » : il survit précisément grâce à son talent de bricoleur, utilisant tous les « moyens du bord »[4].

---

1 Sur la notion de « bricolage », métaphore introduite par Claude Lévi-Strauss (l'un des maîtres à penser de Tournier) et souvent appliquée depuis à l'écriture postmoderne, voir Martin Roberts, *Michel Tournier. 'Bricolage' and Cultural Mythology*, Saratoga, Anma Libri, 1994, 'Introduction', et Cornelia Klettke, *Der postmoderne Mythenroman Michel Tourniers am Beispiel des 'Roi des aulnes'*, Bonn, Romanistischer Verlag, 1991, p. 55-57.
2 Terme inventé par Roberts : « his [Tournier's] manipulation [...] of images, themes and episodes drawn from the personal mythology accumulated by his own previous projects » (p. 17).
3 Tournier commente : « Je n'écris pas pour les enfants. J'écris de mon mieux. Et quand j'approche mon idéal, j'écris assez bien pour que les enfants *aussi* puissent me lire » (Tournier, *Vendredi ou la Vie sauvage*. Nouvelle édition complétée, Paris, Gallimard (Folio), 1977, p. xvi). Cette conception de l'écriture pour enfants recoupe la remarque faite par Tournier dans « Tournier face aux lycéens », *Le Magazine littéraire*, N° 226, janvier 1986, p. 21 : « Je n'aime pas les livres écrits pour les enfants. C'est de la sous-littérature. Mais j'ai un idéal littéraire, des maîtres, et ces maîtres s'appellent Charles Perrault, La Fontaine, Kipling, Selma Lagerlöf, Jack London, Saint-Exupéry et pourquoi pas Victor Hugo. Or ce sont des auteurs qui n'écrivent jamais pour les enfants. Seulement ils écrivent si bien que les enfants peuvent les lire ». Michael Worton parle d'écriture « parabolique » : « elle peut révéler aux enfants (fonction pédagogique [...]) et pourtant elle éloigne la possibilité d'une solution définitive aux problèmes posés par le récit lui-même (fonction narratologique) ». Michael Worton, « Écrire et Ré-écrire : le projet de Tournier », *Sud*, 16, N° 61 (1986), 52-69 (p. 67).
4 Métaphore de Lévi-Strauss, appliquée à l'écriture de *Vendredi* par Roberts, op. cit., p. 18.

Bien que retenu en tant qu'une des principales caractéristiques de l'œuvre de Tournier par la critique tourniérienne, le procédé de la réécriture n'a pas encore fait l'objet d'une analyse textuelle et intertextuelle approfondie. Une microlecture de *Gilles & Jeanne*[5] à la lumière de cinq textes-source, à savoir *Là-Bas* de Joris-Karl Huysmans, *Gilles und Jeanne* de Georg Kaiser, *Le procès de Gilles de Rais* de Georges Bataille, *La Passion de Gilles* de Pierre Mertens et *Gilles de Rays. Une grande figure diabolique* de Roland Villeneuve permet de révéler les mécanismes qui sont à la base de cette réécriture pratiquée par Tournier.

Dans notre chapitre « Sémiotique et onomastique dans *Le Roi des aulnes* » nous avons analysé le jeu anagrammatique auquel se livre Tournier au niveau de l'onomastique significative, jeu de lettres correspondant notamment au thème de l'inversion qui régit et structure le roman. S'inscrivant dans la conception mythographique de Tournier, le « bricolage » dans *Gilles & Jeanne* s'accorde avec cette exploitation anagrammatique. Pratiqué à l'échelle de (fragments de) textes et d'intertextes, il peut en être considéré comme le pendant dans la mesure où il traduit lui aussi les principes mythographiques de l'inversion, du renversement et de l'opposition.

2   Mythographies

Dans la terminologie de sa poétique mythographique, Tournier définit le mythe comme « une histoire fondamentale »[6], essentiellement plurivalente et ouverte à des interprétations nouvelles et simultanées sans perdre de sa signification primordiale. L'une des implications de cette polyvalence du mythe, c'est le renversement de la perspective traditionnelle. Ainsi, dans *Vendredi*, le « point de vue » narratif est tantôt celui de Robinson (comme dans le récit de Defoe), tantôt celui de Vendredi. La mythographie tourniérienne implique aussi une évolution, à la fois spirituelle et physique, des protagonistes qui passent par des stades successifs mais souvent opposés. À chaque stade, la vie du héros prend un nouveau tournant, ou, pour utiliser une image entomologique, fréquente dans l'œuvre[7], le héros se métamorphose en sortant de sa chrysalide – inversion « bénigne » ou « maligne », selon les termes de Tournier.

---

5   Notre édition de référence est Michel Tournier, *Romans*, suivis de *Le Vent Paraclet*, Paris, Éditions Gallimard, Bibliothèque de la Pléiade, 2017. Toute pagination du présent chapitre se rapportant à cette édition de la Bibliothèque de la Pléiade est précédée de l'abréviation MTG&J pour *Gilles & Jeanne* ou de MTR pour les autres romans et *Le Vent Paraclet*.
6   Michel Tournier, *Le Vent Paraclet*, MTR 1440.
7   Voir Jean-Bernard Vray, *Michel Tournier et l'écriture seconde*, Lyon, Presses Universitaires de Lyon, 1997, p. 323-325.

Le Roi des aulnes offre l'exemple le plus déconcertant de cette mythographie. Le protagoniste du roman, Tiffauges, garagiste malheureux et méconnu, évolue d'un homme relativement innocent vers une sorte d'ogre au service du nazisme. De façon inquiétante, ce personnage réunit en lui les mythes opposés. Mythes tantôt *euphoriques*, à mettre en rapport avec Christophorus, le saint légendaire, qui aurait porté l'Enfant Jésus sur ses épaules[8], tantôt *dysphoriques* relatifs aux monstres « phoriques » qui portent les enfants pour les tuer, tels que l'ogre des contes de fées, Gilles de Rais (« Tiffauges » est le nom de son château), Barbe-Bleue (le nom du cheval gigantesque qui porte à son tour Tiffauges) et l'*Erlkönig* (célèbre par le poème de Goethe).

C'est dans la perspective de cette mythographie troublante qu'il convient de lire *Gilles & Jeanne*, ouvrage qui a retenu avant tout autre la plus grande attention de la critique tourniérienne[9]. Dans *Gilles & Jeanne* le bricolage des textes-source en fonction de la création mythographique se révèle en effet particulièrement intéressant et mérite une analyse plus approfondie.

3   *Gilles & Jeanne*

Dans *Gilles & Jeanne*, Tournier réunit deux figures historiques à dimension mythologique : Jeanne d'Arc, symbole national français dont la popularité perdure jusqu'à l'époque moderne[10], et Gilles de Rais, qui est sans doute la personne la plus détestée de l'histoire de France. Tout comme dans ses romans antérieurs, son choix du « point de vue » narratif désarçonne : la perspective est celle de Gilles de Rais, dont l'évolution passe par trois stades qui marquent les trois épisodes du roman. Le premier épisode commence le 25 février 1429, le moment

---

8   Est-ce pure coïncidence si l'an 1970 voit la publication du roman ainsi que la disparition de Saint Christophore du calendrier romain ?

9   Selon Karen D. Levy, ce récit « has polarized critical reaction perhaps more intensely than any of his other writings and become the subject of heated debate ». De ces réactions polarisantes, Levy mentionne cinq exemples, dont trois comptes rendus. Karen D. Levy, « Tournier's Ultimate Perversion : The Historical Manipulation of *Gilles et Jeanne* », *Papers on Language & Literature* 28, 1992, p. 72-88 (p. 73). Liesbeth Korthals Altes parle d'une « radicalisation de l'interrogation des valeurs » : « De ce point de vue, ce petit texte peut certes être considéré comme le plus dérangeant que Tournier ait écrit, et les textes ultérieurs semblent revenir en arrière, à des frontières morales plus nettes ». Liesbeth Korthals Altes, « La Rhétorique de la représentation du mal : *Là-Bas* de Joris-Karl Huysmans et *Gilles et Jeanne* de Michel Tournier », in *Amoralité de la littérature, morales de l'écrivain* […], éd. Jean-Michel Wittmann, Paris, Champion, 2000, p. 61-75 (p. 74-75).

10   Le personnage mythique de Jeanne d'Arc a même été politisé depuis qu'elle est devenue l'image de marque du Front national. « Jeanne. Au secours ! » est le texte du logotype officiel des Comités Jeanne, parti politique créé par Jean-Marie Le Pen après son exclusion du Front national.

où Gilles de Rais voit Jeanne pour la première fois lors de l'entrée de la Pucelle dans la cour du Dauphin, le futur Charles VII. Gilles se distingue des autres personnes de la cour méfiantes en reconnaissant immédiatement en Jeanne « tout ce qu'il aime, tout ce qu'il attend depuis toujours : un jeune garçon, un compagnon d'armes et de jeu, et en même temps une femme, et de surcroît une sainte nimbée de lumière » (MTG&J 1245). Cet épisode, qui relate les grands événements historiques de la prise d'Orléans et du couronnement du Roi, coïncide avec une période d'épanouissement tant matériel que physique et psychique du jeune Gilles – période brusquement terminée par le procès de Jeanne et son exécution sur le bûcher, le 30 mai 1431, suivis de la métamorphose de Gilles : « Il va devenir chenille dans son cocon. Puis la métamorphose maligne accomplie, il en sortira, et c'est un ange infernal qui déploiera ses ailes » (MTG&J 1259). Le deuxième épisode, historiquement daté entre 1431 et 1440, raconte comment, dans l'espoir de ressusciter Jeanne, Gilles a recours à des pratiques d'alchimie et de magie noire. Aidé par quelques complices, dont François Prelati, imposteur criminel originaire de la Florence renaissante, Gilles écume les régions de son château de Tiffauges à la recherche d'enfants qui sont cruellement torturés et massacrés pour plaire à Satan. Ces pratiques horribles continuent jusqu'à son arrestation le 14 septembre 1440 (MTG&J 1292). Le dernier épisode traite, de façon très détaillée, le procès de Gilles, et se termine par sa conversion finale et son exécution sur le bûcher le 25 octobre 1440 (MTG&J 1306).

Tous ces événements et ces personnages, Prelati inclus, sont historiques. Ainsi, Jeanne et Gilles se sont connus : par l'ordre du Dauphin, Jeanne a été officiellement mise sous la tutelle de Gilles, et celui-ci a été l'un des officiers dans l'armée qui, sous le commandement de la Pucelle, a libéré la ville d'Orléans. En revanche, il n'existe aucune preuve historique d'une relation personnelle entre Gilles et Jeanne, et moins encore de sentiments amoureux de Gilles envers Jeanne. Ici Tournier interprète l'Histoire en écrivant « dans les blancs laissés par les textes sacrés et historiques [qu'il ne] contredit jamais, mais nous transporte au cœur des personnages réels et fabuleux qu'ils évoquent »[11]. Or, cette réécriture historique a été diversement interprétée. Selon Susan Petit, *Gilles & Jeanne* est la version « conte de fées » du *Roi des aulnes*, non seulement parce qu'il a un « happy ending » (« Could one doubt that Gilles is saved ? »), mais aussi parce que « the simplicity of style, clarity of characterization, and polarization of good and evil seem designed to put this *récit* in the category of a *conte de fées* »[12]. À cette lecture « naïve » et rassurante s'oppose celle de

---

11   Prière d'insérer de l'éditeur Gallimard.
12   Susan Petit, « *Gilles et Jeanne* : Tournier's *Le Roi des aulnes* revisited », *The Romanic Review*, 76, 1985, p. 315. Le livre de référence de Petit est l'étude de Bruno Bettelheim, que Tournier semble connaître aussi : *The Uses of Enchantment : The Meaning and Importance of Fairy*

Karen D. Levy, qui note « the unacknowledged gap between historical referentiality and Tournier's invention »[13], qui a pour effet une série de contradictions non seulement entre fiction romanesque et vérité historique, mais aussi entre divers épisodes à l'intérieur de la fiction tourniérienne. Selon elle, ces contradictions internes et externes minent l'apparente simplicité du récit : elles empêchent le lecteur d'être « définitivement compromis » (MTG&J 1277) sur un sujet aussi universel que la cruauté humaine.

La présente étude n'a pas la prétention de trancher entre les analyses précitées. Nous considérons le texte de Tournier plutôt dans son intertextualité : selon nous, *Gilles & Jeanne* est le résultat d'un jeu savant avec des textes-source, tant historiques que littéraires, jeu qui reproduit à une tout autre échelle celui de la pratique anagrammatique dans l'onomastique tourniérienne[14]. Cette intertextualité ludique, à peine étudiée encore dans ses détails par la critique, mérite une microlecture qui révèle des aspects mal connus de la pratique scripturale de Tournier.

Le premier critique (et l'un des seuls) qui se soit penché sur les textes-source de *Gilles & Jeanne* est Colin Nettelbeck. Dans un article injustement ignoré de plusieurs spécialistes[15], Nettelbeck présente trois textes que Tournier a utilisés : le *Gilles de Rais* de Georges Bataille[16], qui interprète Gilles comme « a paradigmatic figure of the agony of mediaeval archaism in the face of the emerging new age » (p. 48). Voici *in extenso* le passage où Nettelbeck présente les deux autres « sources » de Tournier :

Tales, 1976. Selon Susan Petit et d'autres critiques, le texte-source le plus important de *Gilles & Jeanne* est *Le Roi des aulnes*. Tout en étant d'accord avec cette interprétation, nous n'étudierons pas à fond ce cas d'auto-réécriture ; nous nous contenterons de signaler par-ci par-là quelques analogies intéressantes entre ces deux ouvrages. Signalons au passage que Bruno Bettelheim a été sujet à des accusations de plagiat après la publication de son livre.

13   Karen D. Levy, « Tournier's Ultimate Perversion : The Historical Manipulation of *Gilles et Jeanne* », *op. cit.*, p. 75.

14   Voir notre chapitre 5 « Sémiotique et onomastique dans *Le Roi des aulnes* ».

15   Colin Nettelbeck, « The Return of the Ogre : Michel Tournier's *Gilles Et Jeanne* », *Scripsi* 2, N° 4, 1983, p. 43-50. Nettelbeck ne signale pas l'existence du livre de Roland Villeneuve, *Gilles de Rays. Une grande figure diabolique*, Denoël, 1955, utilisé également par Tournier pour la rédaction de *Gilles & Jeanne*. Dans l'édition de la Pléiade Jean-Bernard Vray relève « [c]inq pages serrées de références chronologiques [qui] proviennent de la lecture [de ce] livre » (MTG&J 1705, *Note sur le texte*). En revanche, l'article de Nettelbeck n'est pas mentionné dans l'édition de la Pléiade, comme d'ailleurs le *Gilles und Jeanne* de Georg Kaiser dont nous parlerons après.

16   Georges Bataille, *Le Procès de Gilles de Rais*, Paris, J.-J. Pauvert, 1965, réed. 1979.

> Firstly, the novel *Là-bas* (1891), by J. K. Huysmans, from which Tournier borrows the idea of Gilles as a natural mystic who turns to sorcery, satanism and child-murder because of the unjust punishment meted out to Jeanne d'Arc [...][17]. Secondly, the play *Gilles und Jeanne* (1923), by the German expressionist Georg Kaiser, which gives Tournier his title and the notion of unfulfilled but specifically sexual relationship between Gilles and Jeanne, and also the idea of Gilles as a kind of scapegoat or Christ-figure whose punishment is salutary for all. It is from Kaiser, too, that he gets his final image of Gilles crying out Jeanne's name like a tolling bell. (p. 47)

Nettelbeck se contente de cette brève identification des « sources » de Tournier[18], sans entrer dans le détail du texte. Dans les lignes qui suivent, nous nous proposons, moyennant une microlecture comparative des textes, de réévaluer les conclusions de Nettelbeck et de les corriger sur des points importants. Un quatrième texte-source, *La Passion de Gilles* de Pierre Mertens[19], et un cinquième, *Gilles de Rays. Une grande figure diabolique* de Roland Villeneuve[20], ignorés tous les deux par Nettelbeck, présentent également des éléments intertextuels intéressants qui méritent que nous nous y arrêtions pour notre propos.

---

17 Admirateur de Huysmans, nous nous distancions ici du jugement défavorable de Nettelbeck : « Huysmans' heavy and verbose prose is virtually unreadable today, but his imagination and personal inner adventure remain remarkable » (p. 47).

18 Parmi les quelques critiques qui ont étudié *Gilles & Jeanne* dans son intertextualité, mentionnons Liesbeth Korthals Altes, op. cit., Karen C. Levy, op. cit., Colin Davis, *Michel Tournier. Philosophy and Fiction*, Oxford, Clarendon Press, 1988, p. 129-139 (sur Tournier et Bataille) et Michael Worton, op. cit., p. 53 (sur la description du David de Donatello que Tournier a empruntée au *Journal* de Gide). Parmi le grand nombre de textes historiques et littéraires sur le personnage de Jeanne d'Arc, il est difficile de préciser tous les textes-source dont Tournier s'est servi. Dans l'édition de la Pléiade Arlette Bouloumié cite plusieurs ouvrages, notamment de Régine Pernoud, *Vie et Mort de Jeanne d'Arc. Les Témoignages du procès de réhabilitation, 1450-1456*, Hachette, 1953, rééd. Le Livre de Poche, 1956, et *Jeanne d'Arc par elle-même et par ses témoins*, Seuil, 1962 ; *Procès de condamnation de Jeanne d'Arc*, éds. Pierre Tisset et Yvonne Lanhers, Klincksieck, 1960 ; J. Quicherat, *Procès de condamnation et de réhabilitation de Jeanne d'Arc*, Renouard, 1841. Le plus souvent Tournier cite littéralement des fragments de ces autres textes-source mis dans la bouche de Jeanne, entre guillemets mais sans mention de source (Voir MTR 1706-1712, *Notes sur Gilles & Jeanne*).

19 Pierre Mertens, *La Passion de Gilles*, Opéra, Actes Sud, 1982.

20 Roland Villeneuve, *Gilles de Rays. Une grande figure diabolique*, Denoël, 1955, réédition Camion noir eds., 2016, version numérique.

4   Tournier et Bataille (premier intertexte)

Le Procès de Gilles de Rais de Bataille se compose de deux parties : une introduction de 200 pages, qui donne un aperçu chronologique très détaillé, suivi d'une analyse des événements historiques, et une traduction en français moderne, de 200 pages aussi, de la transcription en latin et en moyen français des actes du procès de Gilles. Dans cette deuxième partie le lecteur trouve intégralement tous les documents que l'on possède et qui en font le procès le mieux documenté de tout le Moyen Âge, y compris les dépositions détaillées des témoins.

L'étude de Bataille a été d'abord d'une utilité documentaire pour Tournier. Celui-ci y puise les informations historiques et s'est servi des dépositions des témoins, afin de relater ce procès de façon vivante et historiquement fiable. Dans ce but, Tournier a réécrit le texte de Bataille, en mettant à la première personne grammaticale les dépositions originellement écrites à la troisième personne. L'exemple suivant montre que pour le vocabulaire et la syntaxe, Tournier est resté très proche de la traduction de Bataille (nous avons mis en gras les correspondances lexicales et en italiques les concordances d'ordre sémantique) :

Bataille, p. 352	MTG&J 1300
André Barbe, cordonnier, demeurant à Machecoul dépose sous la foi du serment, disant que, depuis Pâques, *il a* entendu dire que **le fils de Georges Le Barbier**, de Machecoul *avait* été perdu, qu'un certain jour, on l'*avait* vu cueillir des pommes derrière *la Maison Rondeau* et que, depuis lors, on ne l'avait pas revu ; **certains** de **ses voisins avaient dit à** *celui qui parle* et à sa femme *qu'ils fassent attention* à *leur* **enfant**, *qui* **risquait d'être pris**, et ils en avaient grand peur ; en effet le témoin avait même été à Saint-Jean-d'Angély, et on lui avait demandé d'où il était, et il avait répondu qu'il était de Machecoul, et là-dessus on lui avait dit en s'étonnant fort **qu'on** *y* **mangeait les petits enfants.**	André Barre[a], cordonnier, demeurant à Machecoul : Depuis Pâques, *j'ai* entendu dire que le fils de mon ami **Georges Le Barbier** *a* été perdu. On l'*a* vu pour la dernière fois cueillir des pommes derrière *le château de Machecoul*. **Certains voisins avaient dit à** *Georges Le Barbier qu'il prenne garde* à *son* **enfant** *lequel* **risquait d'être pris**, car le bruit courait *qu'à Machecoul* **on mangeait les petits enfants.**

a   On remarque le changement apporté par Tournier au nom propre de Barbe – changement resté inexpliqué.

Outre ces documents historiques de la seconde partie de l'étude de Bataille, ce sont aussi ses chapitres analytiques et interprétatifs de la première partie qui ont servi à Tournier. En cela encore, Tournier reste parfois très proche du texte de l'analyse de Bataille, jusqu'à lui emprunter des mots et des phrases d'une manière qui tend au plagiat[21]. Un exemple :

Bataille, p. 33	MTG&J 1260
Ce [...] seigneur est en effet *dépourvu de* **scrupules**, il est *brutal*, il est *cupide*, ses procédés tiennent du *banditisme*. [...] Sa **fortune** est considérable. [...] une *préoccupation le domine* ; accroître sa richesse. *Il y travaille par des intrigues* [...]	*J'ai travaillé avec acharnement* à ma propre **fortune** [...] [...] *avec acharnement, violence, perfidie* et *sans le moindre* **scrupule** [...]

À d'autres endroits, cependant, Tournier semble prendre ses distances avec Bataille. Il est d'accord avec lui en considérant la figure de Gilles de Rais comme un représentant de la féodalité déclinante : la disparition des structures féodales a créé un vacuum de pouvoir, où les tendances violentes des seigneurs féodaux, et celles de Gilles de Rais en particulier, ne sont plus jugulées et canalisées. Mais l'interprétation de Tournier va plus loin que celle de Bataille. Alors que celui-ci explique les crimes de Gilles de Rais par la disparition de l'ordre ancien, Tournier les explique par l'avènement du nouveau : le sombre entourage féodal breton, où vit Gilles de Rais, est explicitement mis en contraste avec les splendeurs de la jeune Renaissance de l'Italie du Nord, personnifiées par la figure de Prelati. On s'étonne de constater que les lumières de la Renaissance ne le détournent pas du crime. Au contraire, ce sont justement le Florentin[22] et ses idées modernes sur la dissection et l'alchimie qui l'y poussent. La même idée est exprimée par les personnages des *Suaires de Véronique* :

---

21 Dans notre conclusion nous revenons sur le problème du plagiat dans l'œuvre de Tournier.
22 La perversion et le cynisme de Prelati s'expriment également par le recours à des plaisanteries religieuses pour narguer Gilles et plus tard le tribunal. Des rares jeux de mots dans *Gilles & Jeanne*, c'est en effet par deux fois à Prelati l'honneur de les proférer. Nous avons relevé « Flagellation, croix, coup de lance. Le père céleste riait aux anges. » (MTG&J 1289, au sujet du sacrifice de Jésus par Dieu) et « Pour ce qui est de Dieu et de ses saints, le P. Blanchet était là, et il paraissait au bout de son latin. » (MTG&J 1305, pendant le procès de Gilles). Une fois seulement le narrateur se plaît à utiliser un jeu de mots, et non le moindre : au moment de l'intrusion dans le château de Tiffauges et du démasqué par le dauphin Louis, celui-ci « flaire, semble-t-il, un air qui ne lui paraît pas catholique. » (MTG&J 1291).

- C'est évidemment un aspect de la Renaissance un peu inattendu.
- Par opposition à la belle santé du Moyen Âge, la Renaissance apparaît comme l'ère du morbide et de l'angoisse. C'est l'âge d'or de l'Inquisition et de ses procès de sorcellerie avec ses chambres de torture et de bûchers[23].

De même, Tournier semble s'irriter de certaines interprétations des historiens qui veulent expliquer les crimes de Gilles en se référant à sa jeunesse :

> On a beaucoup déparlé sur les premières années de Gilles, commettant l'erreur commune de projeter l'avenir dans le passé. Sachant comment il a fini, on a voulu qu'il ait été un enfant vicieux, un adolescent pervers, un jeune homme cruel.
>
> MTG&J 1246

Bien que Tournier ne le mentionne pas explicitement, il est possible que ces remarques visent Bataille, qui offre, outre l'explication sociohistorique que nous avons évoquée, une interprétation psychologique de la jeunesse du grand criminel. Comme l'a noté Colin Davis, Bataille « confronts his reader with Gilles de Rais's pre-reflexive *déraison*, which frustrates all rational explanation »[24]. Selon Davis, Tournier, par contre, explique la psychologie de Gilles en insistant sur la parfaite banalité de celui-ci : il est « un brave garçon de son temps, ni pire ni meilleur qu'un autre, d'une intelligence médiocre, mais profondément croyant » (MTG&J 1247)[25]. Ainsi, Tournier semble vouloir donner une cohérence rationnelle et rassurante à son récit. Cependant, toujours selon Davis, cette assurance n'est qu'apparente, destinée à désorienter le lecteur : celui-ci, en effet, après avoir terminé la lecture du roman, reste aussi indécis sur le caractère de Gilles qu'auparavant[26].

Autre point essentiel : la controverse au sujet du rôle que Jeanne d'Arc aurait joué dans la vie de Gilles de Rais. À ce sujet, Bataille observe :

> On a parlé de l'amitié de Gilles pour Jeanne ou de Jeanne pour Gilles. Il n'y a là que suppositions sans autre fondement que la naïveté de certains

---

23 Michel Tournier, *Le Coq de bruyère*, Paris, Gallimard, Folio, 1978, p. 162. Pour les rapports entre Prelati et le célèbre anatomiste flamand Vésale, voir Eva Winisch, *Michel Tournier. Untersuchungen zum Gesamtwerk*, Bonn, Romanistischer Verlag, 1997, p. 78-79.
24 Colin Davis, *op. cit.*, p. 134.
25 Le parallélisme avec les atrocités commises sous le régime nazi par des personnes à caractère banal est évident. Voir *Le Roi des aulnes* et *Le Vent Paraclet*.
26 C'est ici que les interprétations de Davis, Levy et Korthals Altes convergent.

auteurs, assez récents, qui, parlant de Gilles de Rais, voulurent opposer à l'aspect odieux un aspect séduisant.

BATAILLE, p. 117

Il est très probable que Tournier ait considéré ces lignes méprisantes comme un défi qu'il relève en écrivant son roman. En inventant une relation sentimentale entre Gilles et Jeanne, Tournier pèche par la même « naïveté » dont Bataille se moque.

5 Tournier et *Là-Bas* de Huysmans (second intertexte)

Bien qu'il ne le précise pas, Bataille reléguerait sans aucun doute Huysmans dans cette catégorie d'auteurs « naïfs ». Dans *Là-Bas* (1891), Huysmans met en scène le protagoniste Durtal qui prépare une étude historique sur Gilles de Rais. Selon Durtal (l'*alter ego* de Huysmans), Charles VII confie à Gilles « la garde et la défense de la Pucelle. Il la suit partout, l'assiste dans les batailles » (p. 67)[27]. En dehors de cette donnée historique connue, rien n'est certain. Durtal suppose que l'inclinaison innée de Gilles de Rais au mysticisme, trouve sa voie en prenant corps dans la personne de Jeanne d'Arc. Vivant en contact direct avec la Pucelle envoyée par Dieu lui-même, qui, en plus, tient ses promesses, et ce à une époque où les événements historiques semblent découler tout droit d'interventions divines, Gilles serait en effet comme obnubilé par la personne de Jeanne. Il l'aurait considérée comme une sainte, du moins tant qu'elle est inspirée par Dieu : quand Jeanne déclare qu'elle a accompli sa tâche divine et qu'elle désire retourner dans son village natal, Gilles se retire dans son château de Tiffauges. Ce retrait est la confirmation de l'absence dans *Là-Bas* de toute allusion à une relation amoureuse entre Gilles et Jeanne : le roman se concentre sur Gilles de Rais, le rôle de Jeanne se limitant à expliquer ou à accentuer le caractère ou les actes de celui-ci.

La lutte intérieure de Gilles entre le Bien et le Mal décrite *in extenso* par Huysmans est extériorisée par Tournier, qui situe le Mal exclusivement chez Gilles et le Bien chez Jeanne. L'analyse du caractère de Gilles faite par Huysmans se retrouve chez Tournier sous la forme d'une opposition complémentaire entre Gilles et Jeanne – opposition qui explique chez Tournier la déchéance de Gilles après la disparition de celle-ci.

---

[27] Notre édition de référence est Huysmans, *Là-Bas*, Paris, éd. Pierre Cogny, Garnier-Flammarion, 1978.

Outre ces concordances générales entre les œuvres de Tournier et de Huysmans, il y a, au niveau microtextuel, plusieurs passages qui montrent que Tournier a utilisé le roman de Huysmans de façon méticuleuse et sélective. Ainsi, Tournier imite Huysmans en choisissant de ne donner que sept témoignages parmi les dizaines d'attestations disponibles[28]. Des sept témoignages sélectionnés par Tournier, un est directement pris dans *Là-Bas*, les six autres viennent de l'étude de Bataille. Dans celui tiré de Huysmans, Tournier ne change que quelques mots (« derrière l'hôtel Rondeau » devient « derrière le château de Machecoul »).

Le tableau suivant présente quelques emprunts lexicaux de Tournier à *Là-Bas* :

Huysmans, p. 210	MT*G&J* 1295
[...] Gilles de Rais se *divise* [...] en **trois** *êtres* qui diffèrent. D'abord le soudard brave et pieux. Puis l'artiste raffiné et criminel. Enfin, le *pécheur* qui *se repent*, le *mystique*.	[...] Gilles de Rais se montra sous **trois** *aspects* – mais faut-il dire sous **trois** *masques*, ou s'agissait-il de **trois** *âmes diverses* habitant le même homme ? On vit **d'abord** paraître le grand seigneur hautain, violent et désinvolte. **Puis** en l'espace d'une nuit, il se métamorphosa en un désespéré à la fois bestial et puéril, s'accrochant à tous ceux qu'il croyait pouvoir le secourir et le sauver. **Enfin** il sembla définitivement habité par le souvenir de Jeanne, et il alla au supplice en *chrétien apaisé* et *rayonnant*.

Huysmans, p. 212	MT*G&J* 1292
[...] **le jour de la Pentecôte** [...] il **se précipite** [...] *dans l'église* [...] **menace** d'*égorger* Jean le Ferron.	[Le] **jour de la Pentecôte**, Gilles et ses hommes se ruent [...]. Gilles **se précipite** *dans la nef* [...], **menace** de *l'étrangler*.

Huysmans, p. 281	MT*G&J* 1306
[...] la prairie de la Biesse où se **dressaient, surmontés de potences**, de hauts **bûchers**.	Sur l'île de Biesse [...] pour **dresser** [...] trois **bûchers** que **surmontent** trois **potences** [...].

---

28   Nous revenons au symbolisme du chiffre sept.

Ce dernier exemple montre d'ailleurs que les deux auteurs se sont servis d'un autre texte-source, *Gilles de Rais* de l'Abbé Bossard (1885), qui écrit : « Trois gibets avaient été dressés sur trois bûchers[29] ». Il est donc fort possible que la vaste littérature consacrée à Gilles de Rais contienne d'autres textes-source que les cinq pris en considération ici, textes encore inconnus aux tourniérologues. En outre, cet exemple nous informe sur la manière dont s'effectue le bricolage tourniérien : l'auteur emprunte à Huysmans ce dont il a besoin, laissant de côté ce qu'il a trouvé ailleurs, le cas échéant chez Bataille ou Bossard.

6 Tournier et *Gilles und Jeanne* de Georg Kaiser (troisième intertexte)

Le troisième texte-source, repéré par Nettelbeck, est *Gilles und Jeanne* (1923), pièce de théâtre de Georg Kaiser. Représentant de l'expressionnisme allemand, Kaiser thématise la part d'irrationnel et les mondes irréels qui hantent l'homme en ayant recours à un symbolisme séculaire, exprimé par des images souvent obscures écrites dans un style dense. D'accès difficile, ses pièces, appelées *Denkspielen*, donnent une part importante au pathétique, ce qui se manifeste notamment par l'emploi surabondant de tirets et de points d'exclamation. Afin d'illustrer cette typographie aberrante, les images opaques et le style pathétique de Kaiser, nous avons choisi de reproduire en appendice les deux pages finales de sa pièce dans l'édition originale[30] – extraits qui sont, on va le voir, d'une importance primordiale pour notre interprétation du texte de Tournier.

Avant de retrouver Tournier, il convient cependant de faire préalablement une brève analyse de la pièce de Kaiser et de la situer dans son contexte. En écrivant *Gilles und Jeanne*, Kaiser a repris une thématique traditionnelle, il est vrai, dans la littérature allemande – depuis *Die Jungfrau von Orleans* (1801) de Schiller –, mais qui, au début du XXe siècle, est d'une grande actualité. En effet, la béatification de Jeanne en 1909 et sa canonisation consécutive en 1920 n'ont

---

29 L'Abbé Eugène Bossard, *Gilles de Rais, maréchal de France* [...], Paris, Champion, 1885, p. 324. Roland Villeuneuve, *Gilles de Rays. Une grande figure diabolique*, Denoël, 1955, cite l'ouvrage de l'Abbé Bossard à plusieurs reprises.

30 Georg Kaiser, *Gilles und Jeanne. Bühnenspiel in drei Teilen*, Potsdam, Gustav Kiepenheuer Verlag, 1923. Les pages finales montrent, outre l'emploi varié et abondant de certains signes diacritiques et le choix de mots peu commun (« Was tilgt noch ätzender den Makel »), les images du bouc émissaire (avec des allusions à la figure du Christ), de la cloche et du poseur de pavés (« Strassenkehrer »).

pas été sans avoir un fort impact sur les débats religieux (entre catholiques et protestants) et politiques (entre la France et l'Allemagne)[31].

À cela se sont ajoutés des facteurs littéraires d'ordre esthétique (plus précisément d'ordre expressionniste, l'auteur cherchant à dépasser le niveau événementiel et individuel de l'histoire) et éthique (l'auteur se voit dans l'impossibilité de traiter le sujet de la pédophilie sur la scène allemande), qui font que la pièce prend beaucoup de libertés avec la vérité historique. En témoigne le résumé qui suit, et qui est indispensable pour évaluer les emprunts faits par Tournier à cette pièce.

Gilles und Jeanne se compose de trois parties :

1. Jeanne gagne sa première bataille contre les Anglais. Gilles lui déclare son amour. Jeanne le repousse. Gilles se venge de ce refus en refusant à son tour de venir à l'aide de Jeanne lors de sa deuxième bataille contre les Anglais. Jeanne est capturée par les Anglais. Pendant son procès, elle est d'abord acquittée. Puis Gilles entre pour témoigner contre elle : Jeanne aurait fait un pacte avec le Diable, qui lui aurait fait gagner la première bataille, et perdre la deuxième. Jeanne est condamnée à mort, la première partie de la pièce se terminant sur le cri désespéré de Gilles : « Jeanne ! ».

2. La deuxième partie se compose de dialogues entre Gilles et deux hommes qui sont à son service, un alchimiste et un Italien. Gilles tombe sous leur charme ; il est littéralement obnubilé par les gaz chimiques. Les deux serviteurs profitent de son état pour lui offrir une vierge déguisée en Jeanne d'Arc, qu'il tue en transe. La cérémonie se répète à cinq reprises : au total, Gilles tue six jeunes filles de cette manière. À la fin de cette partie, on découvre les meurtres ; Gilles tue ses deux serviteurs et il est emprisonné.

3. La troisième partie relate le procès de Gilles. Personne ne peut rien prouver contre lui, jusqu'à ce qu'apparaisse une jeune fille prénommée Jeanne. Gilles la regarde : elle disparaît de façon miraculeuse. Dès cet instant, Gilles avoue les six meurtres, plus un septième : son faux témoignage, qui a eu pour conséquence la condamnation de Jeanne. Gilles est condamné à mort.

Parmi les innombrables libertés prises avec la vérité historique, nous nous contenterons de mentionner ici les modifications historiques les plus flagrantes. Le plus frappant dans le traitement des personnages, c'est que la figure historique de Prelati est scindée en deux : un « alchimiste » et un « Italien » (tous

---

31   Gerd Krumeich, « Jeanne d'Arc vue d'Allemagne », in *Jeanne d'Arc entre les nations*, éds. Ton Hoenselaars et Jelle Koopmans, Amsterdam – Atlanta, GA, Rodopi, 1998, p. 103-113.

les deux anonymes dans le texte de Kaiser). Gilles lui-même n'est pas présenté comme un meurtrier pédophile, mais comme un assassin de femmes, – déformation historique qui s'explique non seulement par les raisons éthiques évoquées plus haut, mais peut-être aussi par le désir inavoué de renouer avec la figure mythique de Barbe-Bleue. La préoccupation symbolique de Kaiser est visible dans le jeu qu'il joue avec le chiffre sept, symbole d'achèvement et de perfection (Gilles est appelé « Siebenmörder »). Ce symbolisme numérique n'a aucun fondement historique : le nombre des victimes de Gilles de Rais est estimé à 140. Pas plus historiques ne sont, bien sûr, le faux témoignage de Gilles contre Jeanne et l'apparition miraculeuse de celle-ci lors de son procès.

Qu'est-ce que Tournier, fils de parents germanistes et germanophile lui-même, a pris dans la pièce allemande, laquelle est à première vue fort dissemblable de son roman ? Commençons par les emprunts thématiques généraux. Outre le titre (nous y reviendrons à la fin de ce chapitre) et l'explication globale des actions de Gilles par son amour pour l'inaccessible Jeanne – explication qui est, dans les détails, d'ailleurs très différente chez les deux auteurs –, on constate que les trois épisodes du roman de Tournier coïncident grosso modo avec les trois parties de la pièce de Kaiser. Le chiffre magique sept est également utilisé par Tournier[32] : ce n'est pas un hasard si celui-ci, tout comme Kaiser (et Huysmans), se contente de sept dépositions de témoignage. Ironie du sort (historique) : auditionné le premier jour de son procès, l'acte d'accusation de Gilles se compose de 49 articles, soit sept fois sept (MTG&J 1295). Si le conte de Barbe-Bleu et ses sept femmes[33] reste implicite dans le roman, on y retrouve en revanche une référence beaucoup plus claire à un autre conte où le chiffre sept joue un rôle primordial : celui du Petit Poucet (âgé de sept ans, il fait partie d'une famille de sept enfants et porte les bottes de sept lieus)[34]. Entre Kaiser et Tournier, il existe aussi des correspondances lexicales, comme

---

32   Dans le journal tenu par Tiffauges il est question du procès et de l'exécution de Weidmann, surnommé « l'assassin aux sept cadavres » et « le géant aux sept crimes », qui est en tout le double de Tiffauges (*Le Roi des aulnes*, MTR 295).

33   Si la version de Perrault ne précise pas le nombre des femmes tuées, d'autres versions du conte mentionnent souvent le chiffre sept, comme, par exemple, le conte *Les Sept Femmes de la Barbe-Bleue* d'Anatole France, 1909. Voir aussi Bossard, op. cit., p. 409-412.

34   Nous avons vu que dans *Le Roi des aulnes*, Gilles de Rais et Barbe-Bleu se rencontrent dans le personnage de Tiffauges. C'est peut-être une autre réaction à l'adresse de Bataille, qui, lui, s'efforce de prouver que, historiquement, Barbe-Bleue n'a aucun rapport avec Gilles de Rais. Il est à noter que le conte de Petit Poucet est réécrit par Tournier dans *La Fugue du Petit Poucet* (1979).

« bâton de maréchal[35] » *versus* « Marschalstab » et « somnambule » (deux fois, MTG&J 1286, 1293) *versus* « traumwandlerisch » (Kaiser, p. 75). Les informations sur Jeanne données par Tournier ressemblent parfois à celles qu'on trouve chez Kaiser : « Nacktsohlig auf Tauwiesen geschritten » (Kaiser, p. 58) *versus* « l'habitude de marcher pieds nus » (MTG&J 1244) et « Kennst du den Teufel ?! JEANNE : – Ich kenne ihn nicht » (Kaiser, p. 34) *versus* « je n'ai jamais vu ni entendu de nains ni autre créature du Diable » (MTG&J 1249) – informations que Tournier a pu trouver aussi ailleurs dans l'abondante littérature sur Jeanne d'Arc. La ressemblance la plus frappante entre la pièce et le roman concerne les dernières lignes des deux ouvrages, qui racontent comment Gilles est brûlé vivant sur le bûcher. Comme l'a déjà noté Nettelbeck, les deux auteurs s'écartent de la vérité historique selon laquelle Gilles avait déjà été tué par le bourreau avant d'être brûlé. Tournier reprend de Kaiser le thème de la cloche (voir le texte de Kaiser reproduit en annexe), mais ce qui chez Kaiser est tintement *réel* de cloches devient *image* dans la phrase finale de Tournier : « un appel céleste qui résonne *comme une cloche lointaine* et qui crie : Jeanne ! Jeanne ! Jeanne ! » (MTG&J 1307). Pour être plus précis : l'image de Tournier est inspirée par la « dünne, helle Glocke », la seule cloche qui, à la fin de la pièce, se fait entendre. Les trois derniers mots de Gilles dans la version de Tournier sont l'écho du triple cri de Jeanne sur le bûcher, que l'auteur a indiqué en italiques : « *Jésus ! Jésus ! Jésus …* »[36]. Intertextuellement, les cris de Gilles et de Jeanne chez Tournier répondent en fait à celui du Gilles de Kaiser, qui clôt la première partie de sa pièce : « Jeanne !!!!!!!! », typographiquement marqué par huit points d'exclamation.

7   Tournier et *Gilles de Rays. Une grande figure diabolique* de Roland Villeneuve (quatrième intertexte)

Dans la récente édition de la Pléiade Jean-Bernard Vray indique que « [d]ans le dossier de *Gilles & Jeanne* […] cinq pages serrées de références chronologiques proviennent de la lecture du livre de Roland Villeneuve, *Gilles de Rays. Une grande figure diabolique* » (MTR 1705). L'analyse des textes de Villeneuve et de Tournier permet en effet de constater que les éléments empruntés par Tournier

---

35   Au sujet du bâton de maréchal de Göring, Tournier note dans *Le Roi des aulnes* : « le bâton d'un maréchal qui serait une bien médiocre arme de combat, mais qui le rend physiquement intouchable » (MTR 382).

36   *La Passion de Gilles*, opéra de Pierre Mertens, présente des analogies intéressantes avec la pièce de Kaiser et le roman de Tournier. Nous y reviendrons plus loin.

à l'ouvrage de Villeneuve, qui se veut scientifique et non pas romanesque, sont essentiellement chronologiques voire historiques. Cela ne l'empêche pas de reprendre textuellement certaines données, ni de les altérer et de les plier à sa guise. Dans son avant-propos Villeneuve se pose la question incontournable du changement de Gilles, « cet amoureux passionné d'art, cet érudit délicat, nourri aux sources de l'humanisme et de la théologie », qui « au raffinement artistique et religieux, alliait la cruauté et la plus effrénée débauche » (p. 9). Il se range dans le camp de ceux qui voient en la disparition de Jeanne la source de la déchéance de Gilles :

> Dans le domaine de tout ce qui dépasse la nature, l'esprit éprouve une certaine gêne à concevoir que l'on peut aisément passer de la mystique divine à la mystique diabolique. C'est pourtant là que réside la seule explication du « cas » de Gilles de Rays, qui, sans transition, passa du camp de Dieu dans celui du Maudit. Pour nous, la mort de Jeanne d'Arc, de la sainte pour laquelle il éprouva un platonique amour, irrémédiablement, entraîna la faille, la cassure d'âme par laquelle l'esprit du mal vint à le posséder. Les circonstances mêmes de la condamnation de Jeanne comme sorcière, produisirent en lui une impression profonde et cet esprit supérieur, mais recherchant l'extrême, se jeta à corps perdu dans les bras du Démon. (p. 10)

Le terme de platonique n'est pas explicité par l'auteur, qui n'explique pas non plus ce qui lui a permis de conclure à l'existence de cet amour platonique entre Gilles et Jeanne. Deux différences conceptuelles se manifestent ainsi dès les premières pages. Tout d'abord, chez Tournier l'amour *déclaré* de Gilles pour Jeanne va beaucoup loin et devient même momentanément charnel quand il « appuie longuement ses lèvres sur la plaie de Jeanne » (MTG&J 1254). Pour Villeneuve en revanche Gilles était « chargé de surveiller Jeanne d'Arc, voire de l'abandonner le moment venu, si son étoile devait faire pâlir celle du favori[37] » (p. 40).

Puis le Gilles d'avant sa déchéance est décrit par Villeneuve de manière élogieuse (« érudit », « fin lettré » (p. 8), « esprit supérieur » (p. 10), « raffinement artistique » (p. 32), etc.)[38], tandis que Tournier brosse un tableau beaucoup

---

37   Il s'agit de Georges de la Trémouille.
38   Plus loin Villeneuve indique que Gilles « montra très jeune de vives dispositions pour l'étude et les arts que sa fortune lui permit de cultiver. Il lisait couramment le latin et le parlait de même, comme un savant véritable, sans mépriser pour autant, sa langue maternelle [...] Il ne se séparait jamais de ses auteurs préférés, les avait fait richement relier et les emportait même en voyage. Il semble avoir marqué une réelle prédilection pour

plus nuancé pour ne pas dire plus négatif, dépeignant Gilles plutôt comme un rustre, d'« intelligence médiocre » (MTG&J 1247) ou « décidément dépourvu de tact » (MTG&J 1257). Ce côté un peu naïf et niais que Tournier confère à Gilles se confirme par l'accueil que celui-ci réserve à François Prélat, qui le met rapidement sous sa domination néfaste. L'appréciation inverse s'applique au révérend père Eustache Blanchet, le confesseur de Gilles. Relativement innocent et naïf chez Tournier, qui suit en cela plutôt l'opinion de l'abbé Bossard, Blanchet n'est pas ménagé par Villeneuve : « [p]rêtre et pédéraste, âgé de trente-neuf ans, bon vivant, souvent trop bavard » et « [...] louche figure de sodomite plus d'une fois au bord du sacrilège » (p. 67). En revanche, les deux auteurs sont d'accord sur la grande mélomanie de Gilles[39] et sa profonde religiosité. Ils attestent le manque de données sur la jeunesse de Gilles (Villeneuve : « on ignore à peu près tout de l'enfance de Gilles » (p. 12) – Tournier : « [e]n l'absence de tout document » (MTG&J 1246-1247), ce qui les amène à se distancier de la tradition psychologique et pathologique du « monstre naissant[40] » (p. 22 – MTG&J 1247), à savoir la projection *a posteriori* des crimes commis à l'âge adulte sur l'éducation ou des conditions juvéniles inconnues[41]. Sur le plan textuel, les emprunts de Villeneuve dans le récit de Tournier sont encore évidents, comme le montrent les exemples suivants[42], qui sont aussi significatifs quant à la compression et la rapidité du récit de Tournier vis-à-vis du caractère exhaustif et détaillé de Villeneuve :

---

la *Cité de Dieu* de saint Augustin, les *Métamorphoses* d'Ovide, Valère Maxime, et le *Livre des propriétés des choses*, traduit sous Charles V par Jehan Corbechon » (p. 31-32). Villeneuve rejoint ainsi Huysmans, pour qui Gilles était également « un fin lettré » et « un érudit qui lit et parle couramment le latin au contraire de tant de seigneurs ignares de son temps » (p. 47).

39 Villeneuve signale que des orgues pneumatiques faisaient partie des bagages de Gilles lors de ses déplacements (p. 59).

40 Les deux auteurs se servent du même terme (avec ou sans tiret), utilisé par Racine pour caractériser le personnage de Néron dans la première préface de *Britannicus*. Voir aussi MTR 1706.

41 Pour ce qui concerne Villeneuve, il convient de nuancer quelque peu ; en relatant le procès de Gilles il écrit : « Dès son jeune âge, il a perpétré des crimes monstrueux, offensé Dieu et violé ses commandements » (p. 160).

42 Dans le cadre limité du présent chapitre nous nous dispenserons de la comparaison des textes de Roland Villeneuve et de Georges Bataille, le premier ayant été publié en 1955, soit dix ans plus tôt que le dernier. Un bref regard sur l'exemple de la reprise du texte de Bataille par Tournier *supra* permet de tirer la conclusion que le dernier mot n'a pas encore été dit à ce sujet.

Villeneuve p. 23 Gilles apprendra de lui [= Craon] que seule importe la **fortune** quels que soient les moyens apportés à se la procurer ou à la faire fructifier. Craon [est] un homme à la fois mou et orgueilleux, fier de sa noblesse et traînant ses armes dans *de louches complots* ; surtout **violent** et complètement *dénué de* **scrupules**.	MT*G&J* 1247 Craon menait ses affaires avec une âpreté et *une absence de* **scrupules** qui faisaient merveille en ces temps de **violence**. MT*G&J* 1260 J'ai travaillé avec acharnement à ma propre **fortune** […] […] avec acharnement, **violence**, *perfidie* et *sans le moindre* **scrupule** […]
Villeneuve p. 29 Deux mois plus tard, Gilles épousait Catherine de Thouars […] […] le romanesque Jean de Craon réussit à la **fin novembre 1420**, à entraîner Gilles à *enlever* sa **cousine**, à main armée. Le père de Catherine qui *au même moment, guerroyait en Champagne*, ne pourrait intervenir et on le mettrait d'ailleurs devant le fait accompli. Le **mariage** fut béni *secrètement*, en **dehors des paroisses** *auxquelles appartenaient les deux jeunes gens*, le 30 novembre 1420. Les époux **incestueux**, *menacés par* l'**évêque d'Angers** se retirèrent à l'abri des formidables tours de Chantocé mais l'annonce, qui d'ailleurs devait se révéler fausse, d'une prochaine maternité de son épouse, contraignit bientôt Gilles à *solliciter* son **pardon** *auprès de la* **Cour de Rome**, et la reconnaissance officielle du mariage. L'affaire fut rapidement menée. […] [l]e pape Martin v ordonna d'abord la séparation des époux, puis leur **pardon** après l'accomplissement d'une juste *punition*, rachat de leur réunion canonique et de la reconnaissance légitime de leurs futurs enfants. Le 26 juin 1422, l'évêque	MT*G&J* 1247 La proie s'appelle Catherine de Thouars […] Il y a peu d'espoir que **le père** accepte cette union – au demeurant **incestueuse**, car les jeunes gens sont **cousins** – mais *il fait présentement la* **guerre en Champagne**. **Fin novembre 1420**, Craon organise l'*enlèvement* **à main armée** de la fiancée par son prétendant. Gilles s'amuse de cette expédition, plus ridicule que dangereuse, et de ses suites romanesques ; **mariage** *secret*, **hors des paroisses** *respectives des époux*, vaines *menaces de* l'**évêque d'Angers**, *intervention en cour de Rome, amende*, **pardon, bénédiction nuptiale** solennelle **en l'église Saint-Maurille-de-Chalonnes.**

d'Angers en personne, devant la nombreuse assistance d'amis et de vassaux qui les accompagnait donna sa **bénédiction nuptiale** à Gilles de Rays et à Catherine de Thouars, **en l'église Saint-Maurille de Chalonnes.**

Villeneuve p. 38 Gilles de Rays fut chargé, **honneur** insigne, de *se rendre à l'abbaye* de **Saint-Rémy** pour en *rapporter* la **Sainte Ampoule** dont le *chrême*, depuis **Clovis**, servait à **oindre** et sacrer les rois.	MTG&J 1251 La **Sainte Ampoule** contenant une *huile* inépuisable est conservée en *l'église* **Saint-Remy**. En 496 en effet, Remy la reçut […] pour **oindre Clovis** […]. Gilles de Rais a l'**honneur** d'*aller* la *quérir* selon un rituel millénaire.
Villeneuve p. 52 Le *décès* de Jean de Craon qui *se produisit* à Chantocé le 15 novembre 1432 laissait Gilles de Rays […] **à la tête d'une fortune** *considérable*.	MTG&J 1260 La *mort* de Jean de Craon […] *survenue* à Champtocé le 15 novembre 1432, le [= Gilles] met **à la tête d'une** *immense* **fortune** […]

Les exemples de similarité textuelle sont légion : la création et la description de la collégiale dédiée aux Saints Innocents avec Gilles en Hérode, les passages sur *Le Mistère du siège d'Orléans*[43], La Meffraye, la mission d'Eustache Blanchet aboutissant à la présence de François Prélat[44] à Tiffauges, le laboratoire d'alchimie, l'intrusion de Gilles dans l'église de Saint-Étienne-de-Mermorte, son arrestation et les dépositions des complices de Gilles lors du procès[45], pour n'en citer que quelques-uns.

---

43 Tournier parle de 20.000 vers (MTG&J 1277), Villeneuve de 2.529 (p. 60). Il se trompe : le manuscrit compte 20.529 vers.
44 Tournier invente sa ressemblance physique avec Jeanne.
45 Tournier ne fait aucune distinction entre les tribunaux ecclésiastique et séculier, sans doute dans un esprit de concision et de lisibilité. Il expose en revanche longuement l'effet de (la menace de) l'excommunication de Gilles sur l'attitude prise par celui-ci devant ses juges. Villeneuve met la disposition de Gilles à avouer ses crimes sur le compte de sa crainte devant la torture décidée par le tribunal. Bien qu'il soit question à plusieurs reprises de l'audition des témoins pendant le procès, Villeneuve ne cite aucun texte de ces

Les reprises par Tournier concernent donc essentiellement des faits, quasiment tous historiques, avec documents à l'appui dans le texte de Villeneuve. Ces données factuelles ne sont pas interprétées car incontestées, elles sont présentées d'une manière objective, présentation qui comporte forcément des éléments de ressemblance entre les textes des deux auteurs. La touche « tourniérienne » n'apparaît que dans « les blancs laissés par les textes sacrés et historiques »[46], comme l'annonce le prière d'insérer.

8   Tournier et *La Passion de Gilles* de Pierre Mertens (cinquième intertexte)

L'édition de la Pléiade mentionne également *La Passion de Gilles* (1982) de Pierre Mertens comme un des textes-source pour *Gilles & Jeanne* (MTR 1711), publié seulement un an après. Il est en effet possible de relever dans cet opéra plusieurs analogies avec le texte de Tournier, mais aussi avec celui de Kaiser, ce qui rend difficile de distinguer avec précision quant au bricolage pratiqué par Tournier au niveau de ces deux textes. *La Passion de Gilles*, dont l'ambiguïté du titre renvoie d'une part à la religiosité voire la (fausse) sainteté de Gilles et d'autre part à la frénésie meurtrière de celui-ci, se compose aussi de trois actes couvrant trois épisodes de la vie de Gilles :

1- le siège de Paris, en septembre 1429 ;
2- le château de Machecoul, vers 1440, y compris l'apparition de la fausse Jeanne ;
3- le tribunal, la prison et le bûcher (commun de Gilles et Jeanne) en 1440.

À part la situation du premier acte, cette tripartition correspond, grosso modo, à celle de Kaiser et de Tournier. Comme suggérée par le titre, la perspective narrative de l'opéra est également centrée sur Gilles. Cependant, bien que pas totalement exclue, l'existence d'une relation amoureuse entre Gilles et Jeanne est beaucoup moins pertinente et explicite. En évoquant l'abandon par Dieu, cause de leur défaite (« Nous sommes cocufiés par le Ciel ! », p. 42), Gilles se rappelle des batailles gagnées en compagnie de Jeanne : « Mais je me souviendrai de toi, Pucelle. Orléans, Lagny, Patay : là, je fus plus heureux que si j'avais été ton amant » (p. 42-43). Mertens nous présente l'amour entre Gilles et Jeanne comme retenu mais possible si les circonstances et les conditions s'y

---

dépositions faites par les parents des victimes, contrairement à Tournier qui y consacre tout un chapitre.
46   Voir note 11.

étaient plus prêtées. Citons un passage qui montre bien cette ambiguïté de la relation entre Gilles et Jeanne, régie par la domination de la tentation :

> JEANNE. –
> [...]
> Savais-tu aussi que je te regardais caracoler à la tête des troupes ? Vaincre, avec toi, était une fête altière. Oui : je te mangeais des yeux. Tu ne savais rien de mon émoi mais il me suffisait de l'éprouver.
> GILLES. –
> Se battre à tes côtés remplaçait tout amour. Sous ta cuirasse je te devinais plus femme que femme. Mais je me sentais plus homme de ne pas céder au désir. L'heure n'était pas au désir mais au mystère. En ce temps-là, Dieu nous aimait. Dans une autre vie, je t'aurais aimée comme il convient qu'un homme aime une simple femme ...
> JEANNE. –
> Dans une autre vie, je ne t'aurais pas connu, chevalier. Je ne serais pas entrée dans l'Histoire que façonnent des hommes tels que toi. (p. 43-44)

Le rôle que Jeanne s'impose par rapport à Gilles est plutôt de nature maternelle : elle l'observe en cachette (« je ne te quittais pas des yeux », p. 43) et s'inquiète de sa violence « encore balbutiante, comme si elle cherchait ses mots ... Encore aveugle, comme d'un tigre à la naissance » (p. 43). À deux reprises elle rappelle Gilles à l'ordre quand celui, « hagard », « en transe », est sur le point de s'en prendre une fois à une prisonnière (p. 39) et une autre fois à « une grande poupée, un mannequin qui a la taille et l'apparence d'un enfant » (p. 87). Le triple cri « Gilles ! Gilles ! Gilles ! » (p. 89) poussé par Jeanne à l'occasion de ce dernier fragment fait penser au « Jeanne ! Jeanne ! Jeanne ! », dernières paroles de Gilles sur le bûcher (MTG&J 1307), d'autant plus qu'un chœur se fait entendre lors de ces deux scènes. Un chœur d'enfants accompagne également le monologue de Gilles qui occupe tout le deuxième tableau de l'acte II, scène de désolation où se mêlent à plusieurs reprises des sons de cloche :

> GILLES (monologuant). –
> [...]
> Les oiseaux ne chantent plus. [...] Seulement le vent qui apporte sur les landes [...] le bruit des cloches. Toujours la mélancolique et poignante niaiserie des cloches. Le carillon qui moud inlassablement, dans la vallée, les morts et les naissances.
> [...]

De ce Temps[47] dont, bientôt, on ne saura plus rien. Pas même le silence des oiseaux dans le bocage. On ne retiendra que le bruit des cloches. (*Le chœur d'enfants se fait plus présent.*)
[…]
Une cloche – toujours ces cloches – ! bat dans le cœur de chacun des chanteurs. (p. 54-55).

Pendant le procès à l'acte III il est encore question de sept dépositions par des témoins masculins[48]. À la fin de l'opéra Gilles et Jeanne semblent se confondre, car si les qualificatifs de « hagard » et « halluciné » s'appliquaient dans plusieurs tableaux à Gilles, ils sont utilisés maintenant pour décrire l'attitude de Jeanne : « […] Jeanne, tout en armes, entre en scène, hagarde, hallucinée, somnambule » (p. 90). Cette confusion est à son comble lors de la scène finale où « Gilles et Jeanne se rejoignent au sommet du brasier » (p. 93).

Force est donc de constater que Tournier pousse l'affection entre Gilles et Jeanne beaucoup plus loin que Mertens, qui partage avec Kaiser plusieurs éléments dont s'est servi Tournier : composition tripartite, chœur, cloches (simultanément en plus), somnambulisme, cris répétitifs. La fonte entre Gilles et Jeanne, leur fusion totale, qui était d'ailleurs annoncée dès la fin du premier acte dans une phrase de Jeanne que l'on pourrait qualifier de « tourniérienne[49] » : « [Gilles] me tend un miroir où il m'arrive de me reconnaître » (p. 46). Cette assimilation finale des deux protagonistes vient étayer notre interprétation du titre *Gilles & Jeanne* par laquelle nous concluons la présente analyse.

9   Questions de titre

Les cas de Bataille, Huysmans, Kaiser, Mertens et Villeneuve montrent bien comment *Gilles & Jeanne* de Tournier est le produit de toutes sortes de réécriture, de « bricolage » – et, si l'on pense au *Roi des aulnes*, d'« autobricolage ». La question, souvent posée par la critique tourniérienne, est celle de savoir dans quelle mesure nous avons affaire à du plagiat[50]. Afin de répondre à une telle question, il importe de savoir ce qu'il faut entendre par plagiat. Comprenons

---

47   Ce Temps = l'époque des victoires avec Jeanne.
48   Sept dépositions par des hommes contre seulement cinq pour des femmes.
49   « tournierienne » dans le sens où le miroir et le dédoublement de l'image, inversée en l'occurrence, sont des thèmes récurrents dans l'œuvre de Tournier.
50   Voir Antoine Compagnon, *La Seconde Main ou le Travail de la citation*, Seuil, 1979 ; Michel Schneider, *Voleurs de mots : Essai sur le plagiat, la psychanalyse et la pensée*, Paris,

le mot dans son sens généralement accepté de « vol littéraire dissimulé ». Or, dans cette acception, Tournier n'est pas plagiaire, parce qu'il ne fait rien pour camoufler son emprunt : dans son bricolage les « « moyens du bord » restent visibles. Dans les cas de Bataille et de Huysmans, la dissimulation du vol serait d'ailleurs impossible, car leurs œuvres sont trop connues pour être plagiées. Pour la pièce de Kaiser, les choses sont différentes, la pièce étant inconnue en France, mais ici non plus, Tournier ne semble pas vouloir cacher l'emprunt, puisqu'il choisit le même titre. Dans cette perspective le signe typographique « & » est révélateur[51] : ce signe est un jeu de mots qui peut se lire comme « et » et comme « und », – raison de plus pour supposer que Tournier n'a pas voulu cacher sa redevance à Kaiser. Au contraire même, le titre se lit comme une invitation au lecteur de comparer la version de Tournier à celle de Kaiser.

Il y a encore d'autres raisons qui ont amené Tournier à choisir ce titre. Raison sémantique d'abord : nous avons vu que le point de vue choisi est celui de Gilles, et non celui de Jeanne, ce qui explique pourquoi le titre mentionne Gilles en premier. Raison esthétique ensuite : outre l'allitération des deux noms propres, la combinaison des trois mots du titre présente une série intéressante de voyelles i – é – a, série qui établit le passage de la voyelle la plus fermée à la plus ouverte et qui, par conséquent, permet une prononciation phonétiquement naturelle et aisée[52]. Enfin, il y a encore une troisième raison que l'on pourrait appeler « homonymique » : la conjonction « et » est homonymique de la forme verbale « est », ce qui a pour conséquence que, du moins dans sa réalisation phonique, *Gilles & Jeanne* peut se lire comme *Gilles est Jeanne*. Si ce dernier argument semble quelque peu forcé, rappelons que Mertens a également recours à cette fusion dans *La passion de Gilles* et que ce même procédé homonymique est à la base du titre d'un livre contemporain : en 1986, la philosophe féministe Elisabeth Badinter publie *L'un et l'autre*, avec l'intention avouée de suggérer également la lecture *L'un est l'autre*. Le contenu du roman de Tournier vient d'ailleurs parfaitement justifier une telle interprétation : Gilles est, ou sera (comme) Jeanne. Prelati fait une allusion qui va dans ce sens

---

Gallimard, « Connaissance de l'inconscient », 1985 ; Jean-Bernard Vray, *Michel Tournier et l'écriture seconde*, Lyon, Presses universitaires de Lyon, 1997.

51   On constate que ce signe diacritique est à peine respecté dans le titre du roman tel qu'il est cité par les tourniérologues.

52   Comme nous l'avons relevé dans notre chapitre sur *Le Roi des aulnes*, Arlette Bouloumié consacre des pages très intéressantes au mythe des jumeaux et à leurs noms. Pour elle « [ce mythe] finit par exprimer l'écartèlement de la conscience entre le bien et le mal. C'est le cas pour *Gilles & Jeanne* où les noms historiques semblent se plier à l'intuition gémellaire de l'auteur. Les deux noms ont le même rythme binaire, la même frictive au début. Seul, le i s'oppose au a, le l au n. Mais Gilles est le jumeau démoniaque de Jeanne d'Arc ». Arlette Bouloumié, *Michel Tournier, Le Roman mythologique*, Librairie José Corti, 1988, p. 128.

lorsqu'il pronostique la future béatification de Jeanne. Dans le but de choquer son auditoire, il enchaîne sur celle de Gilles en déclarant : « Sainte Jeanne ! […] Et qui peut dire si, dans ce même mouvement, on ne vénérera pas son fidèle compagnon : saint Gilles de Rais ? » (MTG&J 1306)[53]. Annoncée par l'homonymie du titre, la fusion des deux personnages – Gilles est Jeanne – ne se réalise que dans les lignes finales du livre. Union, sinon unisson ultime, réalisée par le feu et emblématisée par le triple cri de Gilles mourant : « Jeanne ! Jeanne ! Jeanne ! ».

10 Conclusion

Les principes du jeu anagrammatique au niveau *micro* de l'onomastique mis en œuvre dans *Le Roi des aulnes* se reflètent dans le procédé de « bricolage » *macro* avec les textes à caractère mythique, la plurivalence du mythe avec ses multiples interprétations simultanées étant considérée par Tournier comme une invitation à la réécriture. Ce faisant, Tournier ne se cache pas de tirer profit au maximum de l'équivoque de l'historicité : *Gilles & Jeanne* a été « [é]crit dans les blancs laissés par les textes sacrés et historiques, [qu'] il ne contredit jamais » (MTG&R 1316).

Le recours à l'ambiguïté par l'homonymie et à la construction onomastique en tant qu'éléments signifiants est une constante de la (ré)écriture tourniérienne : la pratique de l'onomastique significative initiée et exploitée à fond dans *Le Roi des aulnes* trouve ainsi son prolongement dans *Gilles & Jeanne*.

Remarque référentielle

Ce chapitre est une version augmentée et actualisée de l'article écrit en collaboration avec Paul J. Smith, « Tournier bricoleur : écrire Gilles & Jeanne », paru dans *Réécrire la renaissance, de Marcel Proust à Michel Tournier, Exercices de lecture rapprochée*, Amsterdam – New York, Rodopi, Coll. Faux Titre, 2009. C'est la parution de l'édition de la Pléiade, Michel Tournier, *Romans*, en 2017, qui a rendu nécessaires certaines adaptations, notamment la prise en considération de deux autres ouvrages en complément des trois textes-source analysés dans notre article de 2009.

---

53 La perspective de la réhabilitation, de la béatification et de la canonisation avait déjà été exprimée par Prélat devant Gilles pour convaincre celui-ci de la nécessité de « franchi[r] le rideau ardent » (= le feu) et de « poursuivre [s]a descente aux enfers » (MTG&J 1288-1289).

Annexe

DIE KARDINÄLE
zum Nuntius.

Brich den Stab!!!!

DER NUNTIUS
sieht nach Gilles.

GILLES
in Knie sinkend.

Brich den Stab über mich!!!! Ich bin geständig!! Mit dem Mund eines Menschen — der überfließt!! Ich kann berichten!! Der Weg zum Menschen ist weit — — und bis nicht Einer bis an den Hals im Blutsumpf verglitt und aufstieg — — — —: ist keiner gewonnen!! — — Die Blutschuld ist mein — — mein ist das Geständnis!! — — Was tilgt noch ätzender den Makel??!!!!

DER NUNTIUS
hält den Stab hoch über sich — — knickt ihn in zwei Stücke.
Henker und Gehilfen stürzen aus Seitentür vornunten nach Gilles.

DER NUNTIUS
laut.

Kein Henker!! — keine Fessel!! — — — — Es ist mehr geschehen, als unsere Verdammnis sühnt!! Ein Mensch bekannte sich!! Wer ist nicht seinesgleichen?! — — — — — — Wir wollen die Scheiter sammeln und den Holzstoß richten: — — jeder brennt mit Gilles, der für alle verbrennt!!!! — — — — *Zu Mönchen.* Rührt wieder Glocken!!

Mönche durch Seitentür ab.
Stille.
Glocken beginnen.

DER NUNTIUS
hebt beide Arme befehlend.

136

GILLES
steht auf.

Henker und Gehilfen gehen voran. Die Soldaten folgen. Hinter ihnen geht Gilles. Dann: die Bauernmütter mit den Nonnen — der Nuntius mit den Kardinälen und Mönchen — die Zuschauer, die vorn aus den Tribünen fluten.

Der König und Gefolge bleiben oben.

Glocken toben.

Leerer Dom.

Die Glocken hören auf — nur eine dünne, helle Glocke schwingt schnell.

DER KÖNIG
Insignien von sich reißend — unter sich stampfend.
Ich will Straßenkehrer werden!!!!

―――――

ILLUSTRATIONS 5.1 & 5.2   Georg Kaiser, *Gilles und Jeanne. Bühnenspiel in drei Teilen*, Potsdam, Gustav Kiepenheuer Verlag, 1923, p. 136-137

CHAPITRE 6

Aux confins du texte à dire et de la didascalie
Analyse de trois pièces de théâtre de Samuel Beckett : En attendant Godot, Fin de partie et Pas

> In the beginning was the pun. And so on.
> SAMUEL BECKETT, *Murphy*[1]

∵

1 Introduction

Dans l'œuvre théâtrale de Samuel Beckett le principal personnage semble bien être la langue. Dépourvu d'intrigue, le théâtre beckettien repose sur la parole qui se substitue à l'action au sens traditionnel[2]. Comme le constate à juste titre Dina Sherzer, « [...] ce sont [l]es échanges verbaux, [la] parlerie qui constituent une trame événementielle dans laquelle l'action a lieu *dans* le langage ». Dans le théâtre de Beckett la langue acquiert ainsi une dimension « actancielle », au détriment d'ailleurs de sa fonction communicative bannie de plus en plus des dialogues[3]. Beckett manipule la langue, l'exploite et la dirige avec rigueur, d'une manière semblable à celle qu'il utilisait de son vivant pour guider et inspirer les metteurs en scène qui réalisaient ses pièces et les acteurs qui les jouaient. Englobant le texte à dire avec les énoncés correspondant aux « dramatis personae » et se situant au-dessus d'eux, c'est la langue qui prime, c'est elle qui, née et recréée sur les planches, passe la rampe. Bien sûr cette primauté *auditive* du texte à dire est doublée et complétée par des aspects *visuels* – en 3D, le propre du théâtre ! –, mais ces derniers sont encore réalisés à partir d'indications scéniques écrites ou verbales du dramaturge, donc par un texte à lire. Autrement dit, la langue est le socle commun du texte à dire et des indications scéniques, que par la suite nous appellerons *discours didascalique* ou

---

[1] Samuel Beckett, *Murphy*, New York Grove Press, 1957, p. 65.
[2] Dina Sherzer, « Didi, Gogo, Pozzo, Lucky : linguistes déconstructeurs », *Études littéraires*, 1980, 13(3), p. 539. Les remarques de Sherzer sur la manipulation de la langue par Beckett, qu'elle résume par le terme de « jonglerie verbale » (p. 550), sont pertinentes, notamment celles sur les jeux de mots, les ambiguïtés et la dé-automatisation des expressions, clichés et proverbes.
[3] Communication entre les personnages, mais aussi celle des personnages avec le public.

didascalie, pour en souligner la spécificité. De toute évidence c'est l'ensemble des signes *sonores* et *visuels* créés au moyen de la langue qui détermine en fin de compte la réception de la pièce par le spectateur.

Or, l'exploitation par Beckett de toutes les possibilités, dramatiques en particulier, qu'offre la langue met en évidence sa prédilection pour les effets créatifs du jeu sur l'ambiguïté des mots. Au niveau sonore, du texte à dire donc, les premières paroles prononcées par Estragon dans *En attendant Godot*[4], « Rien à faire », en sont un bel exemple. Avec ces trois mots, Beckett annonce et résume en même temps toute la pièce, créant ainsi un véritable leitmotiv : d'une part la constatation que Vladimir et Estragon n'ont rien d'autre à faire que d'attendre, d'autre part la prise de conscience qu'ils n'y peuvent rien, donc la fatalité de cette constatation[5], comme il ressort de la réplique quelque peu philosophique de Vladimir :

> VLADIMIR [...]. – Je commence à la croire. (*Il s'immobilise.*) J'ai longtemps résisté à cette pensée, en me disant, Vladimir, sois raisonnable, tu n'as pas encore tout essayé. Et je reprenais le combat. (*Il se recueille, songeant au combat.* [...]) (p. 9)

De la même manière les premières paroles prononcées par Hamm dans *Fin de partie* présentent une polysémie interprétée par le spectateur selon qu'il s'agit d'un texte dit par l'acteur ou par le personnage joué par celui-ci :

> HAMM. – A – (*bâillements*) – à moi. (*Un temps.*) De jouer. (p. 145)

---

4 Sauf indication contraire, nous nous référons aux éditions suivantes : *Théâtre I, En attendant Godot, Fin de partie, Actes sans paroles I et II*, Paris, Les Éditions de Minuit, 1971 ; *Pas*, suivi de *Quatre esquisses*, Paris, Minuit, 1984 (1978) et *Footfalls* (1976) in *Collected Shorter Plays*, Londres – Boston, Faber, 1984, p. 237-243.

5 Contrairement à Stéphane Gallon, « Beckett, *En attendant Godot, Oh les beaux jours*, Oh la belle double énonciation », *Questions de style*, N° 7, 2010, p. 88, nous pensons que Vladimir et Estragon sont bien conscients de l'impasse définitive où ils se trouvent et qu'ils croient, *malgré eux et malgré tout*, au sauvetage par Godot. L'extension significative faite par Gallon du « rien à faire » comme définition du rôle du spectateur est tout à fait convaincante, tout comme son analyse qui aboutit à la conclusion que les protagonistes sont des doubles des spectateurs (p. 95-96). L'interchangeabilité des protagonistes entre eux et avec les spectateurs se reflète dans « les ressemblances entre [leurs] différents patronymes » : Gogo, Godot, Pozzo, Bozzo. Ajoutons encore Gozzo. En revanche, les réflexions de Gallon sur « [l]a polysémie [qui] naît [...] bien souvent du jeu entre le sens propre et le sens figuré » (p. 87) auraient mérité la mention de l'analyse de Dina Sherzer, « Didi, Gogo, Pozzo, Lucky : linguistes déconstructeurs », *op. cit.*, p. 541.

Ces quelques mots confirment le contexte dramatique où ils sont prononcés, mais le remettent aussi immédiatement en question par la rupture de la convention théâtrale qui veut que l'acteur et le personnage coïncident ou, tout au moins, que celui-là se sacrifie pour celui-ci[6]. Ces premières paroles de Hamm présentent encore une seconde ambiguïté : elles s'accordent par analogie avec l'autre acception du titre *Fin de partie*, à savoir la référence au dernier stade du jeu d'échecs[7]. Dès le début d'*En attendant Godot* et de *Fin de partie*, le spectateur est ainsi conditionné et averti[8] du potentiel ambigu que Beckett a souhaité conférer à ses pièces[9].

Si ces exemples d'ambiguïtés dans le texte à dire sont encore relativement faciles à saisir, les choses se compliquent nettement pour les doubles voire triples sens que présentent les visualisations sur la scène, réalisées toujours à partir des didascalies véhiculées par la langue. L'exploitation par Beckett de l'ambiguïté au niveau sonore se double en effet par celle qu'il réalise sur le plan visuel. Ainsi est-il question d'une imbrication indissociable entre les effets sonores et visuels, ceux-ci faisant écho à ceux-là, et vice versa. Il ne surprendra pas que Beckett réponde à ses acteurs du Schiller-Theater désireux de mieux comprendre *Fin de partie* pour savoir comment la jouer : « Dans *Fin de partie*

---

6 À son tour Nell demande : « Pourquoi cette comédie, tous les jours ? » (p. 155), où l'on retrouve le même principe d'ambiguïté dramatique. Les exemples sont en effet légion dans *Fin de partie* : « CLOV. – A quoi est-ce que je sers ? Hamm. – A me donner la réplique » (p. 192) ; « CLOV. – Cessons de jouer ! » (p. 208) ; « Hamm (*avec colère*). – Un aparté ! Con ! C'est la première fois que tu entends un aparté ? (*Un temps.*) J'amorce mon dernier soliloque. » (p. 209). Le jeu dans le jeu est aussi très présent dans *En attendant Godot* : Vladimir et Estragon proposent de jouer Pozzo et Lucky, Pozzo se pose comme acteur (« Tout le monde me regarde ? », p. 42), jeu d'ailleurs doublé en même temps par la rupture de l'illusion théâtrale (Estragon. – « Au fond du couloir, à gauche », Vladimir. – « Garde ma place », p. 50). Voir aussi à ce sujet Anne Ubersfeld, *L'École du spectateur, Lire le théâtre 2*, Paris, Editions Sociales, 1981, p. 44-45.
7 Nous reviendrons à cette évidente acception plus loin.
8 On peut même se demander si le spectateur n'est pas non plus dérouté ou déstabilisé par les énoncés initiaux d'Estragon et de Hamm.
9 Sur cette polysémie, jeu entre sens propre et figuré, voir Stéphane Gallon, « Beckett, *En attendant Godot, Oh les beaux jours*, Oh la belle double énonciation », *op. cit.*, p. 87. Il avance que « [g]énéralement, les protagonistes s'arrêtent au sens propre. Les lecteurs spectateurs font un pas de plus et interprètent plus subtilement l'expression utilisée ». Il donne l'exemple suivant : « [...] dans En Attendant (sic) Godot, on peut lire : '– Tu as été loin / – Jusqu'au bord de la pente' [...]. Vladimir prend cette réponse au sens propre puisqu'il commente 'en effet, nous sommes sur un plateau', le lecteur spectateur, lui, y lit la tentation du suicide ». Nous verrons plus loin que les choses sont bien plus compliquées que cela et que la polysémie de tel ou tel énoncé ou de telle ou telle situation échappe dans bien des cas au spectateur.

rien n'arrive par accident ; tout est bâti sur l'analogie et la répétition »[10]. C'est cette phrase-clé qui devrait donc être à la base de toute tentative d'interprétation dramaturgique de la pièce[11]. La première partie de la phrase précitée, avec le « rien » exclusif, confirme que Beckett n'a laissé rien au hasard, que vraiment tout est réfléchi et intentionnel[12]. Le compréhensif du « tout » de la seconde moitié de la phrase semble renvoyer à la présence essentielle de l'analogie et de la répétition à plusieurs niveaux : à l'intérieur du texte à dire et dans les didascalies, mais aussi dans l'interaction et l'interférence entre texte à dire et didascalie. C'est dire par la même occasion l'importance donnée par Beckett aux didascalies, importance souvent mal reconnue par les metteurs en scène et les acteurs, qui, venus après la mort de Beckett, s'étonnent toujours, voire s'irritent de la précision méticuleuse, qualifiée même « ossifiante »[13], des indications scéniques et de leur respect absolu exigé par l'auteur. Souvent amis et admirateurs, les metteurs en scène qui ont travaillé avec Beckett de son vivant témoignent néanmoins de cette même obsession. Ainsi Roger Blin n'hésite pas à signaler le « désir maniaque de précision »[14] de Beckett. L'expérience de Jean-Marie Serreau avec la présence de l'auteur lors des répétitions permet de se donner une idée détaillée de la méthodique mise en œuvre par Beckett au niveau de la mise en scène :

---

10   Michael Haerdter, « Samuel Beckett inszeniert das 'Endspiel' », *Materialen zu Beckett's 'Endspiel'*, Francfort, Suhrkamp, 1968, p. 54. « [L]a répétition » : pourrait-il s'agir ici d'encore un jeu de mots, une ambiguïté de la part de Beckett ? N'oublions pas que le terme de *répétition* se rapporte directement au jargon du théâtre : les acteurs se préparent à la représentation d'une pièce pendant les *répétitions* ... Voir aussi Anne Ubersfeld, *Lire le théâtre III*, Paris, Belin Sup Lettres, 1996, p. 122, pour qui « au théâtre, les principes fondamentaux du poétique, le *parallélisme* et la *répétition*, ont une importance accrue du fait de la nécessaire totalisation du texte et de la présence active de la *mémoire* ». Elle s'appuie sur la théorie de R. Jakobson.

11   Dans « Samuel Beckett metteur en scène : ses carnets de notes de mise en scène et l'interprétation critique de son œuvre théâtrale », *Lectures de Beckett*, Michèle Touret (éd.), Presses Universitaires de Rennes, 1998, p. 69-84, James Knowlson a consacré quelques remarques très intéressantes au rôle de l'analogie et de la répétition dans *Fin de partie*. Ces deux aspects si caractéristiques de l'œuvre théâtrale de Beckett en général se reconnaissent sans trop de difficultés au niveau sonore : dédoublements, échos verbaux, parallèles sont en effet légion. À juste titre Knowlson établit ici un rapport avec le thème omniprésent dans la pièce de la « difficulté de finir ».

12   Voir aussi nos remarques *infra* pour les effets voulus par Beckett au niveau de la didascalie.

13   Joël Jouanneau, « Libérons-nous de ses didascalies ! », *Le Magazine littéraire*, 372, 1999, p. 45.

14   Dans une interview publiée dans Pierre Mélèse, *Beckett*, Théâtre de tous les temps, N° 2, Paris, Seghers, 1966, p. 146-147.

> Au point de vue purement théâtral, Beckett est un homme d'une rare efficacité. Comme il visualise autant qu'il écrit, il sait exactement ce qu'il veut pour la représentation : c'est un monstre de précision. [...] Il apporte un soin extrême à la diction, au rythme de l'intonation : il va jusqu'à faire travailler les syllabes ; il a rédigé un commentaire écrit pour chaque phrase, et il ne craint pas de faire répéter sans cesse les répliques. Travailler avec lui est pour les comédiens un effort épuisant[15].

La preuve la plus convaincante du poids que Beckett confère à la didascalie pourrait bien être la production d'*Actes sans paroles I* et *II* : composées uniquement d'indications scéniques, ces deux pièces se passent entièrement de texte à dire.

Or, la fonction de la didascalie dans l'œuvre théâtrale de Beckett est complexe. En effet, il convient d'attirer l'attention sur la nécessité de l'analyse de ce discours didascalique, non seulement du point de vue traditionnel de sa matérialisation sur scène, de sa référentialité, mais encore de celui de sa textualité et de ses interférences avec le texte à dire. Si le texte de la pièce y gagne à être lu, les effets stylistiques, les ambiguïtés et même les jeux de mots contenus dans la didascalie échappant au spectateur à la seule représentation, l'inverse est tout aussi révélateur : la représentation et la matérialisation des indications scéniques[16] éclairent et complètent la compréhension de la pièce, elles permettent de découvrir dans le texte à dire et dans le discours didascalique lui-même, des effets incompréhensibles et inexpliqués, qui restent souvent tout simplement inaperçus. L'interprétation globale d'une pièce de théâtre passe ainsi obligatoirement par celle du texte à dire et des didascalies, tout en tenant compte des rapports entre eux[17].

Le cadre de notre approche étant ainsi déterminé, nous nous proposons d'analyser trois pièces de Samuel Beckett : *En attendant Godot, Fin de partie* et

---

15   Pierre Mélèse, *ibid.*, p. 150.
16   Au sujet de la matérialisation de la didascalie et son rapport avec le texte à dire, voir aussi Ôno Manako, « Le Roman du Théâtre. *La Dernière Bande* et le 'reste' didascalique », *Samuel Beckett Today / Aujourd'hui 17, Issue 1*, éd. par Sjef Houppermans et Matthijs Engelberts, Brill / Rodopi, 2007, p. 351-363.
17   Pour l'enchâssement de la didascalie dans le texte à dire ainsi que leur cloisonnement, voir Marie Bernanoce, « Des indications scéniques à la 'voix didascalie', Contours énonciatifs de la figure de l'auteur de théâtre contemporain », *Coulisses* 39, Presses universitaires de Franche-Comté, 2009, p. 31-42. Elle présente aussi un modèle de classification des didascalies, où la didascalie comme texte à lire n'a pas sa place. De son côté, Witold Wolowski, « La Facette de la paradidascalie, Sur la 'didascalie' intégrée au dialogue », *Coulisses* 39, Presses universitaires de Franche-Comté, 2009, p. 131-144, démontre que l'enchâssement de la didascalie dans le texte à dire n'appartient pas qu'au théâtre moderne.

Pas. Dans un premier temps, nous relèverons quelques effets sonores et visuels dans *Fin de partie*, effets créés par la matérialisation des didascalies, que nous prenons donc dans leur référentialité, et leur interférence avec le texte à dire. La perspective de cette analyse est celle du spectateur qui voit et entend pendant la représentation de la pièce au théâtre. Dans la deuxième partie de notre chapitre consacré à *En attendant Godot* et *Pas*, nous optons pour la perspective du lecteur : l'accent y est mis sur la didascalie comme texte à lire, toujours en corrélation avec la lecture du texte à dire.

2 Nagg et Nell, Tandem immobile : analyse de quelques effets sonores et visuels dans *Fin de partie*

Dans le respect du principe que rien n'est laissé au hasard dans *Fin de partie* et dans la perspective de cette structure analogique et répétitive élaborée par Beckett, le présent paragraphe a pour but de relever quelques effets sonores[18] et visuels relatifs à la *mise en scène* du couple Nagg et Nell, dont rien que l'onomastique confirme et illustre la phrase-clé donnée par Beckett aux acteurs de *Fin de partie* : sur le plan tant paronymique qu'orthographique l'analogie et la répétition sont manifestes non seulement entre les deux noms de Nagg et Nell, mais encore à l'intérieur de ceux-ci par le dédoublement de la consonne finale de chacun de ces noms. L'onomastique qui s'est penchée sur les noms de Hamm, le protagoniste, et de Clov, son serviteur, est abondante. L'interprétation la plus courante revient à voir dans le nom de Hamm le mot anglais tronqué de *hammer* (marteau) et dans celui de Clov le mot français de *clou*. Le rapprochement avec le nom de Hamlet a également été retenu, comme celui de *clown* pour Clov. Ham (Cham en français) est le fils de Noé condamné par celui-ci. Le décor de *Fin de partie* serait alors à mettre en rapport avec l'intérieur de l'arche de Noé et les personnages avec les rescapés du déluge. Le dédoublement de la consonne finale du nom de Ha*mm* présente encore une analogie avec celui de Na*gg* et Ne*ll*, tandis que la prononciation de la voyelle centrale de ces trois noms est identique[19]. L'analogie et la répétition que présentent ces trois noms se situent donc aussi bien au niveau sonore que visuel.

---

18   Dans sa lettre du 29 décembre 1957 adressée à Alan Schneider Samuel Beckett écrit : « My work is a matter of fundamental sounds (no joke intended), made as fully as possible ». Voir Maurice Harmon (éd.), *No Author Better Served, The Correspondence of Samuel Beckett & Alan Schneider*, Harvard University Press, 1998, p. 24.

19   En anglais certes. Ce dédoublement de la consonne finale et cette prononciation de la voyelle centrale s'appliquent également à un personnage extérieur à la scène : la mère Pe*gg* (p. 178).

Si Hamm et Clov font l'objet de très nombreux commentaires détaillés, Nagg et Nell, ce couple de petits vieux dans leurs fameuses poubelles, auraient tendance à provoquer seulement et simplement une réaction de stupéfaction, de désapprobation voire d'horreur de la part de la critique, qui se limite ainsi à se prononcer sur le plan moral plutôt que littéraire. Ou Nagg et Nell sont encore considérés faire figures d'accessoires qui ne servent qu'à soutenir ou à relever les rôles de Hamm et de Clov. Or, une analyse plus détaillée de la place qu'ils occupent dans *Fin de partie* permettra de faire progresser la compréhension globale de la pièce et de combler quelques lacunes au niveau de l'interprétation.

2.1   *Poubelles et poubellards*

Dès la didascalie initiale l'importance de Nagg et Nell[20], les parents de Hamm, est pourtant clairement indiquée, aussi bien par le caractère saugrenu des poubelles que par leur emplacement :

> *À l'avant-scène à gauche, recouvertes d'un vieux drap, deux poubelles l'une contre l'autre.* (p. 143)

Suivi par :

> *[Clov] [...] va aux poubelles, enlève le drap qui les recouvre, le plie soigneusement et le met sur le bras. Il soulève un couvercle, se penche et regarde dans la poubelle. Rire bref. Il rabat le couvercle. Même jeu avec l'autre poubelle.* (p. 144)

Embarrassante par sa cruauté, la présence de ces deux poubelles contenant Nagg et Nell donne à la pièce son ton noir et, selon Beckett, « inhumain »[21], avant même que la première parole ne soit dite. Dès le lever du rideau, le spectateur comprend aussi que la fonction de ces poubelles ne correspond pas à l'usage habituel : pour la pièce qui va suivre, elles annoncent de manière programmatique « une rupture de l'univers référentiel », selon la formulation d'Alain Benoist[22]. Citons Benoist au sujet de cette présence déroutante des poubelles :

---

20   C'est aussi Nell qui, selon Beckett lui-même, prononce la phrase la plus importante de la pièce : « Rien n'est plus drôle que le malheur » (p. 158). Voir Haerdter, « Samuel Beckett répète *Fin de partie* », *Revue d'esthétique, Samuel Beckett*, numéro hors-série, 1990, p. 311.

21   Ruby Cohn, « La Fin enfin de *Fin de partie* », *Lectures de Beckett*, op. cit., p. 128.

22   Pour Benoist, « Étude sémiologique des accessoires dans trois pièces de Beckett : *En attendant Godot, Fin de partie, Oh les beaux jours* », *Semiotica*, 110(3-4), 1996, la conséquence

La découverte du fait que Nagg et Nell vivent dans ces poubelles constitue une rupture de l'univers référentiel calqué sur le réel qui tend à investir la poubelle d'un sens. Aucune piste ne sera cependant ouverte dans la suite du texte pour orienter le spectateur vers une possible interprétation. Le seul élément qui pourrait faire de l'objet un symbole est la puissance émotionnelle de l'assimilation entre humains / ordures, rapport émotionnel renforcé par l'âge et l'invalidité des personnages. Au niveau le plus immédiat, la fonction des poubelles est donc de créer un choc qui s'inscrit dans un système général de rabaissement de l'humanité[23].

Nous verrons que ces poubelles sont nécessaires à l'action et qu'elles en font partie intégrante. Pour la suite de notre propos il est indispensable d'avoir une image très précise de la disposition, de la forme et de la présentation des poubelles selon les indications scéniques écrites par Beckett. Il s'agit de poubelles sous forme de tonneau[24] pourvues d'un couvercle rond qui se « soulève » et se « rabat » de l'extérieur par Clov (p. 144), mais aussi de l'intérieur par Nagg et Nell (p. 150, 162 et 191), ce qui implique que, ouverts, ces couvercles soient accessibles sans acrobatie pour des culs-de-jatte (!) et restent en position verticale, légèrement inclinés, à hauteur égale et en parfaite symétrie[25]. Dans ses *Carnets* pour la mise en scène au Schiller-Theater, 1967, Beckett a noté : « Ce sont d'abord les mains qui apparaissent et qui s'agrippent aux rebords des poubelles, puis les têtes qui soulèvent les couvercles et s'immobilisent dès que surgissent les épaules »[26].

---

de la présence d'accessoires sur la scène est de « contribue[r] [...] à mettre en place un univers référentiel où l'objet est utilisé selon sa valeur d'usage ». Or, Benoist constate que « l'univers référentiel des pièces de Beckett [...] ne conserve avec le réel que des liens partiels » (p. 275) et que « [c]'est dans *Fin de partie* que les accessoires tiennent la place la plus importante dans la rupture de l'univers référentiel » (p. 282).

23 Benoist, *ibid.*, p. 291.
24 Citons James Knowlson, *Beckett*, Solin, Actes Sud, 1999, p. 426 : « Lorsque Beckett abuse ainsi du vin des Bonnelly, il va se soulager dans un tonnelet que les Hayden laissent en permanence près de la porte de derrière avec, à côté, un sac de sciure destinée à remplacer celle qui a été souillée dans le tonneau. [...]. Beckett avait probablement en tête cet aménagement hygiénique lorsqu'il imagina de loger dans des poubelles identiques les deux vieux amants de *Fin de partie*, et écrivit la réplique où Nagg demande à Nell si Clov lui a changé sa sciure. » (Réplique *Fin de partie*, p. 157).
25 Voir les photos de Germaine de France et Georges Adet dans la mise en scène de Roger Blin, Studio des Champs-Elysées, 1957, ou celle, plus récente et très belle, de Gilette Barbier et Jean-Claude Perrin dans la mise en scène de Charles Tordjman, 1994 (*Le Magazine littéraire*, 392, 1999, p. 61). Rappelons que Beckett a dédié *Fin de partie* à Roger Blin et qu'il a suivi « régulièrement [ses] répétitions », (Knowlson, *Beckett*, op. cit., p. 557).
26 Haerdter, « Samuel Beckett répète *Fin de partie* », *op. cit.*, p. 311.

ILLUSTRATION 6.1   *Fin de partie*, Germaine de France et Georges Adet (mise en scène Georges Blin, 1957)

2.2   *Faim contre fin*

Peut-être alerté par le dialogue de Hamm et Clov sur la bicyclette, Nagg[27] est le premier à apparaître :

> *Le couvercle d'une des poubelles se soulève et les mains de Nagg apparaissent, accrochées au rebord. Puis la tête émerge, coiffée d'un bonnet de nuit. Teint très blanc. Nagg bâille, puis écoute.* (p. 150)

En d'autres termes, et en parfaite correspondance avec les principes de l'analogie et de la répétition : d'abord c'est la poubelle qui bâille, ensuite Nagg. Notons que les premières paroles prononcées par Hamm s'accompagnent également de bâillements, répétés cinq fois dans les didascalies (p. 145-146). Dès son apparition Nagg et la poubelle où il se trouve ne font qu'un (Hamm : « Mon royaume pour un boueux ! », p. 162). En mimant le contenu d'une poubelle, étant réduit lui-même *en bouillie*, Nagg prononce ses premières paroles « Ma bouillie ! »,

---

[27]   Il n'est en effet pas exclu que Nagg entende les dialogues depuis sa poubelle fermée : contrairement à l'ouïe de Nell, la sienne n'a pas baissé.

ILLUSTRATION 6.2 *Fin de partie*, Gilette Barbier et Jean-Claude Perrin (mise en scène Charles Tordjman, 1994)

répétées trois fois, et même une quatrième fois avec encore plus d'insistance « Je veux ma bouillie ! ». Nagg qui « bâille » annonce Nagg qui réclame sa « bouillie ». Le rapport de paronomase est évident, mais il ne faut pas oublier que si « bouillie » est dans le texte à dire, « bâille » se trouve dans la didascalie et n'est donc pas prononcée mais représentée : l'analogie et la répétition se jouent ainsi implicitement. Outre une évidente preuve de sa sénilité et de son retour à l'âge de nourrisson, Nagg exprime ainsi par le geste (bâillement) et la parole (« bouillie ! ») sa faim, et la faim ne le quittera pas tout au long de la pièce : « bouillie » (hélas pour lui, il n'y a plus de bouillie, comme tant d'autres choses ; p. 150, 151 et 188), suivi par son paronyme à consonance répétitive « biscuit » (pis-aller, parce que c'est dur à manger pour un édenté ; p. 151, 157 et 159) et enfin par « dragée » (préférée au tout aussi répétitif « bonbon » et butin du chantage exercé sur Hamm pour écouter l'histoire de celui-ci, Nagg se faisant payer en nature ; p. 184, 185, 189, 190 et 199). Comme la nourriture concédée par Hamm est très pauvre, on serait tenté de dire que la « faim » est une obsession pour Nagg (Hamm : « Bouffer, bouffer, ils [= les vieux] ne pensent qu'à ça ! », p. 150), tout comme la « fin » en est une pour Hamm[28]. Force est de constater

---

28 Dans le cadre restreint du présent chapitre nous n'entrerons pas dans l'analyse de la thématique de la *fin* dans *Fin de partie*. Voir à ce sujet l'étude très intéressante de Michael Worton, « 'Waiting for Godot' and 'Endgame' : Theatre as Text », *The Cambridge Companion to Beckett*, éd. par John Pilling, Cambridge University Press, 1994, p. 67-87.

que, contrairement à Hamm et Clov, Nagg, au lieu de se poser toutes sortes de questions existentielles, se préoccupe de la chose la plus « terre à terre » qui soit, manger semble même le préserver de la fin, et de la faim bien sûr. La faim est donc un signe de vie, voire d'envie de survie. À deux reprises Nagg cherche à partager sa nourriture avec Nell, mais en vain, ce qui souligne sa fin imminente, mais aussi très concrètement, et très péniblement, le rapport de tendresse entre eux :

> Nagg. – Tu veux un bout ?
> Nell. – Non. (*Un temps.*) De quoi ?
> Nagg. – De biscuit. Je t'en ai gardé la moitié. (*Il regarde le biscuit. Fier.*) Les trois quarts. Pour toi. Tiens. (*Il lui tend le biscuit.*) Non ? (*Un temps.*) Ça ne va pas ? (p. 157-158)[29]

Et au sujet de la dragée[30] :

> Nagg. – Deux ?
> Hamm. – Une.
> Nagg. – Une pour moi et une – (p. 185)

Pour sa part, Hamm n'arrête pas de bâiller parce qu'il a sommeil et qu'il s'ennuie, il a froid, mais il n'a jamais faim, tout ce qu'il prend c'est son calmant contre la souffrance[31]. Clov a à faire dans sa cuisine où il n'y a rien, et pour cause, c'est pourquoi il regarde le mur. Hamm lui-même confirme à deux reprises que manger est égal à vivre et empêche de mourir, la « faim » contre la « fin » enfin :

> Hamm. – Je ne te donnerai plus rien à manger.
> Clov. – Alors nous mourrons.

---

29   Remarquons que le « refus » de Nell de se nourrir semble en effet correspondre à sa fin probable (p. 195). A la question posée par un des acteurs pour savoir si Nell meurt, Beckett répond : « On le dirait, mais personne ne le sait », (Haerdter, « Samuel Beckett répète *Fin de partie* », *op. cit.*, p. 311).
30   Pour Benoist, « Étude sémiologique des accessoires dans trois pièces de Beckett : *En attendant Godot, Fin de partie, Oh les beaux jours* », *op. cit.*, « [l]a bouillie, les dragées et le biscuit, dans *Fin de partie*, forment [...] un ensemble dénotant le retour de Nagg et de Nell à un état infantile » (p. 283).
31   Notons qu'aux pages 173-174 Hamm parle par personne interposée de faim et de manger, mais c'est du passé : y répondre voudrait dire se lever, ce qui ne se fera donc pas.

Hamm. – Je te donnerai juste assez pour t'empêcher de mourir. Tu auras tout le temps faim.
Clov. – Alors, nous ne mourrons pas. (p. 147-148)
Hamm. – Il pleure toujours ?
Clov. – Non.
Hamm. – Pauvres morts![32] (*Un temps.*) Qu'est-ce qu'il fait ?
Clov. – Il suce son biscuit.
Hamm. – La vie continue. (p. 199)

Comme pour l'analogie et la répétition implicites de *bâille* et « bouillie », le spectateur déduit plutôt l'idée de la *faim* de la situation dramatique que de l'entendre explicitement de la part des personnages[33]. Le rapport entre « fin » et *faim* repose donc essentiellement sur l'interférence entre texte à dire et didascalie matérialisée, entre sonore et visuel, qui se font écho mutuellement confirmant ainsi de nouveau le principe beckettien précité. S'y ajoute ici évidemment la dimension du jeu homophonique entre « fin » et *faim*.

2.3   *Rejet et respect*

La première parole adressée par Hamm à Nagg est « Maudit progéniteur ! » (p. 150), suivie plus loin par « Maudit fornicateur ! » (p. 151), ce qui résume tout de suite la thématique beckettienne fort connue du rapport difficile entre géniteurs et progénitures (Hamm : « Salopard ! Pourquoi m'as-tu fait ? », p. 185), thématique liée à celle de la condamnation à la vie (Hamm : « vous êtes sur terre, c'est sans remède ! », p. 188 et 201) et au principe de la mort comprise dans la naissance (Hamm : « La fin est dans le commencement et cependant on continue », p. 201)[34]. Il convient de reconnaître que le rejet de Nagg et Nell par Hamm est particulièrement, voire cruellement concret dans *Fin de partie* : ses parents sont mis à la poubelle, ordures prêtes à être « foutues » à la mer, Clov les a « bouclés » tous les deux, les couvercles seront « condamnés » (p. 163), etc. Ce tableau noir mériterait pourtant d'être nuancé quelque peu : Hamm « entretient » toujours ses parents sous son toit, il s'informe sans arrêt de l'état de leur santé, bien que la formulation soit souvent comique par sa rudesse :

---

32   Pleurer peut être également signe de vie, voir aussi p. 196 où se trouve le dialogue cartésien suivant :
    Clov. – Il pleure.
    Hamm. – Donc il vit.
33   On peut dire la même chose pour le rapport entre la faim et la mort.
34   Voir aussi paragraphe 2.5 pour le rapport indissociable entre Hamm et Nagg et Nell.

> Hamm. – Comment vont tes moignons ?

Répondant du tac au tac et spirituel par son jeu de mots avec *oignons* – « moignons », Nagg sait exactement comment il peut infirmer la malignité trop appuyée de la question posée par Hamm :

> Nagg. – T'occupe pas de mes moignons. (p. 151)

Vers la fin de la pièce, Hamm soulève sa calotte quand Clov lui apprend que Nell serait morte. Qu'il le veuille ou non, Hamm laisse transparaître, à travers le rejet, ici et là une forme de respect aussi[35]. Or, cette ambiguïté dans l'attitude des progénitures par rapport à leurs géniteurs est visualisée sur scène d'une manière typiquement beckettienne : une fois les poubelles ouvertes, Nagg et Nell sont auréolés par les couvercles restés en position verticale derrière leurs têtes. La vision traditionnelle de la poubelle = ordure se trouve ainsi doublée par son contraire matérialisé sous la forme de couvercle = nimbe. Objet univoque par excellence, dans le théâtre de Beckett même une poubelle se prête ainsi au jeu de l'ambiguïté, double sens toutefois totalement perdu en cas de non-respect de la didascalie : la forme circulaire (du couvercle) de la poubelle étant une nécessité pour permettre au spectateur de percevoir l'auréolation[36]. L'ouverture des couvercles correspond ainsi à un certain respect du fils par rapport à ses parents, ou tout au moins à un rudiment de communication entre eux. En revanche, la fermeture définitive des couvercles (leur condamnation) semble traduire le rejet total (donc la condamnation) de Nagg et Nell par Hamm :

> Hamm. – On va condamner les couvercles. (*Clov va à la porte.*) Ça ne presse pas. (*Clov s'arrête.*) Ma colère tombe, j'ai envie de faire pipi. (p. 163)

2.4 Cercles et couvercles

Dans *Fin de partie* tout tend vers la fin, qui ne vient pas. Avec leurs manifestes sénilité et déchéance, Nagg (« J'ai perdu ma dent », p. 155) et Nell s'approchent

---

35 Signalons qu'il n'y a aucune communication directe entre Hamm et Nell, tout passe par Clov ou Nagg. Dans les pièces ultérieures à *Fin de partie* Beckett semble beaucoup plus ballotté entre le rejet et le respect, voir notamment *Pas*.
36 Cette même nécessité quant à la forme circulaire des poubelles joue un rôle essentiel dans les paragraphes suivants.

ILLUSTRATION 6.3   *Endgame*, scène circulaire

nettement[37] de cette fin et bouclent ainsi le cycle de la naissance à la mort. Ce cercle de l'existence se dessine visiblement au-dessus de la tête de chacun d'eux. Mais si la vie de l'individu est limitée dans le temps[38], la vie au sens absolu ne connaît pas de fin : la circularité de l'existence s'étend ainsi à l'infini, concept si cher à Beckett et dont le signe (∞) est également visualisé dans les deux couvercles ronds juxtaposés.

La circularité structurelle des pièces de théâtre de Beckett, qui présentent un éternel recommencement, a fait l'objet de nombreux commentaires. *Fin de partie* n'y a pas échappé, mais la critique se plaît aussi à relever une structure

---

37   « Car tu es glaise et tu retourneras à la glaise » (*Genèse* 3:19) : pour Nagg et Nell dans leurs poubelles, c'est bien parti ! Voir aussi Hersh Zeifman, « Being and Non-Being : Samuel Beckett's *Not I* », *Modernism in European Drama : Ibsen, Strindberg, Pirandello, Beckett. Essays from Modern Drama*, éd. par Frederick J. Marker et Christopher Innes, University of Toronto Press, 1998, p. 229-240.

38   Attribut représentant par excellence la temporalité, le réveil manipulé par Clov présente également une forme circulaire. Dans *En attendant Godot* (p. 68-69) le tic-tac de la savonnette de Pozzo est associé au battement du cœur, donc à la vie. La disparition de cette montre semble annoncer la perte de la notion du temps par Pozzo devenu aveugle au second acte.

sous-jacente fondée sur les principes du jeu d'échecs et de l'échiquier[39]. Beckett a lui-même clairement souligné l'analogie de *Fin de partie* avec le jeu d'échecs par son choix du titre et par sa passion déclarée pour ce jeu à possibilités infinies, sans parler de sa fascination pour le double sens du mot « échec(s) » en français. Ayant opté dans sa traduction anglaise pour le terme d'échecs spécifique d'*Endgame* et visant ainsi la position de Hamm sur scène, ses qualités, le caractère limité et répétitif de ses mouvements (une case tout au plus, et encore poussé par Clov), Beckett a déclaré :

> Hamm is a king in this chess game lost from the start. From the start he knows he is making loud senseless moves. That he will make no progress at all with the gaff. Now at the last he makes a few senseless moves as only a bad player would. A good one would have given up long ago. He is only trying to delay the inevitable end. Each of his gestures is one of the last useless moves which puts off the end. He is a bad player[40].

Positionnés à l'écart du centre où se trouve Hamm, le roi, Nagg et Nell font penser à deux pions bloqués donc inutiles, mais inamovibles. Ils s'inscrivent eux aussi dans ce même concept : par leur juxtaposition sur scène, leur incapacité de mouvement et, bien sûr, par leur forme ronde. L'analogie et la répétition se reconnaissent également dans les principes du jeu d'échecs où « rien n'arrive par accident » non plus, où tout est réfléchi, notamment dans sa phase finale : chaque mouvement entraîne obligatoirement une réponse analogue de l'adversaire (et vice-versa), tandis que les mouvements des pièces restantes de la partie perdante ont tendance à se limiter au répétitif pour retarder la fin.

2.5 *Roues et routes*

La perception de la circularité des deux couvercles permet également de trouver une ébauche de réponse à d'autres problèmes d'interprétation soulevés par la pièce. Nagg et Nell ont perdu leurs jambes dans un accident de vélo. L'œuvre

---

39   La suppression de la forme circulaire du décor dans la première mise en scène de Beckett semble correspondre à l'importance de la structure carrée de l'échiquier. Voir à ce sujet la thèse de Matthijs Engelberts, *Théâtre, Récit, Beckett*, Amsterdam, 2000, p. 50-51. Anne Ubersfeld, *L'École du spectateur, Lire le théâtre 2*, op. cit., p. 97-98, consacre un paragraphe intéressant aux différences entre « le circulaire » et « le rectangulaire » de la scène. Nous pensons que les (rares) déplacements de Hamm sur la scène correspondent à des efforts de rester au centre de la pièce, au sens figuré et littéral. Cette envie de Hamm est d'ailleurs sabotée par Clov qui profite de la cécité du premier pour le désorienter davantage.
40   Ruby Cohn, *Back to Beckett*, op. cit., p. 152. Pour une analyse plus détaillée du rôle du jeu d'échecs dans *Fin de partie*, voir K. Jeevan Kumar, « The Chess Metaphor in Samuel Beckett's *Endgame* », *Modern Drama*, Volume 40, Number 4, Winter 1997, p. 540-552.

de Beckett, notamment *Molloy* et *Mercier et Camier*, fourmille de vélos qui sont associés à toute une série de sensations et de sentiments positifs (rapidité, liberté, mobilité, joie, bonheur, et tout cela à l'infini et de ses propres forces : le contre-pied donc de *Fin de partie*). Le signe du cycle de l'infini (∞) ressemble aussi aux deux roues du vélo, du *bi-cycle* au sens étymologique du mot français et anglais. L'aspect visuel des deux couvercles / roues correspond également aux mots anglais « bicycle » et français « bicyclette » pris encore au sens étymologique. Dans l'œuvre ultérieure de Beckett la bicyclette évoque aussi la chute[41] (à commencer par *Tous ceux qui tombent*), Nagg et Nell en forment ainsi les précurseurs. Ce qui est intéressant, c'est que leur chute n'est pas seulement racontée par eux en riant, elle est aussi visualisée sur scène, figée dans un tableau vivant : sous la forme des deux couvercles ronds, les deux roues du tandem se trouvent encore au-dessus des épaules de Nagg et Nell qui ont perdu les pédales et sont tombés à ras du sol. Quand Hamm commande à Clov : « Va me chercher deux roues de bicyclette » (p. 149), celui-ci l'envoie promener en répondant qu'il n'y en a plus[42]. Plus loin Hamm dit : « Il nous faudrait un vrai fauteuil roulant. Avec de grandes roues. Des roues de bicyclette. » (p. 164), ce qui exprime également ce désir de mobilité et de liberté d'action. Or, par leur forme et leur dimension, les deux couvercles sur scène s'y prêteraient parfaitement. La paralysie de Hamm est à la base de son immobilité forcée, mais son surplace peut être considéré également comme la conséquence de l'absence de roues pour son fauteuil roulant et, paradoxe, de la monopolisation de ces mêmes roues par ses parents. Ainsi Hamm n'arrive pas à se libérer de ses parents qui, à leur tour, le privent du moyen d'acquérir cette liberté : les liens entre parents et enfants sont indissociables, à tout jamais ...[43] La présence de ces deux roues potentielles reste d'ailleurs inaperçue par Hamm, dont la cécité empêche également de voir le modèle réduit de vélo noir sur son propre nez ! Le signe de l'infini[44] se retrouve ainsi répété dans les deux couvercles, les roues de bicyclettes et les lunettes (noires) de Hamm.

---

41   Pour la fonction, notamment psychanalytique, de la « chute » dans l'œuvre de Beckett, voir Sjef Houppermans, « Compagnie & Cie & Cie », *Samuel Beckett Today / Aujourd'hui 1*, « *Samuel Beckett : 1970-1989* », éd. par Marius Buning et al., Rodopi, 1992, p. 41-49.
42   Cette réplique est suivie d'un jeu de mots : « CLOV. – Quand il y avait encore des bicyclettes j'ai pleuré pour en avoir une. Je me suis traîné à tes pieds. Tu m'as envoyé promener » (p. 150).
43   Voir aussi paragraphe 2.3 pour le rapport entre Hamm et Nagg et Nell.
44   Il en va d'ailleurs de même pour les deux bandes magnétiques de Krapp dans *La Dernière Bande*. Voir aussi note 92 pour ce qui concerne la présence du signe de l'infini dans *Pas* et le rapport entre le signe de l'infini et les deux roues du vélo.

Mais il y a plus dans le dialogue entre Nagg et Nell :

Nagg. – L'accident de tandem où nous laissâmes nos guibolles. *Ils rient.*
Nell. – C'était dans les Ardennes. *Ils rient moins fort.*
Nagg. – À la sortie de Sedan. (*Ils rient encore moins fort. Un temps.*) Tu as froid ?
Nell. – Oui, très froid. Et toi ?
Nagg. – Je gèle. (p. 156/157)

Outre le passé simple « laissâmes » qui confère un caractère grave et quelque peu cérémonieux à l'événement et qui contraste fort avec le registre populaire des « guibolles » et avec les rires des victimes, c'est l'emploi du mot « tandem » qui frappe ici. Il s'inscrit dans toute une série de termes rapprochés à sonorité voisine, selon le procédé de la répétition et de l'analogie si cher à Beckett : « ma dent » – « m'entends » – « accident » – « tandem » – « dans les » – « Ardennes » – « Sedan ». Cette seule et unique occurrence du tandem dans son œuvre n'est pas un hasard non plus : le mot français « tandem » est dérivé du latin *tandem*, qui signifie « enfin », correspondant ainsi au titre de la pièce. Le tandem est en outre l'archétype du vélo « dédoublé », donc le vélo du couple par excellence, tout en signifiant lui-même aussi « couple (inséparable) », ce qui permet à Beckett d'insister sur le caractère uni du couple Nagg – Nell, déjà évoqué par l'analogie, la consonance et le dédoublement de leurs noms propres. Tandem inséparable, Nagg et Nell sont aussi inséparables de leur tandem, vu les deux roues dont ils sont toujours munis. Arrivé à tous les deux et ayant pour tous les deux les mêmes conséquences, à savoir la perte des deux jambes, l'accident de tandem les a *enfin*[45] immobilisés et semble les avoir soudés à jamais. Contrairement à la violence des rapports de force entre Hamm et Clov et à la cruauté de ces deux envers Nagg et Nell, la tendresse, même parodiée, de ces deux derniers, qui, physiquement et psychiquement, cherchent vainement à se rapprocher l'un de l'autre tout en sachant qu'ils jouent la « comédie » (p. 155), nous émeut par sa vulnérabilité et son caractère humain. Comparons par exemple l'agressivité (par ailleurs fort comique) avec laquelle Clov et Hamm s'attaquent à la puce qui gratte Clov (p. 171-172) à la touchante maladresse avec laquelle Nagg cherche à se faire gratter (la puce ?) dans le dos par Nell.

Pourquoi cet accident est-il situé dans les Ardennes, à la sortie de Sedan ? Plusieurs hypothèses peuvent être avancées. D'abord « Sedan » est l'anagramme

---

45 Le couple Nagg et Nell semble avoir voyagé, les rares indications topographiques concrètes du monde extérieur (Côme, Sedan, Ardennes) dans la pièce ont toutes trait à eux.

de « danse », activité jambière par excellence désormais interdite à Nagg et Nell. Il ne faut pas sous-estimer le rôle de la pantomime dans *Fin de partie*, ni celui de la danse et du film muet dans l'œuvre de Beckett en général. Ce type d'anagrammes est assez fréquent chez Beckett, ainsi « Kedar » Street provient de *darke* (*La Dernière Bande*). Les anagrammes « Sedan » et « danse » se composent aussi avec les lettres d'« Ardennes ». Ensuite la ville de Sedan a été 'le décor de deux autres chutes[46] : celle de Napoléon III et du Second Empire face à Bismarck en 1870 et celle de la Troisième République, créée la même année, en mai 1940. Sedan est aussi la ville de l'industrie du drap du même nom, ce qui fait écho aux draps qui recouvrent Hamm et les poubelles au début de la pièce[47] et expliquerait pourquoi Nagg et Nell ont tellement froid « à la sortie de Sedan ».

Le texte anglais indique « On the road *to* Sedan », donc Nagg et Nell descendaient, en faisant probablement de la vitesse, la route en direction de Sedan. Or, dans les Ardennes deux routes s'y prêtent, venant toutes les deux de Bouillon (« bouillie, bouillie » !), dont l'une, la D6, passe par le carrefour appelé *Brulé à May*[48] à quelques kilomètres de distance seulement de l'entrée de la ville de Sedan.

2.6   *Côme et comique*

Dans sa magistrale biographie, James Knowlson[49] relate le voyage entrepris au mois de juillet 1927 par Beckett en Italie. Pendant ce voyage Beckett a visité notamment le lac de Côme et grimpé les monts Generoso et Calbiga[50], randonnée dont il est revenu les pieds complètement estropiés, étant ainsi réduit à l'immobilité et aux moqueries de ses compagnons de voyage pendant le reste de son séjour. Cette infirmité aux pieds ou aux jambes, heureusement

---

46 Voir Hubert de Phalèse, *Beckett à la lettre, En attendant Godot, Fin de partie*, Nizet, 1998, p. 96.
47 A signaler les multiples « couvertures » des personnages : le rideau, le drap, le mouchoir, le plaid, la calotte de Hamm ; le rideau, le drap, les couvercles, les bonnets de Nagg et Nell.
48 La mère de Beckett s'appelle May. Ce nom revient souvent dans son œuvre, comme son anagramme Amy. Voir aussi et nos remarques *infra* sur *Pas*. Ruby Cohn écrit : « Like Mercier and Camier, Molloy finds a bicycle to begin his voyage. With it and later without it, he travels toward his mother, however many circles he may describe » (*Back to Beckett*, op. cit., p. 81).
49 Knowlson, *op. cit.*, p. 116-117.
50 Cette « expédition » fait penser à la montée du Mont Ventoux par Pétrarque, admiré, comme Dante, par Beckett. Le premier manuscrit de *Fin de partie*, abandonné en 1950, se termine par un vers du sonnet *Più volte già* de Pétrarque (voir Giuseppina Restivo, « The Genesis of Beckett's *Endgame* », SBT/A 3, éd. par Marius Buning et Sjef Houppermans, Rodopi, 1994, p. 85-96).

passagère pour Beckett, se retrouve aisément dans *Fin de partie* comme dans tant d'autres œuvres, et l'anecdote comique de la promenade en bateau sur le lac, le lendemain des fiançailles de Nagg et Nell, rappelle bien évidemment la proximité du lac de Côme. Comique, parce qu'elle prête à rire, mais il est aussi difficile de trouver un toponyme plus approprié pour situer l'anecdote en question[51]. Ce n'est pas le seul jeu verbal auquel Beckett se livre ici, pour souligner le comique il fait aussi rimer « rire » avec « mourir » :

> Nagg. – Elle [= l'histoire du tailleur] t'a toujours fait rire. (*Un temps.*)
> La première fois j'ai cru que tu allais mourir[52].
> Nell. – C'était sur le lac de Côme. (p. 160)

Ce qui ajoute au comique, et le rend par là en même temps tragique, c'est que Beckett prend ici l'expression « mourir de rire » à la lettre, la rapprochant ainsi de la phrase « Rien n'est plus drôle que le malheur » :

> Nagg. – Tu as tellement ri que tu nous as fait chavirer. On aurait dû se noyer[53].
> Nell. – C'était parce que je me sentais heureuse.
> Nagg. – Mais non, mais non, c'était mon histoire [du tailleur]. La preuve, tu en ris encore. A chaque fois. (p. 160)

Il est donc impossible de figer ces moments comiques en un certain bonheur, la noyade les aurait plutôt préservés de toutes sortes de malheurs ultérieurs. Même si Nell aime un instant croire à son bonheur à l'époque de ses fiançailles, elle se fait gentiment, mais impitoyablement rappeler à l'ordre par le répétitif « mais non, mais non » de Nagg. L'accès au bonheur reste ainsi interdit, le rire ou le comique peut distraire momentanément, mais n'y aboutit jamais.

---

51   Beryl S. et John Fletcher notent : « *It was on Lake Como*. A lake in Northern Italy, chosen here for euphony of its name, which adds to the elegiac quality of Nell's evocation » (*A Student's Guide to the Plays of Samuel Beckett*, Londres, Faber & Faber, 1985, p. 102. Le rapprochement entre Côme et comique semble tout au moins aussi évident, et euphonique lui aussi.
52   Ne serait-il pas possible que Nagg ait raconté une seconde fois à Nell sa fameuse histoire du tailleur pendant leur promenade à vélo et qu'ils aient ainsi perdu l'équilibre et leurs jambes « par le rire » ? Le premier manuscrit (1950) de la pièce est plus explicite au sujet de l'accident qui serait arrivé « au lendemain de notre nuit de noces. Broyées jusqu'à l'aine. Heureusement que ce n'est pas arrivé la veille » (Beryl S. et John Fletcher, *ibid.*, p. 101).
53   Comme le tailleur de l'histoire du pantalon racontée par Nagg, ils ont raté le fond.

2.7 Conclusion : forme et fond du pantalon

Dans ce qui précède nous avons relevé quelques aspects sonores et visuels de *Fin de partie* dont l'évidence semble tellement grande qu'elle en empêche la perception immédiate : on voit deux auréoles, deux roues de bicyclette, deux signes de l'infini (couvercles et lunettes) sans s'en apercevoir, on entend parler « fin » et « Côme », en même temps « faim » et « comique » sont suggérés ou évoqués, sans que l'on fasse forcément leur rapprochement. Le caractère potentiel de la révélation du visible non vu et de l'audible non entendu ainsi que leur interaction et interférence constituent des éléments essentiels de l'écriture de Beckett, en passant par l'ironie et la moquerie de soi-même. Toute atteinte portée à ce potentiel, suite à telle ou telle mise en scène fantaisiste, signifie appauvrissement. Notre analyse a démontré que le refus de Beckett devant tout écart, que ce soit au niveau du texte à dire ou à celui de la didascalie, n'est donc pas une simple lubie de l'auteur. La conclusion qui s'impose est que la réalisation de la didascalie sur scène ne saurait être une fin en soi : la perception de la didascalie matérialisée permet, par le retour subséquent au texte, de mieux comprendre la pièce. Ainsi Beckett, l'auteur de l'ambiguïté et du paradoxe, du perceptible non perçu, invite le spectateur à imiter son personnage Nagg dans sa qualité d'auditeur critique de sa propre *histoire du tailleur*, où il est par ailleurs aussi narrateur, client et tailleur tout en même temps[54]. Cette anecdote comique, mise en abîme, relate l'histoire d'un tailleur fier (« geste amoureux, avec orgueil », p. 161) d'avoir fabriqué en trois mois un pantalon[55], après en avoir raté le fond, l'entrejambe, la braguette et les boutonnières, – confection comparée à la création du monde (« geste méprisant, avec dégoût », p. 161) en six jours par Dieu. Histoire très drôle en soi, pour le fond, mais ce qui élève le comique au carré, tout en lui donnant une dimension tragique à la clé, c'est la forme enfouie sous le rire et pour cela même retenue en sourdine par Beckett : le paradoxe du choix d'un *cul-de-jatte* pour relater précisément la confection d'un *pantalon*[56].

---

54   Ruby Cohn, *Just play : Beckett's Theatre*, Princeton, 1980, p. 243.
55   *Pantalon* provient du nom d'un personnage de la comédie italienne et est ainsi bien à sa place dans l'histoire comique du tailleur racontée par Nagg sur le lac de Côme.
56   On ne peut s'empêcher de comparer cette histoire à la scène finale d'*En attendant Godot* où Estragon, pour se pendre, dénoue la corde qui maintient son pantalon. Voyant le pantalon qui lui tombe sur les chevilles, le public rit au moment même où Estragon veut se priver de la vie : mélange de comique et de tragique. Et exploitation du double sens du « dénouement » : celui de la corde et celui de la pièce. Cf. au milieu de la pièce « VLADIMIR. – C'est le nœud » (p. 34).

3   Le discours didascalique dans *En attendant Godot* et *Pas*

Les indications scéniques dans l'œuvre de Beckett n'ont pas manqué d'attirer l'attention des spécialistes. Ainsi, pour donner un exemple bien connu, la didascalie laconique qui ouvre *En attendant Godot* : « Route à la campagne, avec arbre. Soir. » (p. 9) constitue même « the best known setting of modern drama », comme l'a remarqué à juste titre Ruby Cohn[57]. La critique s'est notamment penchée sur la précision parfois mathématique de ces indications dont le respect absolu exigé par Beckett a conduit au désespoir metteurs en scène et acteurs[58]. Pour *En attendant Godot*, on a, en outre, maintes fois souligné la relation contrastive entre indication scénique et texte à dire, comme dans l'exemple souvent mentionné : « Partons », suivi, dans l'indication scénique, de « Ils ne bougent pas ».

Strictement parlé, de telles analyses ne portent pas sur les indications scéniques dans leur qualité d'entité textuelle, mais sur ce que ces indications dénotent, sur leur référentialité, autrement dit, leur réalisation sur scène. Cette fonction « référentielle » de la langue (pour utiliser la terminologie de Roman Jakobson) reste évidemment l'élément le plus important dans les indications scéniques, – à tel point que de toutes les fonctions linguistiques éventuellement présentes, elle est la seule à subsister dans la représentation. Anne Ubersfeld parle à juste titre de l'élément pragmatique des didascalies :

> Ce que désignent les didascalies, c'est le contexte de la communication ; elles déterminent donc une *pragmatique*, c'est-à-dire les conditions concrètes de l'usage de la parole : on voit comment la textualité des didascalies ouvre sur l'usage qui en est fait dans la représentation (où elles ne figurent pas en tant que *paroles*)[59].

Mais tout comme le lecteur y perd à ne pas voir la représentation sur scène, le spectateur lui aussi y perd à ne pas lire le texte de la pièce[60]. Privé du texte, ce

---

57   Cohn, *Just Play : Beckett's Theatre*, Princeton, op. cit., p. 19.
58   Voir aussi paragraphe 1.
59   Anne Ubersfeld, *Lire le théâtre*, Paris, Editions Sociales, 1978, p. 22. Voir aussi Jean-Louis Meunier, « *La Dame à la faulx* : lire / jouer les didascalies », in : *Saint-Pol-Roux : Passeur entre deux mondes*, Marie-Josette Le Han (dir.), Rennes, Presses Universitaires de Rennes, 2011, p. 9.
60   À ce sujet, signalons l'expérience intéressante faite par Donald McWhinnie, qui a radiodiffusé *En attendant Godot*, avec la lecture des indications scéniques. Voir C. Zilliacus, *Beckett and Broadcasting, A Study of the Works of Samuel Beckett for and in Radio and Television*, Åbo Akademi, 1976, p. 150.

dernier reste en effet ignorant des aspects non référentiels intrinsèques à ces indications scéniques. Or, dans le présent paragraphe nous nous proposons de prendre le parti du lecteur. Nous considérerons donc les didascalies surtout en tant que discours textuel[61].

Une telle approche, impliquant la mise en valeur du théâtre beckettien comme texte à lire, est, à notre connaissance, inédite dans la critique beckettienne. Elle présuppose, dans le discours didascalique, une présence relativement importante de la fonction « poétique » ou « esthétique », ou du moins une certaine coloration du référentiel. C'est ce que nous aimerions démontrer dans le détail, en étudiant deux textes situés à deux moments décisifs de la carrière dramatique de Beckett : *En attendant Godot*, texte déjà fort glosé, dont les didascalies présentent néanmoins des surprises inattendues, et *Pas*, intitulé *Footfalls* en anglais. Cette dernière pièce marque selon Martin Esslin[62], « an important step in Beckett's development towards [...] a radically different type of drama, almost a new art-form ». Nous souscrivons à l'opinion d'Esslin pour qui le statut littéraire de cette pièce réside dans sa « lisibilité » plutôt que dans sa « représentabilité » : « *Footfalls* still has the quality of a play-text which can stand up to reading ». En cela, *Footfalls* diffère essentiellement des deux pièces qui suivent, *Ghost Trio* et *... but the clouds ...*, qui « in their printed form, have been reduced to the status of mere blue-prints and have, as such, lost the status of literary works ».

3.1   En attendant Godot : *didascalies versus texte à dire*

Les didascalies qui ouvrent ce texte, et dont nous avons déjà cité le début, montrent bien l'enjeu de notre recherche. On y lit :

> *Estragon, assis par terre, essaie d'enlever sa chaussure. Il s'y acharne des deux mains, en ahanant. Il s'arrête, à bout de forces, se repose en haletant, recommence. Même jeu.* (p. 9)

---

61   De là à dire, comme le fait Stéphane Gallon, que « [les didascalies] ne sont évidemment pas destinées aux personnages mais aux lecteurs », c'est aller un peu vite en besogne (« Beckett, *En attendant Godot, Oh les beaux jours*, Oh la belle double énonciation », *op. cit.*, p. 3). Avant d'être matérialisées, les didascalies sont lues, bien sûr, mais traditionnellement et prioritairement elles se destinent à deux catégories de lecteurs bien définies, celle du metteur en scène tout d'abord, mais aussi celle de l'acteur. Voir aussi Lynda Burgoyne, « La Didascalie omnisciente ou la Perversion du faire théâtral », *Jeu : Cahiers de théâtre*, N° 123, (2) juin 2007, p. 133-138.

62   M. Esslin, « Visions of Absence : Beckett's *Footfalls, Ghost Trio* and *... but the clouds ...* », in I. Donaldson (éd.), *Transformations in Modern Drama*, Londres, 1983, p. 121-122.

Par le choix des mots « en ahanant » et « en haletant », qui sont en rapport d'équivalence phonique, morphologique, syntaxique et sémantique, le texte acquiert, au-delà de la simple référentialité, une plus-value esthétique autant que comique. L'effort articulatoire que le lecteur doit faire à cause du hiatus (« a // hanant » ; « en // haletant »)[63], reflète de façon comique, les efforts visuels et sonores d'Estragon représentés sur scène[64].

Cet exemple est loin de constituer un cas isolé. Bien que le discours didascalique de *Godot* soit en général précis et concis, il contient certaines tournures qui dépassent sa fonction référentielle. Voici les exemples les plus convaincants, déployant assonances, allitérations et rimes :

- *froissé, froidement* (p. 10).
- *il brandit les bras* (p. 48).
- *Il ramasse le chapeau et le tend à Lucky à bout de bras. Lucky ne bouge pas* (p. 61).
- *Ils se regardent longuement, en reculant, avançant et penchant la tête comme devant un objet d'art, tremblant* [...] (p. 84).
- *Estragon tire, trébuche, tombe* (p. 119).
- *Il tend la main vers Vladimir qui s'empresse de s'en saisir* (p. 119).

Dans ce dernier exemple le discours didascalique prend même la forme de deux vers octosyllabiques rimés.

Ces exemples montrent que le discours didascalique est régi par les mêmes phénomènes de paronomase que le texte à dire, dont les effets sont bien connus auprès de la critique beckettienne : il suffit de penser aux fameuses répliques qu'échangent Vladimir et Estragon : « Nous sommes incapables de nous taire » – « C'est vrai, nous sommes intarissables » (p. 89). Ou au dialogue suivant, régi par la rime et l'assonance :

VLADIMIR. – À **for**ce de **frot**ter.
ESTRAGON. – Qu'est-ce que tu **veux**.
VLADIMIR. – C'est le n**œud**.
ESTRAGON. – C'est **fatal**.

---

63 Sur cet effort articulatoire, voir Henri Morier, *Dictionnaire de poétique et de rhétorique*, 2ᵉ éd. augmentée et refondue, Paris, 1975, p. 487 : « Les organes de la phonation veulent quitter un point donné pour y revenir aussitôt ; comme l'inertie tend à les en empêcher, il devient laborieux de différencier les sons contigus ».

64 Pour Stéphane Gallon, « Beckett, *En attendant Godot, Oh les beaux jours*, Oh la belle double énonciation », *op. cit.*, p. 91, cette scène représente un intertexte philosophique avec un renvoi au mythe de Sisyphe, par référence à *Molloy* et au *Mythe de Sisyphe* de Camus.

[...]
VLADIMIR. – Il n'est pas **mal** (p. 35).

Or, ce qui est intéressant, c'est qu'il existe entre didascalie et texte à dire des corrélations comparables à celles qu'on trouve à l'intérieur du texte à dire, ainsi que le montre l'exemple suivant :

VLADIMIR. – Lié ?
ESTRAGON. – Lié.
VLADIMIR. – Comment lié ?
ESTRAGON. – Pieds et poings.
VLADIMIR. – Mais à qui ? Par qui ?
ESTRAGON. – À ton bonhomme.
VLADIMIR. – À Godot ? Lié à Godot ? Quelle idée ! Jamais de la vie ! (*Un temps.*) Pas encore. (*Il ne fait pas la liaison.*) (p. 28).

L'indication « *Il ne fait pas la liaison* » ne se rapporte pas seulement à la réplique directement concernée : « Pas encore » (à remarquer que, pour les répliques précédentes « pieds et poings » et « mais à qui ? », il y a également hésitation sur l'emploi de la liaison), mais aussi à l'action de « lier », dont il est question dans le texte à dire. S'il est évident que cette plaisanterie échappe au spectateur, celui-ci ne sera pas sans noter que toute cette séquence est strictement structurée par la répétition de « lié » (« on n'est pas lié ») et les ambiguïtés que cette expression entraîne.

Le plus souvent, cependant, les corrélations entre didascalie et texte à dire ont moins d'impact sur la structure du texte :

- Lève-toi que je **t'em**brasse. (*Il tend la main à Estragon.*) (p. 10) {équivalence phonique entre « il tend » et « je t'em- », et en même temps dissociation sémantique entre « bras » et « mains »}.
- Sans avoir l'air de – comment **dire** – de **fléchir** ? (*A Vladimir.*) [...] (*Il réfléchit.*) (p. 39) {jeu de mots sur « fléchir » et « réfléchir »}.
- Mais qu'ai-je donc fait de ma **bruy**ère ! [...] (*Rit bruyamment.*) (p. 50).
- ESTRAGON (*se tordant*). – Il est **tordant** ! (p. 50).
- ESTRAGON (*du tic au tac*). – Catulle (p. 54) {inversion anagrammatique partielle[65] entre « -(u) tac » et « Cat (u)- », dont nous allons rencontrer plusieurs exemples dans *Pas*}.

---

65   Signalons un phénomène semblable dans le texte à dire : Lucky est capable de deux choses, penser et danser, verbes où se trouve réalisée la rotation du « p » en « d ».

- Il s'est mis à perdre de son éclat, à **pâlir** (*geste des deux mains qui descendent par paliers*), à **pâlir** [...] (p. 54).
- ESTRAGON (*faisant quelques pas appuyés*). – **Pas** encore (p. 100).
- Danse, **porc**! (il se **tord** sur place. Estragon **sort** précipitamment.) (p. 106).

Nous ne considérons pas ici les innombrables participes passés en – é – dont le discours didascalique est parsemé et qui riment très souvent avec tel participe passé ou infinitif dans le texte à dire. Ni les moments fréquents où *Un temps* rime avec tel mot en « ant » ou « ent ». Notons seulement la coïncidence des deux discours, lorsque *Un temps* s'accorde avec le sujet de la conversation, « le temps » :

- Ça passera le **temps**. (*Un temps.*) C'étaient deux voleurs, crucifiés en même **temps** que le Sauveur (p. 14).
- Les aveugles n'ont pas la notion du **temps**. (*Un temps.*) Les choses du **temps**, ils ne les voient pas non plus (p. 126).

Terminons cet aperçu par un cas spécial qu'on pourrait appeler *redondance ironique*. Il s'agit des moments où les didascalies reprennent textuellement telle réplique, en y ajoutant toutefois une nuance ironique dont le spectateur, dépourvu de l'aide textuelle, ne peut s'apercevoir :

- Et je reprenais le **combat**. (*Il se recueille, songeant au combat.* [...]) (p. 9).
- Voyez-vous, mes amis, je ne peux me passer longtemps de la société de mes **semblables** (*il regarde les deux semblables*) même quand ils ne me ressemblent qu'imparfaitement (p. 33).

Force est donc de conclure à une fonction « poétique » bien présente dans les didascalies d'*En attendant Godot*, conclusion qui s'oppose à celle, répandue parmi les critiques, qui veut que le style de Beckett soit régi par une simplicité, voire un appauvrissement général. Ainsi nos constatations diffèrent totalement des remarques sur le style des indications scéniques posées en conclusion par Michel Vaïs :

Une dernière remarque mérite d'être faite concernant le style des indications scéniques chez Beckett. Tandis que certains auteurs littéraires ou de

---

Y aurait-il un quelconque rapport avec la constatation de Vladimir qui trouve Lucky « un peu efféminé » (p. 35) ?

la période naturaliste adoptaient un style fleuri, permettant l'évocation de la psychologie des personnages, celui de Beckett est banal. Les directives sont pratiques. Tout ce que Beckett inclut dans ses indications, il le voit sur la scène au fur et à mesure qu'il compose sa pièce, et le spectateur doit le voir aussi. Il s'agit donc de descriptions pures et simples d'images scéniques sans figures de rhétorique, sans comparaisons ni images poétiques. (La poésie ne se situe pas dans le style des indications, qui sont encore de la littérature, mais directement au niveau de la scène.) Une syntaxe ordinaire, ajoutée à de nombreuses répétitions voulues par l'auteur, contribuent à la platitude du style[66].

Si l'on prend aussi en compte le texte anglais[67], on constate une chose surprenante : c'est que les effets de paronomase à l'intérieur des didascalies ou entre didascalies et texte à dire sont moins fréquents et moins spectaculaires. Outre les innombrables adverbes en -ly-, qui confèrent au discours une tonalité pathétique (« irritably, coldly, admiringly, decisively », pour ne citer que les exemples de la page d'ouverture), nous n'avons relevé que quelques exemples d'allitération et de rime, parmi lesquels : « advancing with short, **stiff stride**s, legs **wide** apart » (p. 9). Par contre, quant aux effets non paronomastiques, on retrouve les mêmes exemples de redondance ironique que dans le texte français, – exemples auxquels on pourrait ajouter un troisième, particulièrement convaincant :

– ESTRAGON. – Use your intelligence, can't you ?
Vladimir uses his intelligence (p. 17).

Ironique est aussi le jeu de mots qui ouvre le discours didascalique du second acte. Là où la version française se contente de faire remarquer : « L'arbre porte quelques feuilles » (p. 81) (une édition antérieure dit ici : « L'arbre est couvert de quelques feuilles »)[68], la version anglaise précise, non sans humour : « The tree has four or five leaves » (p. 57)[69].

Cette absence relative de la fonction « poétique » dans les didascalies fait que le texte anglais se distingue fondamentalement du texte français[70]. Cette

---

66 Michel Vaïs, *L'Écrivain scénique*, op. cit., p. 115.
67 Nous avons utilisé l'édition suivante : *Waiting for Godot*, Londres-Boston (Faber), 1986 (1956 ; 2ᵉ éd. 1965).
68 *En attendant Godot*, Paris, Minuit, 1983, p. 79.
69 Voir O. Kosters et I. Schouten, (éds.), *La Folie Godot* [catalogue de l'exposition *La Folie Godot* à la Bibliothèque Universitaire de Leyde, 15 oct.-15 nov. 1991], Leyde, 1991, p. 7.
70 Une autre différence remarquable entre les deux textes réside dans le degré d'explicité du discours didascalique. Un exemple : là où le texte français se contente de noter :

constatation est en contradiction avec ce que dit Beckett lui-même sur la primauté du texte français : « English, because of its very richness holds out the temptation to rhetoric and virtuosity [...]. The relative asceticism of French seemed more appropriate to the expression of being [...] » et ailleurs : « Parce qu'en français c'est plus facile d'écrire sans style ». Beckett dit avoir peur de l'anglais, « because you couldn't help write poetry in it »[71]. Nous allons voir que cet aspect problématique du bilinguisme beckettien se présente tout autrement dans *Pas*.

3.2   Pas (Footfalls) : *didascalies versus texte à dire*

Si les didascalies n'interviennent donc guère directement dans la structure même du texte à dire d'*En attendant Godot*, force est de constater que tel est bel et bien le cas dans certaines pièces plus récentes de Beckett. Datant de 1976, *Pas* paraît particulièrement révélateur à cet égard. Cette pièce montre une forte interaction, voire interpénétration entre didascalies et texte à dire, phénomène que, contrairement à *Godot*, le texte anglais présente ici au même degré que le texte français, – ce qui pourra intéresser les spécialistes du bilinguisme beckettien.

Pas est une pièce concise, qui ne compte qu'une douzaine de pages dans la version française, que nous prendrons comme point de départ, tout en renvoyant régulièrement au texte anglais. La pièce se compose de quatre parties, marquées par des « noirs », des « fade outs ». La première partie met en scène une mère, indiquée dans les didascalies par V. majuscule, et sa fille May, indiquée par M. majuscule. La mère, mourante, octogénaire, reste invisible au fond de la scène. Elle dialogue avec May, quadragénaire, qui, avec des intermittences, va et vient dans une bande illuminée « à l'avant-scène, parallèle à la rampe, longueur 9 pas, largeur 1 mètre, décentrée à droite [...] » (p. 7)[72]. Dans cette première partie, on parle de soins médicaux, d'âge, de soucis existentiels. Le dialogue entre la mère et sa fille s'ouvre ainsi :

M. – Mère. (*Un temps. Pas plus fort.*) Mère.
V. – Oui, May.
M. – Dormais-tu ?

« Echange d'injures » (p. 127), le texte anglais s'explicite en donnant, sous une forme paronomastique, huit injures : « Moron ! ; Vermin ! ; Abortion ! ; Morpion ! ; Sewer-rat ! ; Curate ! ; Cretin ! ; Crritic ! ». Voir Kosters et Schouten, *ibid.*, p. 283.
71   R. Cohn, *Back to Beckett*, Princeton, 1973, p. 58-59.
72   Cette indication scénique est un bel exemple de la précision imposée par Beckett.

> V. – D'un sommeil profond. Je t'ai entendue dans mon sommeil profond. Il n'est pas de sommeil si profond qu'il m'empêche de t'entendre. (*Un temps. M. repart. Quatre longueurs. Avec la deuxième, synchrone avec les pas.*) Sept huit neuf et hop. (*Avec la troisième, de même.*) Sept huit neuf et hop. (*Avec la quatrième.*) Ne veux-tu pas essayer de faire un petit somme ?
> *M. s'immobilise de face à D. Un temps.*
> M. – Veux-tu que je te pique ... encore ?
> V. – Oui, mais il est encore trop tôt.
> *Un temps.* (p. 8-9).

Il est à remarquer que la réplique « Sept huit neuf et hop » constitue, en quelque sorte, une indication didascalique dite par le personnage, donc imbriquée dans le texte à dire. Or, le degré d'imbrication des didascalies dans le texte à dire va en augmentant au fur et à mesure que la pièce progresse.

La deuxième partie est entièrement dite par la mère, qui retrace la vie de May depuis sa plus tendre enfance. Ce qui est intéressant pour notre argumentation, c'est que ce monologue contient une partie narrative, dite à la troisième personne, narration qui prend progressivement la forme d'un dialogue théâtral, avec, par conséquent, des éléments didascaliques enchâssés dans le texte à dire[73]. Précisons notre propos : nous avons affaire ici à un dialogue au second degré, emboîté dans le texte à dire au premier degré. La citation suivante montre le moment précis où cet emboîtement se manifeste pour la première fois :

---

73 Lynda Burgoyne, « La Didascalie omnisciente ou la Perversion du faire théâtral », *op. cit.*, analyse le rôle de la didascalie dans le théâtre de Marguerite Duras. Elle nous rejoint dans notre approche de la didascalie comme texte à lire ainsi que dans notre constatation que la didascalie peut présenter une fonction supplémentaire voulue par le dramaturge – fonction qui dépasse l'objectif de sa simple matérialisation en effets visuels et sonores, étant par exemple d'ordre « esthétique » ou « poétique », comme nous l'avons relevé dans *En attendant Godot*. Burgoyne démontre que cette fonction additionnelle est essentiellement « narrative » chez Duras, au détriment même de l'usage dramatique traditionnel de la didascalie. Cette complexité de la didascalie durassienne, avec ses paradoxes et ambiguïtés, se compare à celle analysée dans ces pages au sujet de la fonction didascalique dans *Pas*. Bien qu'accessoirement, Burgoyne fait le rapprochement entre Duras et Beckett : « Même si les éléments paratextuels n'ont pas complètement érodé le dialogue [de *L'Éden Cinéma*], on songe tout de même au théâtre de Beckett où les didascalies, décrivant les postures et les gestes des personnages, occupent autant sinon plus de place que le dialogue » (p. 137). La lecture de notre article sur *Pas* publié en 1992 et 1998 aurait pu contribuer à cette analyse fort intéressante sur le théâtre de Duras.

ILLUSTRATION 6.4   *Footfalls*

> V. [...] Jusqu'au jour où, la nuit plutôt, jusqu'à la nuit où, à peine sortie de l'enfance, elle appela sa mère et lui dit, Mère, ceci ne suffit pas. La mère : Ne suffit pas ? May – nom de baptême de l'enfant – May : Ne suffit pas. La mère : Que veux-tu dire, May, ne suffit pas, voyons, que peux-tu bien vouloir dire, May, ne suffit pas ? (p. 12).

Cette situation se complique encore considérablement dans la troisième partie. Celle-ci est entièrement dite par May, qui ouvre avec l'indication « Epilogue », terme appartenant normalement au discours didascalique. La version anglaise porte ici « Sequel », prononcé, à l'instigation de Beckett, comme « Seek well », contenant ainsi une invitation à l'interprétation[74]. May récite un passage pris dans un roman dont l'histoire, jusque dans le choix des mots, présente des ressemblances frappantes avec ce qui a été dit sur sa propre vie[75]. Ce roman semi-autobiographique contient un dialogue entre une mère, la vieille dame Winter, et sa fille Amy, dialogue d'abord narratif (« elle dit », « elle répondit », etc.) ensuite théâtral, avec distribution de rôles :

---

74   W. D. Asmus, « Practical Aspects of Theatre, Radio and Television. Rehearsal Notes for the German Premiere of Beckett's *That Time* and *Footfalls* at the Schiller-Theater Werkstatt, Berlin (1.9.76) », in *Journal of Beckett Studies* 2 (été 1977), p. 85. Voir aussi la citation du metteur en scène Jean-Marie Serreau, p. 135-136.

75   Voir K. Morrisson, *Canters and Chronicles. The Use of Narrative in the Plays of S. Beckett and H. Pinter*, Chicago, 1983, p. 69-71.

> M. [...] (*Un temps.*) Madame W. ne répondit pas aussitôt. Mais finalement elle leva la tête, fixa Amy – nom de baptême de l'enfant, comme le lecteur s'en souviendra – leva la tête, fixa Amy au fond de la prunelle et dit – (*un temps*) – et murmura, fixa Amy au fond de la prunelle et murmura, Amy. (*Un temps. Pas plus fort.*) Amy. (*Un temps.*) Amy : Oui, mère. Madame W. : Amy, as-tu remarqué quelque chose ... d'étrange aux vêpres ? Amy : Non, mère, rien. Madame W. : Peut-être l'ai-je seulement imaginé. Amy : Qu'était-ce au juste, mère, que tu as peut-être seulement imaginé ? (*Un temps.*) (p. 15).

Dans ce dialogue « au second degré », on retrouve les mêmes effets de paronomase constatés dans *Godot*. En voici trois exemples : « **Amy**-oui », « **mère**-**m**adame » et « **Amy**-imaginé ». Ces exemples fournissent une preuve supplémentaire que notre analyse du discours didascalique porte sur des effets *intentionnels* et *voulus*[76] par l'auteur parce qu'ils sont ici transposés dans le texte à dire, et, par conséquent, rendus visibles (ou plutôt audibles) lors de la représentation théâtrale.

Autre constatation : l'apostrophe très directe au « lecteur », qui semble indiquer que l'acte de *voir la pièce* correspond en quelque sorte à l'acte de *lire le roman*, mis en abyme. Or, dire à partir de là que la pièce se prête ainsi également à la lecture, il n'y a qu'un pas.

La quatrième et dernière partie de la pièce[77], qui ne prend qu'une dizaine de secondes, montre la scène complètement vide à la fin, – séquence brève, mais non moins significative, comme nous le verrons.

Cette pièce dense ne manque pas de poser de sérieux problèmes d'interprétation. En effet, les interprétations que la critique beckettienne a données jusqu'à présent, sont aussi nombreuses que variées. Ainsi, pour ne citer que quelques exemples, James Knowlson et John Pilling[78] écrivent : « We realize, perhaps only after the play has ended, that we have been watching a ghost telling a tale of a ghost (herself), who fails to be observed by someone else

---

76   Voir nos remarques *supra* sur le caractère intentionnel du texte de *Fin de partie*.
77   La critique hésite entre une division de la pièce en trois (M. Esslin, « Visions of Absence : Beckett's *Footfalls, Ghost Trio* and ... *but the clouds* ... », *op. cit.*, p. 46-55 ; E. Brater, « Fragment and Beckett's Form in *That Time* and *Footfalls* », in *Journal of Beckett Studies* 2 (été 1977), p. 70-81 ; et en quatre (J. Acheson, « The Shape of Ideas : *That Time* and *Footfalls* », in J. Acheson et K. Arthur (éds.), *Beckett's Later Fiction and Drama. Texts for Company, Houndmills*, 1987, p. 130-131). Nous optons pour une division en quatre en nous basant sur la version manuscrite de *Footfalls*. Voir, à ce sujet, Rosemary Pountney, *Theatre of Shadows. Samuel Beckett's drama 1956-1976*, Gerrards Cross, 1988, p. 283.
78   J. Knowlson et J. Pilling, *Frescoes of the Skull. The Later Prose and Drama of Samuel Beckett*, Londres, 1979, p. 227.

(her fictional alter ego) because she in turn was not really there » (voir aussi Worth[79], Pountney[80] et Acheson[81]). On a aussi relevé certains éléments autobiographiques : la mère de Beckett, insomniaque, s'appelait aussi May (Esslin[82] et Knowlson & Pilling[83]). Knowlson et Pilling[84] voient dans May « the poignant re-creation of a girl who had never really been born, isolated and permanently absent, distant and totally encapsulated within herself », rappelant ainsi un cas dont a parlé le psychanalyste Jung dans les années '30 lors d'une communication à laquelle le jeune Beckett a assisté (cf. Asmus[85]). N'oublions pas non plus les allusions importantes à la religion, surtout à la Crucifixion, rapprochant la mère soignée par May de Jésus sur la croix (« Que je te passe l'éponge ? [...] Que j'humecte tes pauvres lèvres ? » (p. 9)). On a aussi remarqué un rapport d'intertextualité avec Macbeth de Shakespeare (Pountney[86] et Acheson[87]). Ces rapprochements, souvent ingénieux, montrent que le texte est polyvalent au même degré que *Godot*. Nous croyons que cette polyvalence trouve sa base dans la structure anagrammatique des deux discours didascaliques (au premier et au second degrés) et dans leurs rapports avec les deux degrés du texte à dire.

Citons d'abord, comme nous l'avons fait pour *Godot*, quelques exemples de paronomase à l'intérieur des didascalies au premier degré :

– *Éclairage : faible, froid. Seuls sont éclairés l'air et le personnage, [...], le corps plus que le visage* (p. 7-8).

À ce sujet, la version anglaise ne demeure pas en reste avec le texte français :

– *worn grey wrap [...] Voices : both low and slow [...]* (p. 239).

Puis les rapports de paronomase ou autres entre les didascalies et le texte à dire (tous les deux au premier degré) :

– *S'immobilise de face à G. Un temps.*

---

79 K. J. Worth, « Review Article : Beckett's Fine Shades : *Play*, *That Time* and *Footfalls* », in *Journal of Beckett Studies* 1, (hiver 1976), p. 78-79.
80 R. Pountney, *op. cit.*, p. 67.
81 J. Acheson, *op. cit.*, p. 130-131.
82 M. Esslin, *op. cit.*, p. 120.
83 J. Knowlson et J. Pilling, *op. cit.*, p. 227.
84 *Ibid.*, p. 222-223.
85 W. D. Asmus, *op. cit.*, p. 83-84.
86 R. Pountney, *op. cit.*, p. 67-68.
87 J. Acheson, *op. cit.*, p. 128.

M. – Quel **âge ai-je** ... **déjà** ? (p. 9).

V : [...] revol**v**ing it **all** ?
M : [*Halting.*] It ?
V : It **all** (p. 240).

À cet égard, il est aussi utile de revoir les lignes d'ouverture de la pièce, qui jouent non seulement sur l'homophonie trois fois répétée entre « Oui, May » et « oui, mais », mais aussi sur la juxtaposition du M. majuscule de la didascalie et le mot « Mère » du texte à dire. Il est suggéré ici un rapport de dédoublement, voire d'identité et en même temps d'opposition (« oui, mais ... ») entre May et sa mère. On y retrouve le thème de l'*alter ego* selon l'interprétation de Knowlson et Pilling.

Ce qui n'est que vaguement suggéré dans ces lignes initiales, s'avère beaucoup moins hypothétique – et beaucoup plus compliqué –, lorsqu'on prend en considération l'exemple déjà cité de la troisième partie de la pièce, où il s'agit donc des rapports entre didascalies et texte à dire aux premier et second degrés à la fois. On constate d'abord, avec la critique beckettienne, que le nom de **May** a changé en **Amy** (homophonie avec « **ami**(e) » en français ; presque homophonie, en anglais, entre « **Amy** » et la question existentielle « **Am I** ? », comme le suggère Martin Esslin[88]). La mère est devenue « Madame Winter », où le mot « winter » (hiver) suggère un rapport antithétique avec « mai », le mois de mai (à remarquer, entre parenthèses, la présence de toute une isotopie lexicale portant sur les quatre saisons). La mère, indiquée dans les didascalies par un *simple* V. majuscule, est, pour ainsi dire, « dédoublée » dans la didascalie au second degré, où Madame Winter est désignée par « Madame W. » (*double* V). À remarquer que, dans le texte anglais, ce dédoublement est rendu par la répétition du mot « **you** » : « Mrs W : **You** **y**ourself ... » (p. 243). Nous avons vu que le nom de May est indiqué dans la didascalie par M. majuscule, soulignant ainsi son appartenance à la grande famille de noms beckettiens commençant par M. Or, ce M. majuscule est répété dans le **M** de « **M**adame **W**. » et inversé dans le **W** du même nom, inversion comme on en rencontre dans d'autres textes de Beckett[89].

Ces deux procédés, le dédoublement et l'inversion, mis en œuvre dans l'onomastique de la pièce, se retrouvent à tous les niveaux. D'abord, bien sûr, dans les va-et-vient de May, minutieusement indiqués par la mère et même visualisés dans les didascalies initiales. Ces va-et-vient dessinent, comme l'a

---

88   M. Esslin, op. cit., p. 120.
89   Par exemple les deux « compétences » de Lucky : **p**enser et **d**anser. Voir aussi à ce sujet L. Hill, *Beckett's Fiction in Different Words*, Cambridge, 1990, p. 113-115.

bien vu Rosemary Pountney[90], le signe mathématique de l'infini : ∞, matérialisant ainsi sur scène le refrain de la pièce « Will you never have done revolving it all ? », ou en français « N'auras-tu jamais fini de ressasser tout ça ? ». Pour Dimitri Soenen les neuf pas parcourus par May dans ce va-et-vient « prennent la forme d'un martèlement régulier [...], selon un schéma circulaire qui n'est pas sans évoquer l'enfant qui tourne et se retourne neuf mois dans le ventre rond de sa mère sans jamais pouvoir en sortir »[91]. Les didascalies en français prescrivent ce mouvement ainsi : « Demi-tour : à gauche à G, à droite à D. » et en anglais : « Turn : rightabout at L., leftabout at R. » Cela implique que ce signe de l'infini[92] n'est pas parcouru dans le même sens dans les deux versions. L'importance du thème de l'inversion semble se refléter ainsi jusque dans le rapport entre les deux langues.

L'inversion et le dédoublement invitent aussi à une lecture anagrammatique non seulement des noms propres mais encore des mots figurant dans le texte à dire ainsi que dans les didascalies. Prenons, à titre d'exemple, la didascalie suivante :

Un temps. M. repart. Une longueur. L'éclairage s'éteint lentement, sauf R. M. s'immobilise à D dans le noir.

---

90   R. Pountney, *op. cit.*, p. 165-166.
91   Dimitri Soenen, « Un théâtre sous surveillance. Le Dispositif didascalique dans le dernier théâtre de Samuel Beckett », in *La Didascalie dans le théâtre du XXᵉ siècle*, textes réunis par Florence Fix et Frédérique Toudoire-Surlapierre, p. 124. Cette interprétation intéressante serait à mettre en rapport avec les remarques de Knowlson et Pilling (voir nos notes 78 et 84), sur lesquelles, sans toutefois être signalées par Soenen, elle semble être basée ou, tout au moins, inspirée. Bien que Soenen indique au sujet de May que « [s]es désambulations sont l'objet de la plus grande attention dans les didascalies », son interprétation qu'elle « arpente la scène à grandes enjambées » n'y trouve aucune justification (p. 121).
92   La visualisation de ce signe a amené Leslie Hill à nous confier que ce symbole lui rappelait les deux roues de la bicyclette « acatène, à roue libre » de Molloy (*Molloy*, Paris (10/18), 1963 (1951), p. 19). Cf. Hill, *op. cit.*, Index, *s.v.* « bicycles » et J. Menzies, « Beckett's Bicycles », in *Journal of Beckett Studies* 6 (automne 1980), p. 97-105. Sans vouloir trop entrer dans les détails, nous tenons tout de même à relever deux passages dans *Footfalls* qui, à l'intérieur de notre sujet, semblent étayer entièrement l'association faite par Leslie Hill entre le signe de l'infini et la bicyclette :
   a- « [...] one two three four five six seven wheel. [*Free.*] Will you not [...] », où « wheel » au sens de « tourne », suggère en même temps la signification « roue », tandis qu'il se combine avec « Free » dans le sens de « roue libre ». Le mot suivant « Will » pourrait être mis en rapport avec la libre volonté associée à la bicyclette dans *Molloy*.
   b- « Watch how feat she wheels » (p. 241), où le choix de l'archaïsme « feat » permet à Beckett de suggérer une association avec « feet », les pieds liés directement aux roues ne faisant que trop penser à la bicyclette sans chaîne de Molloy.

Un temps long.
Cloche un peu plus faible. Echo (p. 10).

La figure omniprésente de la mère plane sur ces didascalies. On la retrouve inversée dans la répétition systématique de R. majuscule (signifiant, dans le texte français, le mince rai vertical de lumière se trouvant au fond à gauche de la scène) suivi immédiatement de M. majuscule (indiquant May). Ce qui frappe aussi c'est l'indication répétée : « M. repart », à lire éventuellement comme « [la] mère part », indiquant l'absence physique de la mère, ou sa fin imminente. À la fin de la citation, l'indication « son de cl*oche* » est suivie par son inverse « *écho* » (ce qui se produit systématiquement dans la pièce), inverse anagrammatique et sonore en même temps. Ailleurs, « Amy » est trois fois répété par son inverse « *imag*iner ». Cependant, l'exemple le plus frappant par son iconicité parfaite ne se trouve pas dans les didascalies, mais dans le texte à dire. Il s'agit du refrain déjà cité, véritable pivot de la pièce, « N'auras-tu jamais fini de ressasser tout ça ? », où « ressasser » est en lui-même un superbe palindrome, correspondant sémantiquement et formellement au va-et-vient de May, qui exécute donc sur scène et le sens et la forme de ce verbe-clé. Le texte anglais présente ici un jeu vertigineux sur les mots « Amy » – « name » – « (I) mean » – « Amen »[93].

3.3 *Conclusion*

On conviendra donc de l'utilité d'une approche textuelle de la pièce, qui rend compte des didascalies et du texte à dire comme entités textuelles. C'est dans cette voie que nous aimerions conclure, en étudiant l'inscription du titre français *Pas* dans les didascalies et ses implications pour la signification globale de la pièce. Le mot « pas » est utilisé de deux manières dans les didascalies : en tant que substantif et en tant que terme de la négation. Ce serait une trivialité, si les dernières didascalies de la pièce ne disaient pas : « Elle repart. Une longueur. Après cinq pas, s'immobilise de profil » (p. 16). Dans cette indication les cinq pas ne se rapportent pas seulement au va-et-vient de May, mais aussi aux cinq fois qu'est apparu le mot « pas » en tant que négation dans la dernière partie du texte à dire, dans l'espace de sept lignes seulement. Cette constatation prend surtout relief lorsqu'on sait que la version anglaise dit ici : « After three steps ... »[94]. La coïncidence entre les pas effectués sur scène et « pas » en

---

93 W. D. Asmus, op. cit., p. 86 : « Beckett reads out individual passages. 'Amen' to be spoken as two syllables. »

94 L'ambiguïté est donc absente du texte anglais ici. À remarquer toutefois que certaines versions anglaises moins définitives que celle que nous avons utilisée ont ici : « after five

tant que terme de la négation confirme ainsi l'absence, le manque qui seraient, selon les critiques, à la base de la pièce (Esslin[95] et Simone[96]). Cette négation en constitue aussi la conclusion. La dernière question de la pièce : « N'auras-tu jamais fini de ressasser tout ça ? » reste en suspens, et la quatrième partie nous montre une scène vide : « Nulle trace de May », disent poétiquement les didascalies. Ainsi la solution de la pièce réside dans la négation, dans la non-existence, comme l'annonce le titre français. La pièce se résout en elle-même : si les pas ne laissent pas de traces, *Pas* n'en laisse pas non plus et s'achève ainsi par sa propre négation[97].

Remarque référentielle

Ce chapitre est un remaniement de nos deux publications suivantes :

a- « Nagg et Nell, Tandem immobile : Analyse de quelques effets sonores et visuels dans *Fin de partie* », *Samuel Beckett Today / Aujourd'hui 12*, « *Pastiches, Parodies & Other Imitations* », éd. par Marius Buning et al., Amsterdam & New York, Rodopi, 2002, p. 281-295.

b- « Le Discours didascalique dans *En attendant Godot* et *Pas* », *Samuel Beckett Today / Aujourd'hui 1*, « *Samuel Beckett : 1970-1989* », éd. par Marius Buning et al., Amsterdam & Atlanta, Rodopi, 1992, p. 114-125. Publication écrite en collaboration avec Paul J. Smith et reprise dans *Lectures de Beckett*, Michèle Touret (éd.), Rennes, Presses Universitaires de Rennes, 1998, p. 43-53.

---

steps ». Voir, à ce sujet, les variantes que donne S. E. Gontarski en appendice à son article « Text and Pre-texts of Samuel Beckett's *Footfalls* », in *Papers of the Bibliographic Society of America* 77 (1983), p. 191-195. Pour une analyse de l'évolution des textes en anglais et français ainsi que leur interaction, voir K. Germoni, « *Play / Comédie, Come and Go / Va-et-vient, Footfalls / Pas* de Beckett ou le va-et-vient de la ponctuation entre deux langues », *Samuel Beckett Today / Aujourd'hui*, Volume 26, Issue 1, éd. par Sjef Houppermans et Matthijs Engelberts, Brill / Rodopi, 2014, p. 283-298.

95   M. Esslin, op. cit., p. 121.
96   R. T. Simone, « Beckett's other Trilogy : *Not I, Footfalls*, and *Rockaby* », in R. J. Davis et L. St. J. Butler (éds.), « *Make Sense who may* ». *Essays on Samuel Beckett's Later Works*, Gerrards Cross, 1988, p. 60-65.
97   Notre interprétation de la fin de *Pas* s'accorde avec une conclusion tirée par M. Vaïs, *L'Écrivain scénique*, op. cit., p. 111-112, au sujet de l'évolution du théâtre beckettien pendant la période 1947-1969 : « une élimination lente des gestes et une réduction de la gamme d'accessoires scéniques para[issent] exprimer [une] démarche vers le silence et l'immobilité, et donc une négation de la représentation théâtrale ». Avec ses remarques à ce sujet dans « Un théâtre sous surveillance. Le Dispositif didascalique dans le dernier théâtre de Samuel Beckett », *op. cit.*, p. 122, Dimitri Soenen nous rejoint aussi, bien qu'il ne mentionne ni l'article de Vaïs de 1978 ni le nôtre de 1992 (1998).

CHAPITRE 7

Conclusion

Avec le choix de la microlecture comme point de départ pour l'approche de l'ambiguïté intentionelle et du jeu de mots, nous avons délibérément opté pour une méthodique que nous désirons qualifier d'intemporelle : les analyses dans le présent ouvrage s'avèrent plutôt indépendantes des tendances de toute sorte, dont le caractère passager se manifeste plus vite que l'on aurait pu le croire à leur apparition saluée bien souvent comme révélation voire panacée. Tout en bénéficiant de l'intérêt et de l'apport des différents ouvrages critiques des spécialistes littéraires de ces dernières décennies spécifiés dans la bibliographie clôturant ce livre, notre étude s'inspire de préférence du goût pour l'œuvre littéraire elle-même, sa lecture prévalant envers et contre tout.

Il s'avère que l'usage de l'ambiguïté intentionnelle est aussi recherché et efficace en poésie qu'en prose narrative ou dans des textes dramatiques. Réalisée à mi-chemin entre ambiguïté verbale et ambiguïté situationnelle, cette exploitation acquiert cependant une dimension supplémentaire pour le théâtre dans la mesure où elle est également concrétisée au niveau de la matérialisation de la didascalie sur scène, ce qui permet à l'auteur dramatique de jouer sur le potentiel de l'aspect visuel et auditif concrétisé de l'ambiguïté, et ce en corrélation avec le texte à dire, là où le poète et le romancier sont contraints de limiter leur emploi de l'ambiguïté à l'imaginatif créé par le seul texte écrit. Créations poétiques et narratives réalisées par l'ambiguïté lexicale ou syntaxique, mais aussi, à plus grande échelle, par le bricolage anagrammatique de (fragments de) textes.

S'il est clair que la prédilection incontestable des quatre auteurs de notre analyse pour l'ambiguïté intentionnelle et le jeu de mots se manifeste d'une manière abondante dans leurs œuvres, ils savent éviter de tomber dans le piège de l'artificialité, ce qui est pourtant un risque réel en cas de « surdosage »[1]. L'absence totale de gratuité et de marginalité dans l'emploi de la polyvalence semble les préserver de toute impression de facticité. Bien au contraire,

---

[1] Curieusement un auteur de chansons comme Boby Lapointe, archétype de l'exploitation humoristique du jeu de mots unanimement apprécié et trouvé sympathique par tous les auditeurs de France et de Navarre, a su lui aussi échapper au risque dont il est question ici. Nous pensons que son absence de prétention (sérieuse), de lourdeur et donc de fatigue y est pour quelque chose, de même que sa résolution inexorable pour une véritable omniprésence à outrance du jeu de mots dans ses chansons, choix qui lui a permis de neutraliser en quelque sorte le risque de « surdosage ».

l'exploitation qu'ils en réalisent ne fait que conférer une plus grande profondeur à leurs ouvrages, surtout grâce à son implication dans les différentes structures de ceux-ci. C'est notamment l'incidence de l'anagrammatique sur la structure des œuvres de Samuel Beckett et de Michel Tournier qui s'avère essentielle. Se présentant de manière corrélationnelle au niveau *micro* du mot et à l'échelon *macro* de la structure, le principe de l'anagramme est en effet à la base de leur écriture. L'exploitation méthodique du jeu de mots par Guillaume Apollinaire et Jacques Prévert paraît fondamentale pour leur poésie dans le sens où elle est génératrice d'images et de figures qui n'en sont que plus riches et porteuses de sens. L'ambiguïté intentionnelle se manifestant tantôt par l'anagramme, tantôt par le jeu de mots, et fonctionnant aussi dans les trois grands genres, ses nuances sont à rechercher plutôt dans l'exploitation particulière et individuelle qu'en réalisent les auteurs[2].

Le chapitre consacré à *Chantre* d'Apollinaire ne présente pas seulement un tour d'horizon commenté des nombreuses publications sur ce monostique, il apporte aussi des éléments bien nouveaux relatifs aux jeux de mots : différentes couches significatives, extensions intertextuelles et dimensions mythologiques, pour n'en nommer que les plus importants.

Délaissée ou dépréciée par la critique, l'œuvre poétique de Prévert mériterait un regain d'intérêt. *Le Cheval rouge* n'ayant fait l'objet d'aucune analyse à ce jour, la nôtre expose un parangon de la poétique prévertienne et y constate, en même temps et paradoxalement, un effort de dissimulation de sa création.

L'œuvre de Tournier est riche et fort glosée. Notre étude des signes dans *Le Roi des aulnes* résulte dans une nouvelle distinction sémiotique : les signes qu'il convient de mettre en rapport avec le pouvoir surnaturel dont se croit doté Abel Tiffauges et ceux qui sont relatifs à la conception de l'écriture et à la lecture interprétative des *Écrits sinistres*, le journal du protagoniste, ainsi que celles du roman. L'analyse de l'onomastique en relation avec la structure du roman est inédite, tout comme l'étude du bricolage textuel auquel se livre Tournier dans *Gilles & Jeanne*.

Portant d'abord sur le rôle du couple Nagg et Nell, à notre avis bien négligé jusqu'ici par la critique, dans *Fin de partie*, notre approche du théâtre de Beckett permet de relever des ambiguïtés inattendues, paradoxalement trop évidentes pour être aperçues, qui s'avèrent pourtant essentielles pour la mise en scène et la compréhension de la pièce. L'étude textuelle de l'esthétique de la didascalie dans *En attendant Godot* et *Pas* est novatrice elle aussi et présente le

---

2   C'est à la fin de chacun des chapitres 2 à 6 que l'on retrouvera quelques conclusions quant à cette exploitation particulière et individuelle des quatre auteurs.

point de départ d'une nouvelle dimension de l'interprétation de la conception théâtrale de Beckett, ce qui contribuera également à la problématique de la mise en scène de ses pièces.

Bien que nos analyses se limitent à un corpus restreint, leurs résultats devraient permettre, par extension voire par généralisation, un autre regard sur l'œuvre intégrale. Ayant mis à nu le fonctionnement de l'ambiguïté et du jeu de mots dans une partie seulement de l'œuvre de chacun de nos quatre auteurs, nous pensons bien avoir ouvert la voie à des interprétations inédites à ce jour ainsi qu'à de nouvelles lectures des autres ouvrages d'Apollinaire, Prévert, Tournier et Beckett.

Ainsi il s'avère aléatoire de chercher à classer davantage les quatre auteurs dans telle ou telle catégorie d'ambiguïté intentionnelle. Il paraît même légitime de se demander si une telle classification ne ferait pas violence à la conception artistique des quatre auteurs, car elle risque d'en méconnaître l'intégralité et la cohésion. Il n'empêche que l'on constate une certaine inclination pour l'équivoque lexicale chez Apollinaire, un goût pour la plurivalence métaphorique chez Prévert, une prédilection pour l'exploitation de l'onomastique chez Tournier et une nette propension à l'ambiguïté auditive et situationnelle chez Beckett.

L'usage de l'ambiguïté intentionnelle est une affaire sérieuse, qui exige une grande maîtrise scripturale de la part de l'auteur et une certaine disponibilité cérébrale de la part du récepteur, celui-ci devant être d'humeur à l'interprétation … La création de l'ambiguïté intentionnelle par l'auteur doit ainsi se doubler de celle de l'envie du déchiffrage ou de décryptage par le récepteur. Nous avons indiqué plus haut que la reconnaissance de l'ambiguïté intentionnelle en est une des principales caractéristiques. La condition de cette reconnaissance fait aussi la différence entre ambiguïté intentionnelle d'une part et potentielle ou virtuelle de l'autre, bien qu'il soit difficile de déterminer les limites entre ces deux types d'ambiguïtés. Tout dépend du point de vue, celui de l'émetteur ou celui du récepteur : ce qui est ambiguïté intentionnelle pour le premier, reste potentielle ou virtuelle jusqu'à la reconnaissance par le second. Or, la réalisation de toute ambiguïté intentionnelle est forcément tributaire de la création accomplie par l'auteur de l'envie de décodage par le récepteur, en l'absence de laquelle l'effet voulu de l'ambiguïté est annulé. Notre étude a montré qu'il n'y a pas que l'humour pour générer cette envie : le mérite de nos quatre auteurs est précisément de réussir, chacun selon sa propre littérarité, à lancer un appel irrésistible au lecteur ou au spectateur, qui se trouve ainsi prêt au départ à la découverte, séduit par cette invitation au voyage, qu'il soit au pays des merveilles avec Apollinaire et des images avec Prévert ou dans le monde des abîmes avec Tournier et des ténèbres de Beckett.

Enfin, s'il y a un aspect récurrent et évident qui ressort de notre analyse de l'ambiguïté intentionnelle, c'est bien celui de l'impression d'absence générale de toute coïncidence dans les ouvrages des quatre auteurs étudiés. Tout y est calculé, pesé, jaugé, comparé ; rien ne semble être laissé au hasard. Et malgré tout, Michel Tournier avoue dans *Le Vent Paraclet* qu'il y a dans *Le Roi des aulnes* des éléments fictifs qui ont été rattrapés plus tard par des faits réels : « Kaltenborn », nom inventé par Tournier pour le château où se trouve la napola en Prusse Orientale pendant la guerre, devient « Kaltenbronn », nom géographique du domaine où travaille après la guerre personne d'autre que l'ancien conservateur de Rominten, la réserve de chasse de Goering[3]. Mais, bien plus qu'anecdotique, cette coïncidence relève aussi d'un jeu anagrammatique, prémonitoire celui-là, qui va peut-être plus loin encore que la simple intentionnalité ...

---

3   Double coïncidence donc. Voir nos remarques sur Kaltenborn et Kaltenbronn et d'autres coïncidences chapitre 4.

Références bibliographiques

Acheson, James, « The Shape of Ideas : *That Time and Footfalls* », in J. Acheson et K. Arthur (éds.), *Beckett's Later Fiction and Drama. Texts for Company*, Basingstoke, Hampshire : MacMillan, 1987, p. 115-135.

Adiaba, Vincent Kablan, « Itinéraire pour une lisibilité des didascalies », *Voix plurielles* 10.2 (2013), Université Alassane Ouattara de Bouaké, Côte d'Ivoire, p. 364-374. https://brock.scholarsportal.info/journals/voixplurielles/article/viewFile/871/837.

Alessandrelli, Susanna, *Modalités de l'écriture ironique et humoristique dans l'œuvre de Michel Tournier*, thèse soutenue à l'Université d'Angers en juin 2004.

Alessandrelli, Susanna, « Michel Tournier : De l'ironie à l'humour, du roman au texte bref », *Modernité de Michel Tournier*, Presses universitaires de Rennes, Coll. Interférences, Rennes, 2013, p. 39-53.

Alexandre, Didier, *Guillaume Apollinaire, Alcools*, Presses Universitaires de France, Paris, 1994.

Andronescu, Serban, *Essai sur l'esthetique de la poésie française*, The City University of New York, PhD, Modern Language and Literature, 1973.

Apollinaire, Guillaume, *Œuvres poétiques complètes*, texte établi et annoté par M. Adéma et M. Décaudin, Gallimard, Bibliothèque de la Pléiade, Paris, 1965.

Apollinaire, Guillaume, *Œuvres en prose complètes*, tome 1, textes établis, présentés et annotés par M. Décaudin, Gallimard, Bibliothèque de la Pléiade, Paris, 1977.

Apollinaire, Guillaume, *Œuvres en prose complètes*, tome 2, textes établis, présentés et annotés par P. Caizergues et M. Décaudin, Gallimard, Bibliothèque de la Pléiade, Paris, 1991.

Apollinaire, Guillaume, *Œuvres en prose complètes*, tome 3, textes établis, présentés et annotés par P. Caizergues et M. Décaudin, Gallimard, Bibliothèque de la Pléiade, Paris, 1993.

Apollinaire, Guillaume, « A propos de l'art des Noirs », introduction au catalogue de la Première Exposition d'Art nègre et d'Art océanien, organisée par Paul Guillaume, p. 5-8, Paris, Galerie Devambez, 1919.

Asmus, Walter D., « Practical Aspects of Theatre, Radio and Television [...] », in *Journal of Beckett Studies* 2 (été 1977), p. 82-95.

Badinter Elisabeth, *L'Un est l'Autre. Des relations entre hommes et femmes*, Paris, Odile Jacob, 1986.

Bataille, Georges, *Le Procès de Gilles de Rais*, J.-J. Pauvert, Paris, 1965.

Bates, Scott, *Guillaume Apollinaire*, Twayne Publishers, Inc., New York, 1967.

Bauer, Matthias, Joachim Knape, Peter Koch, Susanne Winkler, « Dimensionen der Ambiguität », *Zeitschrift für Literaturwissenschaft und Linguistik*, 40. Jg., 158, 2010.

Beckett, Samuel, *La Dernière Bande*, Paris, Minuit, 1959.
Beckett, Samuel, *Mercier et Camier*, Paris, Minuit, 1970.
Beckett, Samuel, *Molloy*, Paris, Minuit, 1951.
Beckett, Samuel, *Murphy*, New York, Grove Press, 1957.
Beckett, Samuel, *Pas*, Paris, Minuit, 1984 (1978).
Beckett, Samuel, *Théâtre I, En attendant Godot, Fin de partie, Actes sans paroles I et II*, Paris, Minuit, 1971.
Beckett, Samuel, *Tous ceux qui tombent*, Paris, Minuit, 1957.
Belanger, Mary E., *Études de la poésie de Jacques Prévert*, Southern Illinois University Carbondale, 2008.
Benoist, Alain, « Étude sémiologique des accessoires dans trois pièces de Beckett : *En attendant Godot, Fin de partie, Oh les beaux jours* », *Semiotica*, 110 (3-4), 1996, p. 273-300.
Bergholz, Regina, « A Simonidean Tale. Commemoration and Coming to Terms with the Past : Michel Tournier's Le Roi des aulnes », *Journal of the Australasian Universities Language and Literature Association*, 2010 : 114, p. 111-131, http://dx.doi.org/10.1179/000127910804775478.
Bernanoce, Marie, « Des indications scéniques à la 'voix didascalie', Contours énonciatifs de la figure de l'auteur de théâtre contemporain », *Coulisses* 39, Presses universitaires de Franche-Comté, 2009, p. 31-42. http://coulisses.revues.org/962.
Bettelheim, Bruno, *The Uses of Enchantment : The Meaning and Importance of Fairy Tales*, New York, Vintage Books, 1976.
Bevan, David G., *Michel Tournier*, Rodopi, Amsterdam, 1986.
Billy, André, *Guillaume Apollinaire*, Poètes d'aujourd'hui, Seghers, Paris, 1956.
Bogaards, Paul, Johan Rooryck et Paul J. Smith, *Quitte ou Double Sens, Articles sur l'ambiguïté offerts à Ronald Landheer*, Rodopi, Coll. Faux Titre 211, Amsterdam – New York, 2001.
Bohn, Willard, *Apollinaire and the International Avant-Garde*, Suny Press, 1997.
Boisson, Madeleine, *Apollinaire et les mythologies antiques*, Schena-Nizet, 1989, Paris.
Boisson, Madeleine, « La Structure septénaire. Des 'Sept Épées' à 'La Rose de Hildesheim' », *Revue des lettres modernes*, 677-681, 1983, p. 61-93.
Boisson, Madeleine, « L'Hermétisme dans 'Alcools' », *Alcools, en corps, Lectures et situation du recueil d'Apollinaire, Recherches & Travaux*, hors-série No. 14, Grenoble, 1998, p. 11-17.
Bossard, L'Abbé Eugène, *Gilles de Rais, maréchal de France, dit « Barbe-Bleue », 1404-1440 : d'après des documents inédits*, Paris, Honoré Champion, 1885.
Boudar, Gilbert & Décaudin, Michel, *Catalogue de la Bibliothèque de Guillaume Apollinaire*, tome 1, Editions du CNRS, Paris, 1983.
Bouloumié, Arlette, « Germanic Variations on the Theme of Phoria in 'The Erl-King' », *Michel Tournier*, éd. Michael Worton, Routledge, New York, 2014.

Bouloumié, Arlette, « Inversion bénigne, inversion maligne », *Images et Signes de Michel Tournier*, Actes du colloque du Centre Culturel International de Cerisy-la-Salle, sous la direction d'Arlette Bouloumié et Maurice de Gandillac, Paris, Gallimard, 1991.

Bouloumié, Arlette, « La Dimension politique du mythe de l'ogre chez Tournier, Chessex et Pennac », dans *Lectures politiques des mythes littéraires au XXe siècle*, Sylvie Parizet (dir.), Presses universitaires de Paris Nanterre, 2013, p. 339-354.

Bouloumié, Arlette, « La Séduction de la réécriture chez Michel Tournier : Réminiscence, ambivalence, jeux d'échos et de miroir », *Revue des sciences humaines*, 1993-4, N° 232, p. 9-20.

Bouloumié, Arlette, « Le Renouvellement du mythe de l'ogre et ses variantes dans l'œuvre de Michel Tournier », dans *Chances du roman, charmes du mythe*, Marie-Hélène Boblet, Paris, Presse Sorbonne Nouvelle, 2013, p. 69-79.

Bouloumié, Arlette (dir.), *Michel Tournier, La Réception d'une œuvre en France et à l'étranger*, Rennes, Presses universitaires de Rennes, Coll. Interférences, 2013.

Bouloumié, Arlette, *Michel Tournier, Le Roman mythologique*, Librairie José Corti, 1988.

Bouloumié, Arlette, *Modernité de Michel Tournier*, Rennes, Presses universitaires de Rennes, Coll. Interférences, 2016.

Bouloumié, Arlette, « Rencontre avec Michel Tournier », *Europe*, Juin 1, 1989, p. 147-157.

Bouloumié, Arlette, « Transfiguration de la réalité par le mythe dans quelques contes de Michel Tournier », *Tangence*, N° 101, 2013, p. 77-92.

Boyer, Régis, « Mots et Jeux de mots chez Prévert, Queneau, Boris Vian, Ionesco, Essai d'étude méthodique », *Studia neophilologica*, 40, 1968.

Brater, Enoch, « Fragment and Beckett's Form in *That Time* and *Footfalls* », in *Journal of Beckett Studies* 2 (été 1977), p. 70-81.

Breunig, LeRoy C., « Apollinaire et le monostique », *Bulletin de l'Académie royale de langue et de littérature françaises*, Palais des Académies, 1963, N° 4, p. 313-323.

Brooke-Rose, Christine, *A Grammar of Metaphor*, Secker & Warburg, Londres, 1958, p. 146-174.

Brunel, Pierre, *Apollinaire entre deux mondes, Mythocritique II*, Presses Universitaires de France, Paris, 1997, p. 68-69.

Burgoyne, Lynda, « La Didascalie omnisciente ou la Perversion du faire théâtral », *Jeu : Cahiers de théâtre*, N° 123, (2) juin 2007, p. 133-138. http://id.erudit.org/iderudit/24241ac.

Campa, Laurence, *L'Esthétique d'Apollinaire*, SEDES, Paris, 1996.

Campa, Laurence, *Guillaume Apollinaire*, Éditions Gallimard, Paris, 2013.

Cantera, Paola, *Thématique et Poétique des quatre éléments dans Alcools d'Apollinaire*, McGill University.

Carpenter, Charles A., *The Dramatic Works of Samuel Beckett, A Selective Bibliography of Publications About his Plays and their Conceptual Foundations*, Londres & New York, Continuum, 2011.

Cerquand, Jean-François, *Etudes de mythologie grecque*, Didier, Paris, 1873.

Chesneau, Albert, « La Marquise sortit à cinq heures », *Modern Language Association*, Vol. 84, No. 6 (Oct., 1969), p. 1644-1648.

Chevalier, Jean-Claude, « La Poésie d'Apollinaire et le Calembour », *Europe*, Novembre 1, 44 (451), 1966, p. 56-76.

Cohn, Ruby, *Back to Beckett*, Princeton University Press, 1973.

Cohn, Ruby, *Just play : Beckett's Theatre*, Princeton, 1980.

Cohn, Ruby, « La Fin enfin de *Fin de partie* », dans Michèle Touret (éd.), *Lectures de Beckett*, Presses Universitaires de Rennes, 1998, p. 123-129.

Compagnon, Antoine, *La Seconde Main ou le Travail de la citation*, Seuil, 1979.

Corjanus, Marjolein, « Vroege receptie van Tourniers *Le Roi des aulnes* in de Nederlandse literatuurkritiek (1970-1972) », Nederlandse letterkunde, 01/14/2015, Vol. 20 (1), p. 59-84.

Culler, Jonathan, « Communicative Competence and Normative Force », *New German Critique*, N° 35, 1985, p. 133-144.

Culler, Jonathan, *Structuralist Poetics, Structuralism Linguistics and the Study of Literature*, Routledge & Kegan Paul, Londres, 1975.

Dalmas, Franck, « L'Alchimie de l'excrément comme alchimie de l'Homme dans Le Roi des aulnes de Michel Tournier », *French Forum*, Volume 30, Number 3, Fall 2005, p. 91-109. https://doi.org/10.1353/frf.2006.0002.

Darío, Ruben, *El Viage A Nicaragua*, Volumen XVII de las Obras Completas, Administración Editorial « Mundo Latino », Madrid, 1917.

Darío, Ruben, *Historia de mis Libros*, Volumen XVII de las Obras Completas, Administración Editorial « Mundo Latino », Madrid, 1917.

Darío, Ruben, *Prosas Profanas y Otros Poemas*, Buenos Aires, 1896, Paris, Libreria de la Viuda de C. Bouret, 1901 (seconde édition).

Davis, Colin, « Les Interprétations », dans *Images et Signes de Michel Tournier*, Actes du colloque du Centre Culturel International de Cerisy-la-Salle, sous la direction d'Arlette Bouloumié et Maurice de Gandillac, Paris, Gallimard, 1991, p. 191-206.

Davis, Colin, *Michel Tournier, Philosophy and Fiction*, Oxford, Oxford University Press, 1988.

Décaudin, Michel, *Le Dossier d'Alcools*, Droz-Minard, Genève-Paris, 1960.

Degn, Inge, *L'Encre du savant et le sang des martyrs : mythes et fantasmes dans les romans de Michel Tournier*, Odense, Odense University Press, 1995.

Delion, Pierre, « Au commencement ... Donald Winnicott, Michel Tournier et la fonction phorique », Le Carnet PSY, 2011/1 (N° 150), p. 20-26.

Dininman, Françoise, « 'Chantre' et les sirènes », *Que vlo-ve ?*, N° 10, 2ᵉ série, 1984, p. 17-19.

Doll, Mary A., « Walking and Rocking : Ritual Acts in *Footfalls* and *Rockaby* », in R. J. Davis et L. St. J. Butler (éds.), « *Make Sense who may* ». *Essays on Samuel Beckett's Later Works*, Gerrards Cross, 1988, p. 46-55.

Dupriez, Bernard, *Gradus, Les Procédés littéraires*, 10/18, Paris, 1977.
Durry, Marie-Jeanne, *Guillaume Apollinaire, Alcools*, SEDES, tome 1, 2 & 3, Paris, 1956.
Empson, William, *Seven Types of Ambiguity*, Third Edition, Chatto & Windus, Londres, 1953.
Engelberts, Matthijs, *Théâtre, Récit, Beckett*, Amsterdam, 2000.
Esslin, Martin, « Visions of Absence : Beckett's *Footfalls, Ghost Trio* and … *but the clouds* … », in I. Donaldson (éd.), *Transformations in Modern Drama*, Londres, 1983, p. 46-55.
Fauskevåg, Svein Eirik, *Allégorie et Tradition : Etude sur la technique allégorique et la structure mythique dans Le Roi des aulnes de Michel Tournier*, Oslo, Solum Forlag, Paris, Didier Erudition, 1993.
Fletcher, Beryl S. et John Fletcher, *A Student's Guide to the Plays of Samuel Beckett*, Faber & Faber, Londres, 1985.
Follet, Lionel, « Lecture de 'Palais' d'Apollinaire », *Lettres modernes*, Paris, 1972.
Fongaro, Antoine, *Apollinaire poète*, Presses Universitaires du Mirail-Toulouse, 1988, p. 109-118.
Fongaro, Antoine, « 'Chantre', 'Palais', Annie et Mallarmé », *Studi francesi* 16, 1972, p. 82-87.
Fongaro, Antoine, « A propos de quelques relectures d''Alcools' », *Studi francesi* 43, 1999, p. 119-123.
Fongaro, Antoine, « Un vers univers », *Guillaume Apollinaire*, N° 13, 1976, p. 109-118.
Fraisse, Luc, « Le Jeu verbal au croisement des cultures dans 'Alcools' », *Travaux de littérature*, XXII, 2009, p. 357-364.
France, Anatole, *Les Sept Femmes de la Barbe-Bleue*, 1909, http://livrefrance.com/A-France-SFBB.pdf.
Freud, Sigmund, *Le Mot d'esprit et ses rapports avec l'inconscient*, Traduit de l'allemand par Marie Bonaparte et le Dr. M. Nathan en 1930. Paris, Gallimard, 1930. Réimpression : Gallimard, 1971. Version électronique réalisée par Gemma Paquet, bénévole et professeure à la retraite du Cégep de Chicoutimi, Québec, 2007.
Gallon, Stéphane, « Beckett, *En attendant Godot, Oh les beaux jours*, Oh la belle double énonciation », *Questions de style*, n° 7, 2010, p. 83-115, Université Rennes II, LIDILE. http://www.unicaen.fr/puc/revues/thl/questionsdestyle/www.unicaen.fr/services/puc/revues/thl/questionsdestyle/print3da5.html?dossier=dossier7&file=07gallon.xml.
Gascoigne, David, *Michel Tournier*, New Directions in European Writing, Oxford & Washington D.C., Berg, 1996.
Germoni, Karin, « *Play / Comédie, Come and Go / Va-et-vient, Footfalls / Pas* de Beckett ou le va-et-vient de la ponctuation entre deux langues », *Samuel Beckett Today / Aujourd'hui*, Volume 26, Issue 1, éd. par Sjef Houppermans et Matthijs Engelberts, Brill / Rodopi, 2014, p. 283-298.

Gontarski, Stanley E., « Text and Pre-texts of Samuel Beckett's *Footfalls* », in *Papers of the Bibliographic Society of America 77* (1983), p. 191-195.

Greet, Anne Hyde, *Jacques Prévert's Word Games*, University of California Press, Berkeley and Los Angeles, 1968.

Greet, Anne Hyde, « Puns in Apollinaire's Alcools », *Wisconsin Studies in Contemporary Literature*, Vol. 6, N° 3 (autumn, 1965), p. 308-329.

Grigorut, Constantin, *Métaphysique de la finitude et intertextualité dans la littérature française après 1945 : Cioran, Beckett, Tournier*, University of British Columbia, January 2005.

Grojnowski, Daniel, « Apollinaire-Orphée : Sur la poétique d''Alcools' », *Romantisme*, 1981, n° 33. *Poétiques*. p. 91-108.

Gros, Gérard, « Le Seigneur de Rais et Jeanne : étude sur une relation d'après *Le Mistère du siège d'Orléans* », *Images de Jeanne d'Arc*, Jean Maurice et Daniel Coury éd., Presses Universitaires de France, 2000, p. 117-126.

Guiraud, Pierre, *Les Jeux de mots*, Coll. « Que sais-je », Presses Universitaires de France, Paris, 1976.

Gullentops, David, « Lecture de 'Chantre' », *Guillaume Apollinaire 19*, textes réunis par Michel Décaudin, *Lettres modernes*, 1996, p. 63-80.

Gullentops, David, « Pour une sémiotique de l'espace poétique », *Degrés XXIII*, 84 (hiver 1995), p. 1-18.

Haerdter, Michael, « Samuel Beckett répète *Fin de partie* », *Revue d'esthétique, Samuel Beckett*, numéro hors-série, 1990, p. 302-316.

Harmon, Maurice (éd.), *No Author Better Served, The Correspondence of Samuel Beckett & Alan Schneider*, Harvard University Press, 1998.

Hawthorn, Jeremy, *A Glossary of Contemporary Literary Theory*, Arnold, Londres, 1998.

Hill, Lesley, *Beckett's Fiction in Different Words*, Cambridge, 1990.

Hopkins, John, « La théorie sémiotique littéraire de Michael Riffaterre : matrice, intertexte et interprétant », *Cahiers de narratologie* [En ligne], 12 / 2005, mise en ligne le 20 avril 2005, consulté le 28 septembre 2015. URL : http://narratologie.revues.org/37.

Houellebecq, Michel, « Jacques Prévert est un con », *Rester vivant et autres textes*, Flammarion, 2005, p. 35-36.

Houppermans, Sjef, « Chutes sans fin dans *Pour finir encore* », *Samuel Beckett Today / Aujourd'hui 2*, éd. par Marius Buning et Lois Oppenheim, 1993, p. 219-227.

Houppermans, Sjef, « Compagnie & Cie & Cie », *Samuel Beckett Today / Aujourd'hui 1*, « *Samuel Beckett : 1970-1989* », éd. par Marius Buning et al., Rodopi, 1992, p. 41-49.

Hugo, Victor, *Les Misérables*, Tome premier, Classiques Garnier, Paris, 1957.

Huysmans, Joris-Karl, *Là-Bas*, éd. Pierre Cogny, Paris, Garnier-Flammarion, 1978.

Images et Signes de Michel Tournier, Actes du colloque du Centre Culturel International de Cerisy-la-Salle, sous la direction d'Arlette Bouloumié et Maurice de Gandillac, Paris, Gallimard, 1991.

Jeevan Kumar, K., « The Chess Metaphor in Samuel Beckett's *Endgame* », *Modern Drama*, Volume 40, Number 4, Winter 1997, University of Toronto Press, p. 540-552. https://doi.org/10.1353/mdr.1997.0041.

Jeux de mots – enjeux littéraires, de François Rabelais à Richard Millet, éd. Annelies Schulte Nordholt et Paul J. Smith, Essais en hommage à Sjef Houppermans, Brill / Rodopi, Coll. Faux Titre 418, Amsterdam – New York, 2018.

Jiménez, Pedro Pardo, « Portrait de lecteur en ogre. Sur un passage de 'Le Roi des aulnes' », *Cédille revista des estudios franceses*, N° 12, avril 2016, p. 327-337.

Jouanneau, Joël, « Libérons-nous de ses didascalies ! », *Le Magazine littéraire*, N° 372, Dossier Beckett, 1999, p. 44-45.

Jung, Mathieu, *James Joyce, Raymond Roussel : modalités du lisible*, thèse de l'École doctorale des humanités, Université de Strasbourg, 2014.

Jüttner, Siegfried, « H. Kats, '*Paroles* von Jacques Prévert' », *Zeitschrift für Romanische Philologie*, Vol. 94 (3), jan 1, 1978, p. 452-453.

Kaiser, Georg, *Gilles und Jeanne. Bühnenspiel in drei Teilen*, Potsdam, Gustav Kiepenheuer Verlag, 1923.

Kats, Helga, *'Paroles' von Jacques Prévert, Eine strukturalistische Untersuchung*, Hamburg, 1976.

Klettke, Cornelia, *Der postmoderne Mythenroman Michel Tournier's am Beispiel des 'Roi des aulnes'*, Bonn, Romanistischer Verlag, 1991.

Klettke, Cornelia, « La Musique dans l'esthétique de la 'mythécriture' de Michel Tournier : une musique textuelle de la séduction », *Revue des sciences humaines*, 1993-4, N° 232, p. 47-66.

Knowlson, James, *Beckett*, Solin, Actes Sud, 1999.

Knowlson, James, « Review : *Pas* and *Pas Moi* at the Théâtre d'Orsay, Paris, 11 April 1978 », in *Journal of Beckett Studies* 4 (printemps 1979), p. 72-73.

Knowlson, James, « Samuel Beckett metteur en scène : ses carnets de notes de mise en scène et l'interprétation critique de son œuvre théâtrale », *Revue d'esthétique*, *Samuel Beckett*, numéro hors-série, 1990, p. 277-289.

Knowlson, James, « Samuel Beckett metteur en scène : ses carnets de notes de mise en scène et l'interprétation critique de son œuvre théâtrale », *Lectures de Beckett*, Michèle Touret (éd.), Presses Universitaires de Rennes, 1998, p. 69-84.

Knowlson, James, et Pilling, J., *Frescoes of the Skull. The Later Prose and Drama of Samuel Beckett*, Londres, 1979.

Kochmann, René, « Chantre et la poétique d'Apollinaire », *Le Français moderne*, N° 36, 1968, p. 313-322.

Koopman-Thurlings, Mariska, « De la forme et du fond : le redoublement discursif », dans *Images et Signes de Michel Tournier*, Actes du colloque du Centre Culturel International de Cerisy-la-Salle, sous la direction d'Arlette Bouloumié et Maurice de Gandillac, Paris, Gallimard, 1991, p. 279-293.

Koopman-Thurlings, Mariska, « Narcisse et son double », *Revue des sciences humaines*, 1993-4, N° 232, p. 93-105.

Koopman-Thurlings, Mariska, *Vers un autre fantastique, Étude de l'affabulation dans l'œuvre de Michel Tournier*, Amsterdam – Atlanta, Rodopi, coll. « Faux titre », 1995.

Korthals Altes, Liesbeth, « Du grotesque dans l'œuvre de Michel Tournier », *Revue des sciences humaines*, 1993-4, N° 232, p. 77-91.

Korthals Altes, Liesbeth, « La Rhétorique de la représentation du mal : *Là-Bas* de Joris-Karl Huysmans et *Gilles et Jeanne* de Michel Tournier », in *Amoralité de la littérature, morales de l'écrivain* [...], éd. Jean-Michel Wittmann, Paris, Champion, 2000, p. 61-75.

Korthals Altes, Liesbeth, *Le Salut par la fiction ?, Sens, valeurs et narrativité dans 'Le Roi des aulnes' de Michel Tournier*, Amsterdam – Atlanta, Rodopi, 1992.

Koster, Serge, *Michel Tournier*, Paris, Éditions Julliard, 1995.

Kosters, Onno et Schouten, Ineke, (éds.), *La Folie Godot* [catalogue de l'exposition *La Folie Godot* à la Bibliothèque Universitaire de Leyde, 15 oct.-15 nov. 1991], Leyde, 1991.

Krell, Jonathan F., *Tournier élémentaire*, West Lafayette, Indiana, Purdue University Press, 1994.

Krumeich, Gerd, « Jeanne d'Arc vue d'Allemagne », in *Jeanne d'Arc entre les nations*, éds. Ton Hoenselaars et Jelle Koopmans, Amsterdam – Atlanta, GA, Rodopi, 1998, p. 103-113.

Landheer, Ronald, *Aspects linguistiques et pragmatico-rhétoriques de l'ambiguïté*, Leyde, 1984.

Landheer, R. & Kingma, A. W. G., « L'Ambiguïté – Un pommier de discorde dans le verger linguistique », *Neophilologus*, 1985, Vol. 69 (4), p. 501-524.

Landheer, R. & Kingma, A. W. G., « Métaphore, ambiguïté et contexte », *Neophilologus*, Oct 1, 1981, p. 499-517.

Le Grand Robert de la langue française, 2e édition, 2001.

Lehtovuori, Eeva, « Le Concept de signe dans l'univers sémiotique d'un héros romanesque de Tournier », *Degrés*, XIX, 68, 1991, p. e1-e13.

Lehtovuori, Eeva, *Les Voies de Narcisse ou le Problème du miroir chez Michel Tournier*, Helsinki, Suomalainen Tiedeakatemia, 1995.

Lehtovuori, Eeva, « 'Signe' et 'Clé' dans le discours romanesque de Tournier », *Neuphilologische Mitteilungen*, XCI, Helsinki, 1990, p. 505-525.

Le Littré, Dictionnaire de la langue française, 1968.

Le Magazine littéraire, J.-J. Brochier, « Qu'est-ce que la littérature : un entretien avec Michel Tournier », No. 19, p. 81.

Le Magazine littéraire, J.-J. Brochier, « Qu'est-ce que la littérature : un entretien avec Michel Tournier », N° 179, décembre 1981.

Le Magazine littéraire, « Tournier face aux lycéens », N° 226, janvier 1986.

Le Magazine littéraire, N° 372, Dossier Beckett, janvier 1999, p. 18-67.

Le Mistère du siège d'Orléans, Source gallica.bnf.fr / Bibliothèque nationale de France.

Le Monde, 24 novembre 1970, « De Robinson à l'ogre : un créateur de mythes », propos recueillis par Jean-Louis de Rambures.

Levy, Karen D., « Tournier's Ultimate Perversion : The Historical Manipulation of *Gilles et Jeanne* », *Papers on Language & Literature* 28, 1992, p. 72-88.

Littell, Jonathan, *Les Bienveillantes*, Paris, Gallimard, Collection « Folio » N° 4685, 2006.

Magnan, Jean-Marie, « La création critique ou l'avocat du diable », *Images et Signes de Michel Tournier*, Actes du colloque du Centre Culturel International de Cerisy-la-Salle, sous la direction d'Arlette Bouloumié et Maurice de Gandillac, Paris, Gallimard, 1991, p. 207-224.

Manako, Ôno, « Le Roman du Théâtre. *La Dernière Bande* et le 'reste' didascalique », *Samuel Beckett Today / Aujourd'hui 17*, Issue 1, éd. par Sjef Houppermans et Matthijs Engelberts, Brill / Rodopi, 2007, p. 351-363.

Mélèse, Pierre, *Beckett*, Théâtre de tous les temps, N° 2, Seghers, Paris, 1966.

Menzies, Janet, « Beckett's Bicycles », in *Journal of Beckett Studies* 6 (automne 1980), p. 97-105.

Mercié, Jean-Luc, « L'Ogre de Gif (Tournier photographe) », *Images et Signes de Michel Tournier*, Actes du colloque du Centre Culturel International de Cerisy-la-Salle, sous la direction d'Arlette Bouloumié et Maurice de Gandillac, Paris, Gallimard, 1991, p. 252-254.

Mertens, Pierre, *La Passion de Gilles*, Actes Sud, Arles, 1982.

Meunier, Jean-Louis, « *La Dame à la faulx* : lire/jouer les didascalies », in : *Saint-Pol-Roux : Passeur entre deux mondes*, Marie-Josette Le Han (dir.), Presses Universitaires de Rennes, 2011, p. 97-107. http://books.openedition.org/pur/38186.

Miguet, Thierry, « L'Argument ontologique comme 'monstrance' », *Images et Signes de Michel Tournier*, Actes du colloque du Centre Culturel International de Cerisy-la-Salle, sous la direction d'Arlette Bouloumié et Maurice de Gandillac, Paris, Gallimard, 1991, p. 179-182.

Miller, Catherine, *Jean Cocteau, Guillaume Apollinaire, Paul Claudel et le groupe des six*, Mardaga, Sprimont (Belgique), 2003.

Milne, Lorna, *L'Evangile selon Michel : la Trinité initiatique dans l'œuvre de Tournier*, Amsterdam – Atlanta, Rodopi, Faux Titre N° 82, 1994.

Monès, Philippe de, « Abel Tiffauges et la vocation maternelle de l'homme », Postface, dans Michel Tournier, *Romans* suivis de *Le Vent Paraclet*, Paris, Éditions Gallimard, Bibliothèque de la Pléiade, 2017, p. 527-536.

Morier, Henri, *Dictionnaire de poétique et de rhétorique*, 2e éd. augmentée et refondue, Paris, 1975.

Morrisson, Kristin, *Canters and Chronicles. The Use of Narrative in the Plays of S. Beckett and H. Pinter*, Chicago, 1983.

Nettelbeck, Colin, « The Return of the Ogre : Michel Tournier's *Gilles Et Jeanne* », *Scripsi* 2, no. 4, 1983, p. 43-50.

Nunez, Laurent, « Apollinaire au cordeau », *Le Magazine littéraire*, N° 526, nov. 2012, p. 526-527.

Nünning, Ansgar, *Grundbegriffe der Literaturtheorie*, J. B. Metzler, Stuttgart, 2004.

Öz, Fahri, *Narrative Fragments and Story-Telling in Samuel Beckett's Endgame*, 2017. www.dtcfdergisi.ankara.edu.tr 694-2305-1-PB.pdf.

Pernoud, Régine, *Vie et Mort de Jeanne d'Arc. Les témoignages du procès de réhabilitation, 1450-1456*, Hachette, 1953 ; rééd. Le Livre de Poche, 1956.

Petit, Susan, « Fugal Structure, Nestorianism, and St. Christopher in Michel Tournier's 'Le Roi des aulnes' », *A Forum on Fiction*, Vol. 19, N° 3 (Spring, 1986), Duke University Press, p. 232-245.

Petit, Susan, « *Gilles et Jeanne* : Tournier's *Le Roi des aulnes* revisited », *The Romanic Review*, 76, 1985, p. 307-315.

Peytard, Jean, « Problématique de l'altération des discours : reformulation et transcodage », *Langue française*, No. 64, 1984, p. 17-28.

Phalèse, Hubert de, *Beckett à la lettre, En attendant Godot, Fin de partie*, Nizet, 1998.

Planche, Alice, « Encore *Chantre* », *Revue des lettres modernes*, 530-536, 1978, p. 142-143.

Platten, David, « From Riches to Rags : Tournier and the World outside the Text : A Review Article », *The Modern Language Review*, Vol. 94, N° 3 (Jul., 1999), p. 673-679.

Platten, David, *Michel Tournier and the Metaphor of Fiction*, Liverpool University Press, 1999.

Platten, David, « Terms of Reference : Michel Tournier's 'Le Roi des aulnes' », *Journal of European Studies*, Dec 1, 1991, p. 281-302.

Pommier, René, « Un vers solitaire très sollicité », *Raison présente*, N° 33, 1975, p. 79-95.

Pountney, Rosemary, *Theatre of Shadows. Samuel Beckett's drama 1956-1976*, Gerrards Cross, 1988.

Poupon, Marc, « Un parangon de poésie apollinarienne 'Chantre' », *Guillaume Apollinaire*, N° 13, 1976, p. 119-124.

Pratt, Fletcher, *Histoire de la cryptographie*, Payot, Paris, 1940.

Prévert, Jacques, *Le Cirque d'Izis*, Sauret, Monte Carlo, 1965.

Prévert, Jacques, *Œuvres complètes I*, Gallimard, Bibliothèque de la Pléiade, Paris, 1992. Édition présentée, établie et annotée par Danièle Gasiglia-Laster et Arnaud Laster.

Prévert, Jacques, & André Pozner, *Hebdromadaires*, Guy Authier Éditeur, La Chapelle-sur-Loire, 1972.

Purdy, Anthony, « Séduction et Simulation : l'empire des signes dans Le Roi des aulnes », *Revue des sciences humaines*, 1993-4, N° 232, p. 21-33.

Queneau, Raymond, *Courir les rues – Battre la campagne – Fendre les flots*, Paris, Gallimard, Collection « Poésie » N° 150, 1980.

Rasson, Luc, « De Tiffauges à Aue », *Mémoires occupées*, Marc Dambre éd., Paris, Presses Sorbonne Nouvelle, 2013, p. 119-128. http://www.openedition.org/6540.

Redfern, W. D., « Approximating Man : Michel Tournier and Play in Language », *The Modern Language Review*, Vol. 80, N° 2 (Apr., 1985), p. 304-319.

Redfern, William D., *Calembour, ou les puns et les autres. Traduit de l'intraduisible*, Peter Lang, Oxford, Berne, Berlin, Bruxelles, Frankfurt-sur-le-Main, New York, Vienne, 2005.

Redfern, W. D., *Michel Tournier : 'Le Coq de bruyère'*, Madison – Teaneck : Fairleigh Dickinson University Press, Londres, Associated University Presses, 1996.

Redfern, William D., *Puns. More Senses than One*, édition revue et augmentée, Penguin, Londres, 2000.

Rehage, Philipp, « 'Desinit in piscem'. À propos d'un texte d'Apollinaire sur les sirènes », *Que vlo-ve ?*, 4e série, No. 6, avril-juin 1999.

Renaud, Philippe, *Lecture d'Apollinaire*, Editions L'Age d'Homme (Collection Lettera), Lausanne, 1969.

Restivo, Giuseppina, « The Genesis of Beckett's *Endgame* », *Samuel Beckett Today / Aujourd'hui 3*, éd. par Marius Buning et Sjef Houppermans, Rodopi, 1994, p. 85-96.

Richard, Jean-Pierre, *Territoires de l'imaginaire*, Éditions du Seuil, Paris, 1986.

Riffaterre, Michael, *La Production du texte*, Paris, Seuil, 1979.

Riffaterre, Michael, *Sémiotique de la poésie*, Paris, Seuil, 1983.

Robert, Frédérique, « Apollinaire et ses musiciens », *Europe*, 1966, n° 451-452, p. 239-247.

Roberts, Martin, *Michel Tournier. Bricolage and Cultural Mythology*, Saratoga, Anma Libri, 1994.

Rouveyre, André, *Amour et Poésie d'Apollinaire*, Paris, Editions du Seuil (Collection « Pierres vives »), 1955.

Sankey, Margaret, « La Parodie : l'exemple du 'Roi des aulnes' », *Images et Signes de Michel Tournier*, Actes du colloque du Centre Culturel International de Cerisy-la-Salle, sous la direction d'Arlette Bouloumié et Maurice de Gandillac, Paris, Gallimard, 1991, p. 325-340.

Schneider, Michel, *Voleurs de mots : Essai sur le plagiat, la psychanalyse et la pensée*, Paris, Gallimard, « Connaissance de l'inconscient », 1985.

Schoentjes, Pierre, *Poétique de l'ironie*, Paris, Seuil, 2001.

Sherzer, Dina, « Didi, Gogo, Pozzo, Lucky : linguistes déconstructeurs », *Études littéraires*, 1980, 13(3), p. 539-558.

Shingler, Katherine, « Mad Puns and French Poets : Visual-verbal Punning and 'L'Art des Fous' in Apollinaire's Calligrammes », *Nottingham French Studies*, 53.1 (2014), p. 19-34.

Simone, R. Thomas, « Beckett's other Trilogy : *Not I, Footfalls*, and *Rockaby* », in R. J. Davis et L. St. J. Butler (éds.), *« Make Sense who may ». Essays on Samuel Beckett's Later Works*, Gerrards Cross, 1988, p. 56-65.

Smith, Paul J. et Van der Toorn, Nicolaas, « Le Discours didascalique dans *En attendant Godot* et *Pas* », *Samuel Beckett Today / Aujourd'hui 1*, « Samuel Beckett : 1970-1989 », éd. par Marius Buning et al., Rodopi, 1992, p. 114-125.

Smith, Paul J. et Van der Toorn, Nicolaas, « Le Discours didascalique dans *En attendant Godot* et *Pas* », *Lectures de Beckett*, Michèle Touret (éd.), Presses Universitaires de Rennes, 1998, p. 43-53.

Smith, Paul J. et Van der Toorn, Nicolaas, « Tournier bricoleur : écrire Gilles & Jeanne », paru dans *Réécrire la renaissance, de Marcel Proust à Michel Tournier, Exercices de lecture rapprochée*, Amsterdam – New York, Rodopi, Coll. Faux Titre, 2009.

Smith, Paul J. & Van der Toorn, Nicolaas, « Tussen de regels van de geschiedschrijving, *Gilles & Jeanne* van Michel Tournier », *De Muze en de Mythe, Over de literaire verwerking van het verleden*, Redactie Jan Bloemendal en Paul J. Smith, Florivallis, Amersfoort, 2007, p. 129-138.

Soenen, Dimitri, « Un théâtre sous surveillance. Le Dispositif didascalique dans le dernier théâtre de Samuel Beckett », in *La Didascalie dans le théâtre du XXe siècle*, textes réunis par Florence Fix et Frédérique Toudoire-Surlapierre, Editions Universitaires de Dijon, 2007, p. 113-126.

Soler, Ricardo A., *Des mots, des figures, des personnages : une étude de quelques aspects de Paroles de Jacques Prévert*, Porto Alegre, août 2001.

Spehner, Norbert, « *Paroles* de Jacques Prévert », *Entre les lignes : le plaisir de lire au Québec*, vol. 6, n° 3, 2010, p. 28-29.

Tamine, Joëlle, « L'Interprétation des métaphores en 'de', Le feu de l'amour », *Langue française*, 1976, Volume 30, N° 1, p. 34-43.

Télérama, « Centenaire Apollinaire, Poète sur tous les fronts », numéro hors-série, 2018.

Tournier, Michel, *Je m'avance masqué*, Entretiens avec Michel Martin-Roland, Paris, Gallimard, Collection « Folio » N° 5685, 2011.

Tournier, Michel, *Journal extime*, Paris, Gallimard, Collection « Folio » N° 3994, 2004.

Tournier, Michel, *Le Coq de bruyère*, Paris, Gallimard, Collection « Folio » N° 1229, 1980.

Tournier, Michel, *Le Pied de la lettre* (version augmentée), Paris, Gallimard, Collection « Folio » N° 2881, 1996.

Tournier, Michel, *Lettres parlées à son ami allemand Hellmut Waller*, Paris, Gallimard, 2015.

Tournier, Michel, *Romans* suivis de *Le Vent Paraclet*, Bibliothèque de la Pléiade, Paris, Gallimard, 2017. Édition publiée sous la direction d'Arlette Bouloumié, avec la collaboration de Jacques Poirier et Jean-Bernard-Vray.

Tournier, Michel, « Six août, jour de splendeur et de terreur, La Transfiguration, Hiroshima », *Le Figaro*, 6 août 1989.

Tumanov, Vladimir, « John and Abel in Michel Tournier's 'Le Roi des aulnes' », *Romanic Review*, 00358118, May 99, Vol. 90, Issue 3.

Ubersfeld, Anne, *Lire le théâtre*, Paris, Editions Sociales, 1978.

Ubersfeld, Anne, *L'École du spectateur, Lire le théâtre 2*, Paris, Editions Sociales, 1981.

Ubersfeld, Anne, *Lire le théâtre III*, Paris, Belin Sup Lettres, 1996.

Ueding, Gert, et alii, *Historisches Wörterbuch der Rhetorik*, Wissenschaftliche Buchgesellschaft, Darmstadt, 1992.

Vaïs, Michel, *L'Écrivain scénique*, Presses Universitaires du Québec, Montréal, 1978.

Van der Toorn, Nicolaas, « Chantre, een éénregelig gedicht van Apollinaire », *Forum der letteren*, Leiden, juin 1981. Article disponible sur l'Internet : http://www.dbnl.org/tekst/_for004198101_01/_for004198101_01_0016.php.

Van der Toorn, Nicolaas, « Nagg et Nell, Tandem immobile : Analyse de quelques effets sonores et visuels dans *Fin de partie* », *Samuel Beckett Today / Aujourd'hui 12*, « *Pastiches, Parodies & Other Imitations* », éd. par Marius Buning et al., Rodopi, 2002, p. 281-295.

Van der Toorn, Nicolaas, « Sémiotique et Onomastique dans *Le Roi des aulnes* de Michel Tournier », *Neophilologus*, January 2019, Volume 103, Issue 1, p. 23-65. Version numérique en accès libre depuis le 4 octobre 2018 : http://link.springer.com/article/10.1007/s11061-018-9572-x.

Van Gorp, Hendrik & Jan Baetens, *Dictionnaire des termes littéraires*, Honoré Champion, Paris, 2001.

Van Zoest, A.J.A., « Analyse structurale d'un poème narratif : Prévert, 'Quartier Libre' », *Neophilologus*, 1/1970, Vol. 54 (1), p. 347-368.

Villeneuve, Roland, *Gilles de Rays. Une grande figure diabolique*, Denoël, 1955, réédition Camion noir eds, 2016, version numérique.

Vray, Jean-Bernard, *Michel Tournier et l'écriture seconde*, Lyon, Presses universitaires de Lyon, 1997.

Weisz, Pierre, « Langage et Imagerie chez Jacques Prévert », *The French Review*. Special Issue, Vol. 43, No. 1 (Winter, 1970), p. 33-43.

Winisch, Eva, *Michel Tournier. Untersuchungen zum Gesamtwerk*, Bonn, Romanistischer Verlag, 1997.

Wolowski, Witold, « La Facette de la paradidascalie, Sur la 'didascalie' intégrée au dialogue », *Coulisses 39*, Presses universitaires de Franche-Comté, 2009, p. 131-144. http://coulisses.revues.org/1467.

Worth, Katherine J., « Review Article : Beckett's Fine Shades : *Play, That Time* and *Footfalls* », in *Journal of Beckett Studies* 1 (hiver 1976), p. 75-80.

Worton, Michael, « Écrire et Ré-écrire : le projet de Tournier », *Sud*, 16, no. 61, 1986, p. 52-69.

Worton, Michael, « Intertextualité et Esthétique », *Images et Signes de Michel Tournier*, Actes du colloque du Centre Culturel International de Cerisy-la-Salle, sous la direction d'Arlette Bouloumié et Maurice de Gandillac, Paris, Gallimard, 1991, p. 227-243.

Worton, Michael, « Intertextuality : To inter Textuality or to resurrect it », *Cross-references : Modern French Theory and Practice of Criticism*, David Kelley and Isabelle Llasera (eds.), Society for French Studies, 21, 1986.

Worton, Michael, *Michel Tournier*, Londres et New York, Longman, 1995.

Worton, Michael, *Michel Tournier. La Goutte d'or*, Glasgow, University of Glasgow French and German Publications, 1992.

Worton, Michael, « Myth-Reference in 'Le Roi des aulnes' », *Stanford French Review*, juin 1982, p. 299-310.

Worton, Michael, « Waiting for Godot and Endgame : Theatre as Text », *The Cambridge Companion to Beckett*, éd. par John Pilling, Cambridge UP, 1994, p. 67-87.

Zayed, Georges, « Le Monostique d'Apollinaire, Annie est-elle au bout de 'l'unique cordeau' ? », *Revue des sciences humaines*, Tome 35, N° 139, juillet-septembre 1970, p. 411-421.

Zeifman, Hersch, « Being and Non-Being : Samuel Beckett's *Not I* », *Modernism in European Drama : Ibsen, Strindberg, Pirandello, Beckett. Essays from Modern Drama*, éd. par Frederick J. Marker et Christopher Innes, University of Toronto Press, 1998, p. 229-240.

Zellner, Catherine, *Fonction des indications scéniques dans le texte théâtral. Recherches à partir des œuvres dramatiques de Tchekhov, Gorki, Beckett,* Maîtrise d'enseignement, Institut d'études théâtrales, Université de Paris III, 1970.

Ziéglé, Henri, « À propos de 'Chantre' d'Apollinaire », *Revue des sciences humaines*, Tome 36, N° 144, octobre-décembre 1971, p. 627-629.

Zilliacus, Clas, *Beckett and Broadcasting, A Study of the Works of Samuel Beckett for and in Radio and Television*, Åbo Akademi, 1976.

Index Nominum

Acheson, James   171n77, 172
Alain-Fournier   102
Alessandrelli, Susanna   92
Alexandre, Didier   21n15, 41n79, 42, 43n82
Andronescu, Serban   23n19
Apollinaire, Guillaume   1, 4, 7, 11, **19-46**, 60, 178-179
Aragon, Louis   51
Asmus, Walter D.   171n74, 172, 175n93

Bach, Johann Sebastian   16, 83-84, 100n
Badinter, Elisabeth   138
Baetens, Jan   5n15
Bartholdi, Frédéric Auguste   98-100
Barthes, Roland   10
Bataille, Georges   51, 88n91, 117, 120-127, 129n34, 132n42, 137-138
Bates, Scott   21n15
Baudelaire, Charles   65n9
Bauer, Matthias   4, 6n18, 9
Beckett, Samuel   6n17, 7, 12, 17-18, **142-176**, 178-179
Benoist, Alain   148, 149n23, 152n30
Bergholz, Regina   93n111
Bernanoce, Marie   146n17
Bettelheim, Bruno   119n12
Bevan, David   2, 10n32, 63, 81, 90n99, 93n111, 97
Billy, André   19n2, 21n14, 22n17
Bloy, Léon   109
Bogaards, Paul   5, 7n19
Bohn, Willard   37, 38
Boisson, Madeleine   21n15, 30n43, 39n77, 44
Bossard, L'abbé Eugène   127, 127n29, 129n33, 132
Boudar, Gilbert   37n69
Bouloumié, Arlette   64n6, 65n8, 79n44, 82n65, 83, 84n75, 85, 91n100-102, 103n129-131, 107n145, 107n148, 111, 112n159-160, 121n18, 138n52
Boyer, Régis   9, 13n39, 50n7
Brater, Enoch   171n77
Breton, André   51
Breunig, LeRoy C.   34n56
Brochier, Jean-Jacques   2n4, 97

Brooke-Rose, Christine   33n51, 55n
Brunel, Pierre   30n43, 44n88
Buning, Marius   157n41, 159n50, 176
Burgoyne, Lynda   163n61, 169n
Butor, Michel   8

Cagliostro, Alessandro   70
Calder, Alexander   51
Campa, Laurence   20n11, 21n14, 26n29-30, 39n77, 41n79, 45n95, 46n
Camus, Albert   164n64
Cantera, Paola   29n40, 45n94
Cendrars, Blaise   42n79
Cerquand, Jean-François   43, 44n87
Cervantès, Miguel de   112n160
Chagall, Marc   53n
Chapsal, Madeleine   48
Char, René   51
Chesneau, Albert   22n18
Chessex, Jacques   64n6
Chevalier, Jean-Claude   19, 21n15
Claudel, Paul   20n11
Cocteau, Jean   20n11, 42n79
Cohn, Ruby   156n40, 159n48, 161n54, 162, 168n71
Compagnon, Antoine   137n50
Culler, Jonathan   23n19, 31n45
Curwood, James Oliver   93, 109n151

Dalmas, Franck   94, 110n154
Dante   159n50
Darío, Ruben   36-39
Davis, Colin   103n131, 121n18, 124
Debussy, Claude   37
Décaudin, Michel   27n35, 32, 33n54, 34n56, 37n69, 38n72
Decoin, Didier   102n127
Defoe, Daniel   116-117
Desnos, Robert   51
Dininman, Françoise   43-44
Doré, Gustave   87-88
Duchamp, Marcel   46n
Dufy, Raoul   29, 40-43
Duhamel, Georges   38n72
Duras, Marguerite   169n

Durry, Marie-Jeanne   19-20, 21n15, 23n20, 24n23, 25n26, 44n85

Eluard, Paul   20n11
Empson, William   2n7, 5, 13
Engelberts, Matthijs   146n16, 156n39, 175n94
Erasme   108n150
Ernst, Max   51
Esslin, Martin   163, 171n77, 172-173, 176

Fix, Florence   174n91
Flaubert, Gustave   68n17, 81
Fletcher, Beryl S.   160n51-52
Fletcher, John   160n51-52
Fludd, Robert   35
Follet, Lionel   21n15
Fongaro, Antoine   19, 26n28, 27n34, 31n44, 35-36, 39n75
Fort, Paul   37
Fraisse, Luc   21n15
France, Anatole   129n33
Freud, Sigmund   2n7, 8, 80
Funès, Louis de   47n2

Gallon, Stéphane   143n5, 144n9, 163n61, 164n64
Gandillac, Maurice de   65n8
García Caldéron, Ventura   37
Gascoigne, David   68, 84, 86n86, 104n135, 105n140, 110n153, 113
Gasiglia-Laster, Danièle   47n1, 51n9, 52
Gautier, Théophile   36, 39
Germoni, Karin   175n94
Gide, André   121n18
Giesbert, Franz-Olivier   102n127
Gilles de Rais   7, 11-12, 13n38, 16, 72n26, 73n28, 76n, 86, 87n90, 88, 89n97, 91, 100n, 106n143, 111, 116-141, 178
Goethe, Johann Wolfgang von   80, 101-102, 108
Gontarski, Stanley E.   175n94
Göring (Goering), Hermann   16, 62, 111, 113-114, 130
Gourmont, Remy de   37
Greet, Anne Hyde   20, 21n15, 22n18, 47, 48n3, 50
Grojnowski, Daniel   45n93
Gröning (Groening), Oskar   114n165

Guiraud, Pierre   9n26
Gullentops, David   32

Haerdter, Michael   145n10, 148n20, 149n26, 152n29
Hammond, Paul   8
Harmon, Maurice   147n18
Hill, Leslie   173n89, 174n92
Hitler, Adolf   16, 111-112, 112n160
Houellebecq, Michel   48-50, 52n13
Houppermans, Sjef   146n16, 157n41, 159n50, 175n94
Hughes, Patrick   8
Hugo, Victor   8, 37, 38n71, 116n3
Huysmans, Joris-Karl   103n130, 117, 118n9, 121, 125-127, 129, 131n38, 137-138

Ibsen, Henrik   155n37
Ionesco, Eugène   9n29, 50n7, 93n111

Jacob, Max   41n79
Jakobson, Roman   4, 145n10, 162
Jammes, Francis   41n79
Jeanne d'Arc   7, 12, 13n38, 16, 72-73, 76n, 87n90, 88n93, 89n97, 100n, 106n143 111, 116-121, 123-125, 127-131, 135-141
Jeevan Kumar, J.   156n40
Jiménez, Pedro Pardo   75n34, 103n133
Jouanneau, Joël   145n13
Jung, Carl   172
Jung, Mathieu   2n6, 8
Jüttner, Siegfried   51n10

Kaiser, Georg   117, 120n15, 121, 127, 129-130, 135, 137-138, 141
Kats, Helga   51
Kelley, David   67n13
Kipling, Rudyard   116n3
Knape, Joachim   4, 6n18, 9n27
Knowlson, James   145n11, 149n24-25, 159, 171-173, 174n91
Koch, Peter   4, 6n18, 9n27
Kochmann, René   28, 32-33, 34n56
Koopman-Thurlings, Mariska   65n8, 67, 85, 109n151
Korthals Altes, Liesbeth   65n8, 69n20, 82-83, 86n87, 89, 93n110, 96n116, 105n140, 109n151, 110n153,   113n162, 118n9, 121n18, 124n26

Koster, Serge   86n86, 110n154
Kosters, Onno   167n69-70
Krell, Jonathan   74n30, 75, 79n43, 86n86, 89n95, 104n136, 106n142
Krumeich, Gerd   128n

Lacroix, Paul   88n94
La Fontaine, Jean de   116n3
Lagerlöf, Selma   116n3
Landheer, Ronald   1n1, 4n12, 5n15-16
Lapointe, Boby   9n28, 49, 177n
Lehtovuori, Eeva   67, 68n15
Leiris, Michel   51
Lévi-Strauss, Claude   83, 116n1
Levy, Karen D.   118n9, 120, 121n18, 124n26
Littell, Jonathan   87n88
Llasera, Isabelle   67n13
London, Jack   116n3
Lydda, Georges de   108n150

Magnan, Jean-Marie   103n131
Malkovich, John   74n31
Mallarmé, Stéphane   7, 26n28, 38n73
Manako, Ôno   146n16
Margueritte, Victor   105n139
Martin-Roland, Michel   70n22, 91n101
Maxime, Valère   131n38
Mélèse, Pierre   145n14, 146n15
Mengele, Josef   96, 99
Menzies, Janet   174n92
Mercié, Jean-Luc   81
Mertens, Pierre   117, 121, 130, 135, 137-138
Meunier, Jean-Louis   162n59
Michaux, Henri   48, 51
Miguet, Thierry   81n58
Miller, Catherine   20n11
Millet, Richard   46
Milne, Lorna   106n141
Miró, Joan   51
Molière, Jean-Baptiste   24n24, 47n2
Morier, Henri   164n63
Morrisson, Kristin   170n75

Nettelbeck, Colin   120-121, 127, 130
Nimier, Roger   109n151
Nunez, Laurent   20
Nünning, Ansgar   5n13

Ovide   131n38

Parizet, Sylvie   64n6
Pennac, Daniel   64n6
Perec, Georges   7n20
Pernoud, Régine   121n18
Perrault, Charles   89, 116n3, 129n33
Perse, Saint-John   51
Petit, Susan   84, 103n130, 107n148, 119
Pétrarque, Francesco   159n50
Peytard, Jean   45n95
Phalèse, Hubert de   159n46
Picabia, Francis   37n68, 46n
Picasso, Pablo   41n79
Pilling, John   151n28, 171-173, 174n91
Pirandello, Luigi   155n37
Planche, Alice   20, 38n73
Platten, David   64n6, 65n8, 71n25, 82, 83n66, 93n111, 107n148
Pommier, René   23n20, 31, 32n46, 34n57
Poulenc, Francis   20n11
Pountney, Rosemary   171n77, 172n80, 172n86, 174n90
Poupon, Marc   35n59, 36, 42n81, 44
Pozner, André   48n4
Pratt, Fletcher   2
Prévert, Jacques   1, 7, 9n29, 11, 14-15, **47-61**, 178, 179
Prin, Jean-Baptiste   25n26
Purdy, Anthony   73n28

Queneau, Raymond   7n20, 9n29, 50n7, 98n123
Quicherat, Jules   121n18

Rabelais, François   7, 44n90, 46, 108n150
Racine, Jean   132n40
Rambures, Jean-Louis de   112n158
Raspoutine   70
Rasson, Luc   87n88, 112n160
Rehage, Philipp   41n79
Renaud, Line   93n111
Renaud, Philippe   39n77
Redfern, William D.   8, 86n83, 92n107, 102-103, 104n134
Restivo, Giuseppina   159n50
Riffaterre, Michael   11n34
Robert, Frédérique   20n11
Roberts, Martin   116n1-2, 116n4
Rooryck, Johan   5, 7n19

Roussel, Raymond   2n6, 7n20, 8, 12, 13n38, 46n, 82n61
Rouveyre, André   19n1, 21n14, 23n20, 33n52
Royère, Jean   41n79

Sabatier, Robert   82n64
Saint-Augustin   131n38
Saint-Exupéry, Antoine de   116n3
Salmon, André   37
Sankey, Margaret   67
Schiller, Friedrich von   127
Schneider, Alan   147n18
Schneider, Michel   137n50
Schoentjes, Pierre   10
Schouten, Ineke   167n69-70
Schubert, Franz   101
Schulte Nordholt, Annelies   46
Shakespeare, William   112n160, 172
Sherzer, Dina   142, 143n5
Shingler, Katherine   20
Simone, R. Thomas   176
Smith, Paul J.   5n16, 46, 139, 176
Soenen, Dimitri   174, 176n97
Soler, Ricardo A.   50n7
Strindberg, August   155n37
Swift, Jonathan   8

Tamine, Joëlle   33n51, 55n
Toudoire-Surlapierre, Frédérique   174n91
Touret, Michèle   145n11, 176
Tournier, Michel   1, 2n4-5, 7, 10n32, 11-12, 16-17, **62-115**, **116-139**, 178-180
Tumanov, Vladimir   70

Ubersfeld, Anne   144n6, 145n10, 156n39, 162

Vaïs, Michel   166, 167n66, 176n97
Van Gorp, Hendrik   5n15
Valéry, Paul   20
Vian, Boris   9n29, 50n7
Villeneuve, Roland   88n94, 117, 120n15, 121, 130-135, 137
Vitrac, Roger   8
Voragine, Jacques de   108n150
Vray, Jean-Bernard   65n8, 68n19, 81n59, 87-88, 93n111, 109, 117n7, 120n15, 130, 137n50

Waller, Hellmut   94n112
Weidmann, Eugen   16, 97, 109n151, 112, 129n32
West, Benjamin   108
Wicki, Bernhard   94n112
Winisch, Eva   124n23
Winkler, Susanne   4, 6n18, 9n27
Wolowski, Witold   146n17
Worth, Katherine J.   172
Worton, Michael   67n13, 91n102, 104, 116n3, 121n18, 151n

Zayed, Georges   34
Zeifman, Hersh   155n37
Ziéglé, Henri   32
Zilliacus, Clas   162n60